Knigge heute

GUTES BENEHMEN UND RICHTIGE UMGANGSFORMEN

Silke Schneider-Flaig

Compact Verlag

© 2008 Compact Verlag München
Alle Rechte vorbehalten. Nachdruck, auch auszugsweise,
nur mit ausdrücklicher Genehmigung des Verlages gestattet.
Alle Angaben wurden sorgfältig recherchiert, eine Garantie
bzw. Haftung kann jedoch nicht übernommen werden.
Chefredaktion: Dr. Angela Sendlinger
Redaktion: Uta Lux
Produktion: Wolfram Friedrich
Illustrationen: Leonhard Büttner
Titelabbildungen: mauritius images (1); pixelio, München (2)
Gestaltung: Ingeborg Cisse
Umschlaggestaltung: Axel Ganguin

ISBN 978-3-8174-6463-0
5464631

Besuchen Sie uns im Internet: www.compactverlag.de

Inhalt

Kapitel 3 - Benimm im Business

Inhalt

Kapitel 4 - Benimm weltweit 207

Der große Benimm-Test 293

Wer war Freiherr von Knigge? 311

Register 313

Inhalt

5

Seit jeher gilt Adolph Freiherr von Knigge als Vater des guten Tons. Sein Bestseller „Über den Umgang mit Menschen" aus dem Jahr 1788 gilt noch heute als Standardwerk für Höflichkeit und gutes Benehmen. Auch wenn sich seit damals viel verändert hat – sein Anliegen, dass Personen verschiedenen Standes und unterschiedlicher regionaler Herkunft reibungslos, frei und so angenehm wie möglich miteinander umgehen und leben sollen, ist aktuell wie eh und je.

Heute gibt es Dinge, die zu Knigges Zeit nicht einmal in einem Zukunftsroman denkbar gewesen wären. Für E-Mails, SMS, Mobiltelefone etc. gab es früher natürlich noch keine Kommunikationsregeln, die es heute zu beachten gilt.

Allerdings legte die Gesellschaft bereits damals großen Wert auf stilvollen Briefverkehr und es gab auch äußerst strenge „Flirt- und Dating-Regeln". Während damals die Anstandsdame allgegenwärtig und gefürchtet war, gibt es heute allenfalls „Aufseher" im Internet, die bei Chats auf die Einhaltung elementarer Regeln achten.

Sogar beim Sport wird auf gutes Benehmen geachtet! Nicht nur auf dem Golfplatz, sondern auch, wenn es sich um eher ruppige Sportarten wie z. B. Boxkämpfe handelt. Denn nur ein fairer Sportler – ob Sieger oder Verlierer – genießt Respekt.

Respekt erwarten auch Personalverantwortliche von Bewerbern. Medienberichten zufolge sind potenzielle Arbeitgeber bereits derart vom Auftritt mancher Bewerber entsetzt, dass sich der Kandidat unabhängig von Zeugnissen und Referenzen schon binnen weniger Minuten disqualifiziert. Dabei geht es nicht nur um das optische Erscheinungsbild, also die Kleidung, Schuhe, Frisur etc., sondern auch um jene Benimmregeln, die als Minimum an Achtung und gegenseitigem Respekt erwartet werden.

Vorwort

Nach Jahren des Laissez-faire auch in der Erziehung wird heute darüber nachgedacht, „Umgangsformen" als Schulfach einzuführen.

Besorgte Eltern melden ihre Kinder bereits bei speziellen Kinder-Knigge-Kursen an, damit sie elementare Benimmregeln lernen. Tatsächlich fällt es Kindern, die von zu Hause gutes Benehmen mitbringen, später viel leichter, in Beruf und Gesellschaft erfolgreich und beliebt zu sein.

Kennt man den Hintergrund von Benimm-Regeln, lassen sich diese leicht verstehen, merken und anwenden. Viele Regeln lassen sich nicht nur historisch, sondern auch ganz logisch begründen. Wer beispielsweise ein Weißweinglas vorschriftsmäßig nur am Stiel anfasst, der verhindert zugleich, dass der Wein warm wird und an Geschmack einbüßt. Gäste, die mit ihrer Serviette korrekt umgehen, geben dem Personal damit zu verstehen, ob sie das Mahl beendet oder nur kurz den Tisch verlassen haben. Wer das Besteck richtig benützt und ablegt, erklärt auch ohne Worte, ob er nur eine kurze Ess-Pause einlegt oder ob man das Gedeck abtragen soll. Zudem verhindert er, sich selbst oder die Tischdecke zu bekleckern.

Manchmal lohnt es sich sogar, ältere Regeln beizubehalten. Heutzutage ist es beispielsweise erlaubt, eine Kartoffel, die unter Feinschmeckern als optimaler Soßenträger gilt, mit dem Messer zu schneiden. Genießer, die ein Stück Kartoffel mit der Gabel abtrennen, erzielen aber eine rauere Oberfläche und bekommen so mehr vom Soßengenuss ab.

Mit vielen anderen Regeln, wie z. B. richtigem Grüßen, Begrüßen oder Vorstellen gewinnt man Sympathiepunkte. Auch mit der richtigen Gestik und Haltung lassen sich Pluspunkte sammeln.

Dieses Buch bietet auch für nicht alltägliche Situationen die wichtigsten Benimmregeln, seien es Krankenhausbesuche, Trauerfälle, Familienfeiern oder Party-Einladungen.

Im Business gilt gutes Benehmen als einer der wichtigsten Karrierefaktoren schlechthin. Dazu zählt neben den Benimm-Basics des Büroalltags auch das Verhalten am Telefon und Handy oder das stilsichere Verfassen von Briefen und E-Mails. Geschäftsessen gelten als hohe Schule des guten Benehmens, denn gerade hier urteilen viele Geschäftspartner und Kunden nach dem Motto: „Wie man isst, ist man."

Korrekt gekleidete Kollegen oder Geschäftspartner, die prinzipielle Gebote beachten, sammeln meist mehr Pluspunkte, als jemand mit genialen Geschäftsideen, die er aufgrund seines Auftretens nicht überzeugend zu präsentieren versteht. Es gilt: „Kleider machen Leute."

Viele in den deutschsprachigen Ländern geltende Regeln sind zwar international anerkannt, aber eben nicht alle. In Amerika herrschen im Norden andere Ansichten als im Süden. China, Japan und Südostasien unterscheiden sich in Sachen Benimm deutlich voneinander. Zudem hat sich in den vergangenen Jahren einiges geändert. In manchen Ländern werden bestimmte Verstöße gegen gute Manieren mittlerweile sogar unter Strafe gestellt. Im Rahmen des EU-Gipfels 2007 kam es zu Gesetzesänderungen, die direkte Auswirkungen auf Benimm-Regeln haben. In manchen Ländern genießen bestimmte Produkte nun besonderen Schutz. So darf Jagertee nur als solcher bezeichnet werden, wenn er in Österreich hergestellt wurde. Die falsche Bezeichnung ist zwar nicht strafbar, aber für die Bürger Österreichs ähnlich ärgerlich wie für Franzosen, wenn Amerikaner „Schaumwein" als Champagner bezeichnen. Kulturelle Institutionen, z.B. die Mailänder Skala, verwehren Besuchern neuerdings den Zugang, wenn diese den Dress-Code missachten. China erließ 2007 einen staatlichen Verhaltensknigge. Im arabischen Raum können Frauen durch den Burkini-Trick seit 2007 unverschleiert baden und schwimmen. Man sieht: Die Zeiten ändern sich weltweit. Manche Regeln bleiben bestehen, andere nicht und neue kommen hinzu.

Sicherlich gibt es Situationen, in denen verschiedene Handlungsweisen denkbar sind. Manchmal lassen sich auch Fettnäpfchen nicht vermeiden. Dann hilft nur gelassen und freundlich zu agieren, um Feingefühl und Charakter zu beweisen. Das Buch gibt Anregungen und Tipps, um fast alle Situationen gekonnt zu meistern und sich auf jedem Parkett souverän zu bewegen.

Silke Schneider-Flaig

Vorwort

1. Kapitel

Benimm-Basics

„Höflichkeit ist wie die Luft im Reifen: Sie kostet nichts und hält die Stöße ab." Die Erfahrung lehrt: Das Sprichwort stimmt, auch in Deutschland, wenn wir einer Emnid-Umfrage glauben dürfen. Den ersten Platz beim guten Benehmen macht mit 97,8 % das Bedürfnis, andere im Gespräch ausreden zu lassen, aus.

Dabei ist es fast gleichgültig, ob man Männer oder Frauen fragte, ob 14- oder 60-Jährige, Menschen mit Hauptschul- oder Universitätsabschluss und aus Ost oder West.

Knapp die gleiche Punktzahl erreicht die Hilfsbereitschaft: Frauen den Kinderwagen anheben, älteren Menschen Gepäck tragen oder einen Platz anbieten – das wird ebenfalls von fast 100 % der Befragten als wichtig oder sehr wichtig bezeichnet. Pünktlichkeit ist eine Zier für 97,2 %, gute Tischsitten sind bei 95,4 % gefragt. 85,2 % legen Wert auf eine dem Anlass gemäße Kleidung. Deshalb kommt das Motto „Wie man isst, ist man, und wie man sich kleidet, wirkt man" in den Benimm-Basics zur Sprache.

auch wer wen zuerst grüßt. Zunächst einmal möchte nicht jeder von jedem gegrüßt werden. Bereits hier gibt es gewisse Hierarchien und Rangfolgen.

■■■
Wer grüßt wen zuerst und warum?

Mit folgender Faustformel lässt sich diese Frage schnell lösen:
1. Der Rangniedere grüßt den Ranghöheren.
2. Der Jüngere grüßt den Älteren.
3. Der Herr grüßt die Dame.

Allerdings stellt sich dies im Einzelfall manchmal gar nicht so einfach dar. Insbesondere dann, wenn ver-

„Hallo, wie geht's?"
Richtig grüßen und begrüßen

Grüßen ist ein Inbegriff der Höflichkeit. Allerdings ist Grüßen manchmal gar nicht so einfach. „Hallo, wie geht´s", mag freundlich gemeint sein, aber nicht alle Gegrüßten fassen dies als höflich auf. Manche wenden sich brüskiert zur Seite, ignorieren den Grüßenden oder grüßen anstandshalber mit einem „danke, und selbst?", auch wenn sie nicht im Geringsten daran interessiert sind, wie es dem Betreffenden geht. Tatsächlich kann man bereits mit einem einfachen Gruß viele Fehler machen. Es kommt nicht nur darauf an, wie gegrüßt wird, sondern

Benimm-Basics

schiedene Personen mit unterschiedlichem sozialen Status aufeinander treffen. Dann kann das Amt, das jemand innehat, mehr wiegen als das Alter, das Geschlecht, oder die berufliche Bildung. Angenommen, ein promovierter und habilitierter Akademiker, der zugleich noch einen Ehrendoktortitel führt und zu guter Letzt auch noch Landtagsabgeordneter ist, begegnet einem Bundeskanzler. Selbst wenn der Bundeskanzler über keinen Schulabschluss verfügt, grüßt der Landtagsabgeordnete den Bundeskanzler immer zuerst. Dies mag merkwürdig wirken, wenn z. B. ein Prof. Dr. Dr. h.c. Ludwig Stingel, Mitglied des Landtags (MdL) bei einem Parteitag einem Bundeskanzler ohne akademischen Grad begegnet. Der Bundeskanzler ist ranghöher und erwartet vom Landtagsabgeordneten gegrüßt zu werden.

Nichts anderes gilt bei Firmenhierarchien. Hier grüßt der Abteilungsleiter den Firmeninhaber und die Sekretärin den Abteilungsleiter. Auch hier ist es zweitrangig, über welchen akademischen Grad der Firmeninhaber im Vergleich zum Abteilungsleiter verfügt. Selbst dann, wenn wir es mit einem adeligen Professor zu tun hatten und bei dem Firmeninhaber mit einem Schreiner, hat der Abteilungsleiter den Unternehmer zuerst zu grüßen. Schließlich ist er der

Arbeitgeber und nicht umgekehrt. Bei Frauen herrscht oft viel Unsicherheit, da der Spruch „Ladies first" (also Damen zuerst) vielen geläufig ist. Dies ist zwar nett gemeint, aber der Ranghöhere wird trotzdem zuerst gegrüßt. Es ist ein Zeichen der Achtung, diese Begrüßungsregeln einzuhalten. Schließlich kann so auch ein unbeteiligter Dritter sofort erkennen, wie es um die Hierarchien bestellt ist.

Doktortitel vor Adelstitel!

Es gibt Situationen, in denen verschiedene Personen mit verschiedenen Titeln aufeinander treffen. Beim Grüßen gilt die Regel, dass akademische Grade an erster Stelle stehen. Beispiel: Frau Schaub, ihres Zeichens promovierte Ärztin, trifft Gräfin von Hohenwinter. In diesem Fall grüßt die Gräfin die Ärztin zuerst, denn akademische Grade nehmen einen höheren Rang ein als Adelstitel. (Dies erklärt sich dadurch, dass Letztere bereits namensrechtlich vorliegen, wohingegen akademische Grade durch Studium und Promotion erst erarbeitet werden müssen.) Im vorliegenden Beispiel würde die Gräfin die Ärztin mit einem „Guten Tag Frau Doktor Schaub" grüßen. Diese würde dann

mit „... guten Tag Gräfin Hohenwinter ..." antworten.

Im obigen Beispiel könnte die Gräfin die Ärztin, ihres medizinischen Berufes wegen, auch nur mit einem „Frau Doktor" grüßen.

Exkurs: Promovierte Adelige

Angenommen, die Gräfin im obigen Beispiel hätte ebenfalls promoviert, dann wäre diese insgesamt als höherrangig einzustufen. Das hieße, dass die Ärztin die adelige Kollegin zuerst grüßen müsste. Da akademische Grade stets ranghöher sind, müssen sie auch vor Adelstiteln stehen. In diesem Fall würde beispielsweise die korrekte Anrede „Dr. Gräfin Winterberg" lauten.

Merke: Firmenhierarchie vor Titel

Innerhalb von Firmen gelten die Firmeninhaber immer als höherrangig. Selbst dann, wenn also beispielsweise der Vorstandsvorsitzende eines Unternehmens keinen Schulabschluss hätte, müsste er von einem promovierten und/oder adeligen Mitarbeiter zuerst gegrüßt werden und nicht umgekehrt.

Benimm-Basics

Militärische Titel

Bei besonders hochrangigen Angehörigen des Militärs ist eine Anrede mit Titel geboten. Normalerweise nennt man lediglich den zivilen Namen. Beispielsweise bei einem Hauptmann der Reserve ist ein Mann mit Herr („Müller/Maier/Schulze" et cetera) anzusprechen. Im Schriftverkehr ist der Titel gängiger. Allerdings empfiehlt sich für höhergestellte Dienstgrade die Nennung des korrekten militärischen Titels. Beispielsweise „Herr Oberst" oder „Frau Major".

▪▪▪ Begrüßen per Handschlag

Gerade bei Politikern sieht man oft, dass sie sich gegenseitig per Handschlag begrüßen. Auch ihren Wählern und Gesprächspartnern reichen sie oft die Hand. Wer von einem Prominenten per Handschlag begrüßt wird, der fühlt sich meist geehrt und erzählt dies in seinem Bekanntenkreis weiter. Wann immer der Prominente im Fernsehen er-

---

KURZÜBERBLICK: TITEL IN DER ANREDE

Titel in der Anrede lassen sich unterscheiden in akademische Titel, Adelstitel und geistliche Titel.

Akademische Titel

Sehr geehrter Herr Dr. Müller
Sehr geehrte Frau Dr. Maier
Sehr geehrter Herr Professor Schulze
Sehr geehrte Frau Professor Müller
Sehr geehrter Herr Rektor
Sehr geehrte Frau Rektorin
Eure Magnifizenz

Adelstitel

Sehr geehrter Herr von Krapfenzollern
Sehr geehrte Frau von Winterhöhenstein
Sehr geehrter Herr Prinz von Krapfenzollern
Sehr geehrte Frau Gräfin zu Winterhöhensee

Geistliche Titel

Eure Eminenz (Kardinal)
Eure Exzellenz (in der katholischen Kirche Erzbischof oder Bischof)
Sehr geehrter Herr Bischof (evangelische Kirche)
Euer Gnaden (Dompropst, Prälat und ähnliche Ämter)
Sehr geehrter Herr Pfarrer
Sehr geehrte Frau Pfarrerin
Sehr geehrter Herr Kaplan

Sonstige Titel

Sehr geehrter Herr Direktor
Sehr geehrte Frau Rektorin
Sehr geehrte Frau Landrätin
Sehr geehrter Herr Bundesminister

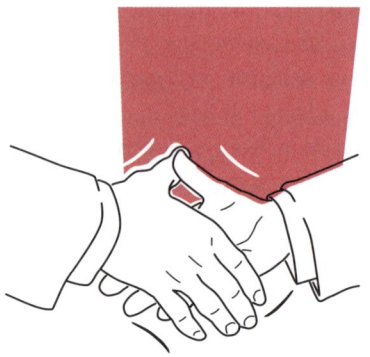

ältere Sekretärin, promovierte Praktikantin und adeliger Abteilungsleiter.

Das Grüßen im Büroalltag reduziert sich oft auf ein Minimum. Der Vorgesetzte reicht im Einzelfall seinem Angestellten die Hand, Kunden oder Geschäftspartner werden ebenfalls mit Handschlag willkommen geheißen. Begegnet man sich auf den Gängen, grüßt man sich beim ersten Zusammentreffen des Tages richtig, sonst genügt ein Lächeln.

scheint, wird er sich daran erinnern. Dies lässt den Politiker in einem guten Licht dastehen. Allerdings geschieht dies nicht nur aus PR-Gründen, sondern auch aus gesellschaftlichen Tugenden. Man gibt sich die Hand. Doch wer reicht wem die Hand? Auch hier gibt es eine Faustregel:

1. Der Ranghöhere dem Rangniederen
2. Die Dame dem Herrn
3. Die ältere Person der Jüngeren

Allerdings variiert diese Formel im hektischen beruflichen Alltag. Mittlerweile hat es sich eingebürgert, dass derjenige, der den anderen zuerst sieht, kurz grüßt. Auf diese Art erspart man lange Überlegungen und Fallkonstellationen, wie z. B.:

EXKURS: HÄNDEDRUCK UND ERSTER EINDRUCK

Die persönliche Distanzzone hängt von der kulturellen Prägung, von gesellschaftlichen Vorgaben und vom jeweiligen Typ ab. So üben introvertierte Menschen meist einen anderen Händedruck aus als extrovertierte. Personen, die man insbesondere im Geschäftsleben erstmals kennen lernt, sollte man nicht unbedingt gleich „mit beiden Händen" begrüßen. Also nicht gleichzeitig mit der rechten Hand die rechte Hand des Gegenübers und mit der linken Hand Ellbogen, Oberarm oder Schulter des anderen ergreifen. Zudem ist es unangebracht, wenn der Grüßende mit seiner rechten Hand die rechte Hand des Geschäftspartners bzw. Kunden drückt und gleichzeitig dessen Handaußenfläche (Daumenansatz) mit der linken Hand umgreift.

Benimm-Basics

Der angemessene Händedruck

Der Handschlag als solcher bereitet vielen Menschen Kopfzerbrechen. Es gibt etliche Formen von Handschlägen. Manche „quetschen" einem die Hand, andere Hände fühlen sich viel zu leicht und schwerelos an. Hier ist ein Mittelmaß angebracht. Nicht zerquetschen, nicht zu lose und nicht zu lange. Ein paar Sekunden genügen. Wessen Hand zu lange geschüttelt oder gehalten wird, der fühlt sich meist verunsichert und unwohl.

Kurzinfo Handkuss

Grundsätzlich gilt der Handkuss in Deutschland als veraltet. Insbesondere bei festlichen Anlässen (z. B. Opernball) ist der offizielle Handkuss jedoch gerne gesehen. Dies ist aber lediglich ein angedeuteter und lautloser Kuss. Die Lippen berühren die Hand niemals! Nicht ohne Grund, denn so ergeben sich auch keine Probleme, wenn die Dame festliche Abendhandschuhe trägt.

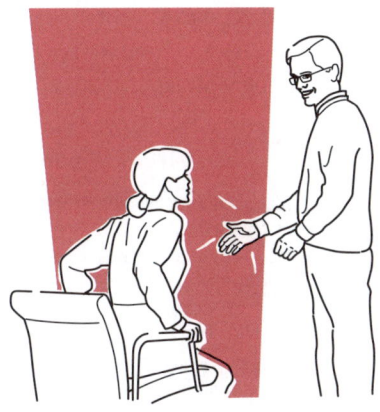

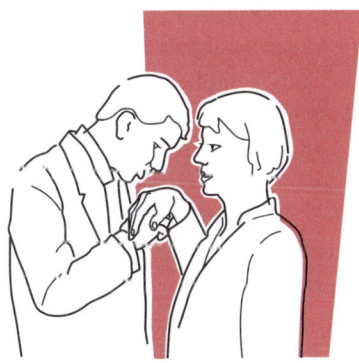

Aufstehen oder sitzen bleiben?

Immer wieder gibt es Situationen, in denen man mehrere Menschen begrüßen möchte, die bereits sitzen. Früher galt es als selbstverständlich, dass Männer sich erhoben und dem Neuankömmling die Hand reichten. Frauen und ältere

TIPP:

Man sollte auch diejenigen grüßen, die man für „unwichtig", bzw. „ungrüßenswert" hält. Dies ist nicht nur eine Frage des Anstands und Stils, sondern kann nicht schaden, wenn der Gegenüber sich als künftiger Vorgesetzter entpuppt.

Herren blieben sitzen. Diese Regel ist zwar nach wie vor zulässig, aber für moderne Frauen unzeitgemäß. Insbesondere im Geschäftsleben erheben sie sich ebenfalls. Symbolisch betrachtet drücken sie damit auch Gleichrangigkeit aus. Zu dieser Gleichrangigkeit zählt aber auch, dass Frauen, die Jacketts tragen, ebenfalls darauf achten, dass beim Aufstehen zumindest ein Knopf zugeknöpft ist.

TO-DO
- Erheben beim Begrüßen (Ausnahme: ältere gebrechliche Personen), Frauen stehen heutzutage auch auf.
- Blazer/Jacketts beim Aufstehen (zumindest mit einem Knopf) schließen.
- Begrüßungsküsschen (Akkolade) nur andeuten.
- Der Rangniedere grüßt den Ranghöheren.
- Der Jüngere grüßt den Älteren.
- Der Herr grüßt die Dame.

TABU
- Zu ausführlich auf die Frage antworten, wie es einem geht.
- Handoberfläche beim Handkuss berühren.
- Zu lascher Händedruck.
- Zu fester Händedruck.
- Akkolade im Berufsleben.
- Handkuss, bei dem die Lippen die Hand berühren.

Die Akkolade
Früher beobachtete man es meist nur im Urlaub in südlichen Ländern und in Frankreich. Mittlerweile ist es in Deutschland immer häufiger zu beobachten: die Akkolade. Diese Begrüßung mit Wangenkuss links und rechts ist jedoch im Berufsleben unangebracht.

Im Privatleben ist es nicht unüblich, sich so zu begrüßen. Allerdings sind die Küsse nicht ohne Grund nur angedeutet. Frauen tragen häufig Make-up. Sie wünschen weder, dass sie auf andere „abfärben", noch dass ihr eigenes Make-up verschmiert. Diese Grußform hat übrigens einen historischen Hintergrund. Der Legende nach begrüßten

Benimm-Basics

sich Christen früher ohne Worte, um zu verhindern, dass sie ihren Verfolgern auffielen.

„Darf ich bekannt machen?"
Wie man sich und andere vorstellt

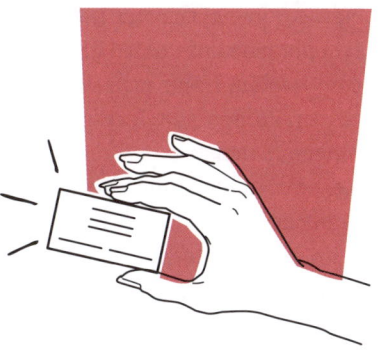

■ ■ ■

Das „Visitenkarten-Spiel"

In der heutigen Zeit gelten Visitenkarten, insbesondere im beruflichen Alltag, als Selbstverständlichkeit. Sie sind aber auch eine äußerst praktische Erfindung. Man braucht den Namen, die Firma, Anschrift, Abteilung, Telefondurchwahl und E-Mail-Adresse bzw. Homepage nicht umständlich auf einem Stück Papier zu notieren, sondern erhält alle relevanten Informationen auf einen Blick. Viele Firmen, insbesondere solche mit Filialen im Ausland, statten ihre Mitarbeiter mit Visitenkarten in deutscher und englischer Sprache aus. Meist sind sie auf der Vorderseite auf deutsch und auf der Rückseite in englischer Sprache verfasst. Auf manchen Visitenkarten ist sogar das Gesicht des Karteninhabers abgebildet. Dieser Service ist gerade deshalb sehr praktisch, da sich derjenige, der die Karte erhält, gegebenenfalls schneller an die Person erinnert. Auch beim Austausch von Visitenkarten kommt es auf das „Wann" und das „Wie" an.

Die Visitenkartensprache und ihre Kürzel

Visitenkarten sind klein. Wenn man auf ihnen eine Nachricht hinterlassen will, sollte man möglichst viel abkürzen. Aus diesem Grund wurde die Visitenkartensprache geschaffen. Die Abkürzungen sind französisch. Sie werden nicht mehr so häu-

TIPP:
Visitenkarten nicht achtlos einstecken, sondern interessiert betrachten. (Bei Unklarheiten, z. B. welches die private und welches die geschäftliche Rufnummer sei, nachfragen.) In Japan z. B. werden Visitenkarten besonders respektvoll überreicht und betrachtet. Alles andere würde derjenige, der seine Karte überreicht hat, als äußerst unhöflich empfinden.

fig wie früher eingesetzt. Die Kürzel schreibt man links unten oder über dem Namen, bevor man die Karte abgibt. Zu den gängigsten Abkürzungen zählen:

p.c. **p**our **c**ondoler (um Beileid auszudrücken).

p.p.p. **p**our **p**rendre **p**art (ebenfalls um Anteilnahme auszudrücken).

p.f. **p**our **f**éliciter (um dem anderen Glück zu wünschen).

p.f.n.a. steht für **p**our **f**éliciter **n**ouvelle **a**nnée, also für Glückwünsche zum neuen Jahr.

Als Antwort hierauf bietet sich ein p.f. (siehe oben) oder ein p.r. (pour rémercier) oder eine Mischung aus beiden in Form von

p.r.p.f. (**p**our **r**émercier **p**our **f**éliciter) an. Damit dankt man und drückt zugleich Glückwünsche aus.

p.p. dient nicht dazu, sich selbst mit einem **p**our **p**résenter vorzustellen, sondern einen anderen vorzustellen. Angenommen, jemand möchte einen Freund, Kollegen oder Bekannten einem anderen, der anderswo wohnt oder in einer anderen Firma arbeitet, „empfehlen", dann gibt man die eigene Karte der betreffenden Person mit auf den Weg.

p.p.c. stand früher für eine Abschiedsbekundung (**p**our **p**rendre **c**ongé), die heute nicht mehr zeitgemäß ist.

An Visitenkarten ist fast jeder interessiert. Viele fühlen sich geehrt, wenn sie nach ihren eigenen Karten gefragt werden. Andererseits erhoffen sie sich Vorteile. Zumindest könnten sich irgendwann einmal Vorteile ergeben, wenn man die Karte der bislang unbekannten Person besitzt. Für manche ist „Visitenkarten sammeln" ein ähnliches Hobby wie Briefmarken sammeln. Doch egal weshalb man sie austauscht – es sollte nicht sofort bei Gesprächsbeginn erfolgen. Dies wirkt zu plump! Andererseits gibt es auch kein Erfolgsrezept für den Kartentausch. Als Faustregel gilt, dass sie bei Small Talks überreicht werden. Wer sich innerhalb einer kleineren Gruppe unterhält, sollte seine Karte aber nicht nur einem bestimmten Gesprächspartner, sondern allen, die ihn noch nicht kennen, anbieten. Falls man während eines Geschäftsessens ins Gespräch kommt, sollte man die Karten nicht während des Essens, sondern mög-

Benimm-Basics

lichst erst nach dem Dessert austauschen.

■■■

Wer stellt wen
zuerst vor?

Wer beispielsweise auf einer Party
lediglich den Gastgeber kennt, der
ist in der Regel sehr erleichtert,
wenn dieser ihn seinen anderen
Gästen vorstellt. Andererseits sollte
der Gastgeber darauf achten, dass
er seine Gäste auch untereinander
vorstellt. Dies gilt speziell für Be-
gegnungen, bei denen eine Person
die anderen Personen kennt, diese
sich aber untereinander noch nicht
kennen bzw. einander noch nicht
vorgestellt wurden. Dabei gilt folgende Regel:

Er stellt dem Ranghöheren den
Rangniederen, der älteren Person
die jüngere Person, dem ausländischen Gast den einheimischen, der
Dame den Herrn und dem bereits
anwesenden den neu eingetroffenen
Gast vor.

Dies könnte im Einzelfall so aussehen: Angenommen, ein Professor Z
steht neben einem Doktor Y. Dann
sagt der Gastgeber beispielsweise:
„Darf ich die Herrschaften miteinander bekannt machen? Herr Professor
Z, dies ist Herr Doktor Y, Herr Doktor
Y, dies ist Professor Z." Daran würde
sich selbst dann nichts ändern,

wenn es sich bei dem Doktor um
einen Adeligen handeln sollte, da
der Professor akademisch als rang-
höher gilt.

In vielen Fällen machen sich die
Gäste aber bereits untereinander
bekannt. Gerade in persönlicherem
Rahmen ist dies durchaus gängig.
Allerdings lauern auch hier viele
Peinlichkeiten, die sich aber durch-
aus vermeiden lassen. „Guten Tag,

Früher	Heute
Eine Dame, die einem Herrn das Du anbietet, wird zum Gegenstand eines gesellschaftlichen Skandals.	Der Ranghöhere bietet dem Rangniedrigeren das Du an, der Ältere dem Jüngeren – unabhängig vom Geschlecht.
Damen bleiben sitzen, wenn sie einen Neuankömmling per Handschlag begrüßen.	Dieses Verhalten ist – vor allem im Berufsle- ben – nicht mehr zeit- gemäß. Moderne Frau- en erheben sich eben- falls und demonstrieren damit Gleichrangigkeit.

AUSNAHME: VORTRÄGE

Falls es sich um einen Vortrag handelt, stellt der Gastgeber oder Moderator den Redner dem Publikum vor.

ich bin der Achim aus Augsburg" hört sich ähnlich an wie der musikalische Ohrwurm „Ich bin der Anton aus Tirol". Gleichermaßen fragwürdig sind Formulierungen wie „mein Name ist Berg; Achim Berg". Der Flair und die persönliche Ausstrahlung eines James Bond passt nicht in das aktuelle Gesellschaftsbild. Am einfachsten ist es, wenn man nur seinen Vor- und Zunamen (bzw. noch die Firma, die man vertritt, nennt). Die Anrede „Fräulein" ist übrigens nicht mehr zeitgemäß, es sei denn, die Dame bittet ausdrücklich darum, so genannt zu werden. Normalerweise lehnen Frauen es aber ab, über ihren Familienstand aufgrund der Anrede „Fräulein" zu informieren.

TO-DO
- Bei Vorträgen den Redner dem Publikum vorstellen.
- Möglichst immer genügend eigene Visitenkarten in Reserve mit sich führen.
- Karte beiläufig überreichen, damit es nicht plump wirkt!
- Wer eine Karte erhält, überreicht dem Kartengeber seine eigene Karte.

TABU
- Nachname nennen und im selben Satz (erläuternd) Vorname nennen und Nachname wiederholen.
- Visitenkarten achtlos einstecken.
- Frauen mit „Fräulein" ansprechen bzw. vorstellen.

Du oder Sie?

Früher war der Weg vom „Sie" zum „Du" weitaus komplizierter als heute. Wer sich mit fremden Personen auf Englisch unterhält, braucht sich keine großen Gedanken zu machen, da es kein „Sie", sondern nur ein „you" (Du) gibt. Allerdings nur auf den ersten Blick, denn man kann den

20

Benimm-Basics

anderen sowohl mit Vornamen und „you", als auch mit Nachnamen und „you" ansprechen. Letzteres entspricht dann eher der deutschen „Sie-Form". Beispiel: Ein Ingo Schuster aus Deutschland lernt auf einer Geschäftsreise bei einem „Meeting" einen promovierten Ingenieur namens Mike Taylor aus Wisconsin/USA kennen. Zunächst ist dieser offiziell „Doctor Taylor" für ihn, da man andere im geschäftlichen Bereich zuerst mit Titel und Nachname anspricht. Fehlt ein Titel, dann würde die korrekte Anrede hier „Mister Taylor" lauten. Sobald ihm dieser die Anrede mit Vornamen (z. B. „You can call me Mike") anbietet, darf er ihn Mike nennen.

Anders im deutschsprachigen Raum. Auch im 20. Jahrhundert gilt der Grundgedanke, dass man Fremde zunächst einmal siezt. Die Grußregeln gelten analog, das heißt, dass gegebenenfalls der Ranghöhere dem anderen das „Du" anbietet. Ebenso offeriert der Ältere dem Jüngeren das „Du". Bei gleichrangigen Personen, die vermutlich gleich alt sind, vereinfacht sich alles entsprechend. Hier darf jeder dem anderen das „Du-Angebot" offerieren.

VORSICHT: DU IST NICHT IMMER GUT GEMEINT ...

Wer von Kollegen oder Parteifreunden gesiezt wird, braucht nicht traurig zu sein. So wie das Sprichwort „Feinde – Todfeinde – Parteifreunde" immer wieder kursiert, scheinen viele „Duzfreunde" nicht nur in der Politik, sondern auch in der Wirtschaft, im Beruf oder im Alltag in Wahrheit nicht nur Konkurrenten, sondern regelrechte „Feinde" zu sein. Natürlich fühlt man sich meist wohler, wenn man geduzt wird. Trotzdem ist es nicht immer gut gemeint. Wenn man beim Sie bleibt, dann entstehen manche Komplikationen erst gar nicht – andererseits sollte man sich auf sein Gefühl verlassen, da es keine „Musterlösung" gibt.

Geheimtipp für den Weg zum „Du":

Manchmal rutscht einem in der Hektik des Gesprächs ein „Du" heraus. Beim Weiterreden bemerkt man diesen Versprecher plötzlich und hält kurz inne und blickt den anderen an. Blickt dieser verständnislos oder verärgert, dann gibt es zwei Möglichkeiten. Man redet entweder weiter und achtet peinlichst darauf, dass sich dies nie mehr wiederholt. Die andere Möglichkeit ist, dass man ganz kurz

TIPP:

Wer ein „Du-Angebot" ablehnt, der riskiert selbst abgelehnt zu werden. Die Kollegen distanzieren sich von ihm und er manövriert sich im ungünstigsten Fall in die Rolle eines Mobbing-Opfers.

schaftlicher Skandal gewesen, der den Ruf der Dame vermutlich ruiniert hätte.) Mittlerweile ist dies eine Selbstverständlichkeit. Allerdings sollte auch hier beachtet werden, dass im Geschäftsleben besondere Regeln gelten. Innerhalb der Firmenhierarchie steht dieser Anspruch nur dem Vorgesetzten bzw. der Vorgesetzten zu. Mit anderen Worten darf die Frau dem Mann innerhalb des Unternehmens nur dann das „Du" anbieten, wenn sie entweder dessen Vorgesetzte oder aber eine gleichrangige (oder rang-höhere) Kollegin ist. Die Abteilungs-leiterin (z. B. aus der Abteilung „Forschung und Entwicklung") dürfte daher dem Projektmanager (Sachbearbeiter) aus ihrer Abteilung das „Du" anbieten. Sie dürfte auch dem Abteilungsleiter einer anderen Abteilung (z. B. Vertrieb) das „Du" anbieten. Die Sekretärin jedoch weder der Abteilungsleiterin noch dem Sachbearbeiter. Beide sind für sie nämlich rang-höher. Allerdings darf die Sekretärin beispielsweise dem Praktikanten oder dem Hausmeister das „Du" anbieten, da sie höher bzw. gleichrangig ist.
Kompliziert wird es jedoch bei der Gratwanderung vom „Sie" zum „Du".

„Pardon" sagt und sachlich-nüchtern auf „Sie-Ebene" weiterredet. Ist der Blick des versehentlich Geduzten jedoch freundlich oder gar amüsiert, kann man sich etwas bestürzter geben und entschuldigend sagen, dass man natürlich „Sie" sagen wollte. Meist bietet der Geduzte dann an, doch beim „Du" zu bleiben.

Dürfen Frauen Männern das Du anbieten?

Noch immer denken viele Männer, dass sie niemals einer Frau das „Du" anbieten dürfen. Andererseits stellt sich immer wieder die Frage, ob Frauen Männern anbieten dürfen, sie zu duzen. (Dies wäre früher ein gesell-

Benimm-Basics

Darf man ein angebotenes Du ablehnen?

Laut Knigge braucht man ein „Du-Angebot" nicht anzunehmen. Entsprechende Aufforderungen sollten gegebenenfalls diplomatisch abgelehnt werden, damit der andere sich nicht beleidigt fühlt. (Z. B.: „Vielen Dank für das freundliche Angebot, aber ich finde, wir sollten besser beim ‚Sie' bleiben.") Bedenken Sie aber, dass unabhängig von allen Benimm-Regeln der Anbietende brüskiert sein könnte. Gerade wenn sich alle Kollegen duzen, macht es einen überheblichen Eindruck, sich dieser Gepflogenheit nicht anzuschließen.

„Wieder so ein heißer Tag"
Small Talk ohne Fettnäpfchen

Der Begriff Small Talk kommt aus dem Englischen und steht für leichte Unterhaltung bzw. eine höfliche und lockere Konversation. Ein Small Talk sagt vieles und auch nichts. Dennoch spielt er in puncto „gutes Benehmen" eine Schlüsselrolle. Zum einen empfinden es viele als arrogant, wenn sich Menschen, mit denen man beruflich oder allgemein zu tun hat, in Schweigen hüllen oder gar wegsehen, wenn man versucht, eine Konversation zu starten oder fortzusetzen. Andererseits fällt es vielen schlichtweg schwer, auf dieser Ebene zu kommunizieren. Sie ringen nach Worten und fühlen sich, als hätten sie einen Kloß im Hals. Sie würden gerne etwas sagen, bekommen aber kein Wort aus sich heraus. Andere hingegen brillieren. Sie beherrschen die Kunst, eine unbedeutende Begebenheit so zu schildern, als ginge es um die Entdeckung eines Autos, das mit Leitungswasser statt mit herkömmlichem Kraftstoff betrieben werden könnte. Sie ernten die ungeteilte Aufmerksamkeit der anderen. Diese wiederum scheuen sich dann weniger, Fragen zum Thema, z. B. wo man ein bestimmtes Produkt kaufen kann, zu stellen oder Bemerkungen zur Sache, z. B., dass sich die Wetterlage wohl bald ändere, zu machen.

■■■
Beliebtes Thema: Wetter

Stichwort Wetter: Wetter ist das Small-Talk-Thema schlechthin! Wer alltägliche Gesprächsthemen wählt, ermöglicht dem anderen, sich am Gespräch zu beteiligen. Dies gilt aber nicht nur für das Reden, sondern auch für das Zuhören. Wer seinem Gegenüber aufmerksam zuhört und Blickkontakt zu ihm hält, signalisiert zugleich Interesse am Fortlauf des Gesprächs mit ihm. Diese Gesprächsart empfiehlt sich im Geschäftsleben insbesondere bei Tagungen, Fortbildungsveranstaltungen und Kongressen. Allerdings sollte man hier tunlichst darauf achten, Gesprächsthemen zu meiden, die z. B. einen anstehenden Vortrag des anderen betreffen. Dies ist unhöflich, da es den anderen meist verwirrt. Die Mehrzahl der Redner leidet vor Vorträgen ohnehin unter Lampenfieber. Wer den anderen aufmerksam beobachtet, kann erkennen, in welche Richtung dieser die Unterhaltung gerne weiterführen möchte. Daher sollte man die The-men gezielt auf seinen Gesprächspartner abstimmen.

TO-DO
- Freundlich und ohne Aggression sprechen.
- Gesprächspartnern aufmerksam zuhören.
- Blickkontakt halten.
- Kleinere Gesprächsbeiträge einbringen, z. B. Informationen und Wissen über ein angesprochenes Thema.
- Unverfängliche Gesprächsthemen (z. B. Wetter) wählen.
- Gesprächstempo anpassen.
- Nicht dazu provozieren lassen, über Themen zu sprechen, die man meiden möchte, oder Auskünfte zu geben, die man für sich behalten möchte.

TABU
- Verallgemeinerungen. Dadurch kann man andere schnell vor den Kopf stoßen, ohne es zu wollen.
- Ungehemmte Selbstdarstellung.
- Extrem schnell sprechen, wenn der andere eher in einem langsamen Sprechtempo kommuniziert.
- Andere aushorchen.
- Thema intensivieren bei Gebieten, die dem anderen scheinbar unangenehm sind.
- Pauschale Verallgemeinerungen.
- Versuch, dem anderen persönliche Geheimnisse, über die er nicht sprechen möchte, zu entlocken.
- Vertrauliche Informationen oder dubiose Gerüchte verbreiten.

Benimm-Basics

■■■
Sprechtempo anpassen

Das Sprechtempo sollte (soweit möglich) angepasst werden. Wer beispielsweise extrem schnell spricht, sollte mit einem bedächtigen Sprecher, der eher langsam spricht, ebenfalls langsamer kommunizieren. Dies vermeidet auch Missverständnisse. Derjenige, der zu schnell spricht, verschluckt oft Silben oder spricht undeutlich, sodass der andere ihn falsch versteht. Jemand mit einem extrem behäbigen, langsamen Sprechstil wiederum nervt den anderen, da es für ihn recht langweilig klingt. Zudem entsteht gerade im Geschäftsleben leicht der Eindruck, dass dieser umständlich sei, uneffektiv arbeite und nicht zur Sache kommen kann. Wenn beide ihr Gesprächstempo anpassen, fallen diese Unterschiede weniger auf. Gerade bei Small Talks sollte man sich vor Verallgemeine-

rungen (alle Autofahrer, Umweltschützer, Tennisspieler, VfB-Fans, Briefmarkensammler etc. sind ...) in Acht nehmen. Damit tritt man schnell in Fettnäpfchen.

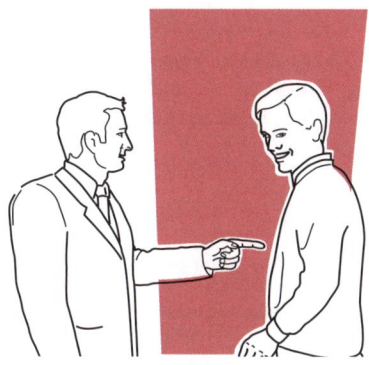

Nicht mit nackten Fingern auf angezogene Menschen ...
Die richtige Gestik macht's

„Man zeigt nicht mit nacktem Finger auf angezogene Leute" ist ein Spruch, den kleine Kinder oft zu hören bekommen. Allerdings ist er etwas in Vergessenheit geraten. Dennoch stimmt dieser Spruch durchaus mit den aktuellen Benimmregeln uneingeschränkt überein. Man zeigt tatsächlich nicht mit dem Finger auf andere. Problematisch kann dies werden, wenn man einem Fremden erklären möchte, wer eine bestimmte Person ist,

---

GEEIGNETE SMALL-TALK-THEMEN
- Wetter
- Hobbys
- Urlaub
- Sport
- Kulturelle Veranstaltungen
- Musik
- Kunst
- Literatur

die in einer Personengruppe oder außerhalb steht. In der Praxis ist es nicht nur am einfachsten, sondern auch am bequemsten, wenn man

TO-DO

- Anderen Weg erklären oder beschreiben, wo sich eine gesuchte Person befindet.
- Andere zu der gesuchten Person führen.
- Gestik über der Taillenhöhe wirkt positiv.
- Gestik bis zur Taillenhöhe wirkt neutral.

TABU

- Mit Zeigefinger auf gesuchte Person zeigen.
- Ausgestreckter Mittelfinger beleidigt anderen. Daher sollte man bei Vorträgen etc. bei der allgemeinen Gestik tunlichst vermeiden, mit diesem Finger auf Flipcharts etc. zu deuten.
- (Beide) Hände in den Hosentaschen.
- Hände hinter dem Rücken verstecken (erregt Misstrauen).
- Überkreuzte Arme (signalisiert Abwehr).
- Geballte Faust vor Gesprächspartner (wirkt bedrohlich).
- Spitzdach mit den Händen formen (wirkt selbstüberheblich-arrogant).
- Hände (mit unsichtbarer Seife) reiben (wirkt schadenfroh).
- Hände ständig zum Kinn führen (strahlt Selbstgefälligkeit aus).
- Finger kurz zum Mund nehmen oder in den Mund (wirkt unsicher und verlegen).
- Hände im Nacken verschränken (wirkt überlegen-arrogant).
- Oberlippe hochziehen (strahlt Verachtung aus).

einfach mit dem Finger auf die gesuchte Person deutet. Dies ist jedoch äußerst verpönt. Grundsätzlich sollte man in Worten erklären, um wen es sich handelt bzw. wo die Person steht. Steht der Gesuchte allein an einem übersichtlichen Platz (z. B. am Kaffeeautomaten), dann genügt ein „... das ist der Herr dort drüben am Kaffeeautomaten ...".

■■■
Präzise beschreiben oder hinführen

Steht er aber in einer größeren Menschengruppe, dann erfordert dies eine präzisere Beschreibung. Etwa durch ein „... sehen Sie den Herrn im schwarzen Anzug mit der grünen Krawatte? ...", damit sich der Fragende bildhaft vorstellen kann, wen er überhaupt ansprechen möchte/muss. Unterstützend kann man mit angewinkeltem Arm und nach oben gestreckter Handfläche in die Richtung des Gesuchten weisen. Falls man den Gesuchten kennt, dann lässt sich besondere Höflichkeit demonstrieren, indem man den Suchenden zu ihm hinführt und ein

Benimm-Basics

„Guten Tag Herr X, dieser Herr möchte Sie gerne sprechen" sagt. Da man den Nachnamen des Suchenden meist nicht kennt, kann man ihn nur mit einer allgemeinen Bezeichnung (z. B. sinngemäß „ein Herr" oder „die junge Dame") vorstellen.

■ ■ ■
Hände, Händedruck und Handschlag

Bereits vor über 200 Jahren löste der Schweizer Pfarrer Johann Caspar Lavater in seinem Hauptwerk „Physiognomische Fragmente zur Beförderung der Menschenkenntnis und Menschenliebe" einen Trend in Sachen Körpersprache aus. Der streitbare Theologe wollte nachweisen, dass äußere Teile des Menschen (z. B. Gesicht oder Hände) Aussagen über dessen Charakter zulassen. Dies löste heftige Diskussionen unter den Gelehrten aus. Der pietistisch geprägte Pfarrer ging davon aus „je moralisch besser, desto schoner – Je moralisch schlimmer, desto hässlicher". Dieser irrationale Ansatz wurde später in der Romantik verworfen, allerdings ist die Annahme geblieben, dass die Hände viel über einen Menschen preisgeben. Tatsächlich sind Hände und Gestik untrennbar miteinander verbunden. Allerdings geht es beim Begrüßen per Handschlag nicht nur um die Art und Weise, wie Hände gehalten werden, sondern auch um die persönliche Distanzzone. Diese wiederum hängt von der kulturellen Prägung, von gesellschaftlichen Vorgaben (Sozialisation) und nicht zuletzt vom Typ ab. So unterscheiden sich introvertierte von extrovertierten Zeitgenossen bereits vom körperlichen Abstand beim Handschlag. Diese nonverbale Kommunikation ist allerdings auch durch die Kulturkreise geprägt.

TIPP:

Wer etwas Gutes ausdrücken möchte (beispielsweise einen neuen Rekordumsatz im aktuellen Geschäftsjahr) tut gut daran, dies durch bejahende Gesten zu unterstreichen. Die Hände sollten sich möglichst öffnen, da harmonische Signale die positive Wirkung zusätzlich verstärken.

Unbeliebte Handschläge

Es gibt einige Arten von Handschlag, die bei dem Begrüßten normalerweise nicht gut ankommen. Darunter fallen:

1. Ein zu kräftiger Händedruck, bei dem alle Finger (außer dem Daumen) bis zur Höhe der Faustknochen gequetscht werden. (Insbesondere Leuten, die Ringe tragen, werden dadurch Schmerzen zugefügt.)

2. Ein zu lascher Händedruck, bei dem der Grüßende lediglich die Fingerspitzen des anderen umgreift. Viele setzen dies einer vorsätzlichen Darbietung eigener Überlegenheit gleich, die Missachtung und Geringschätzung signalisieren soll.

3. Eine entgegengestreckte, weiche Hand, ohne jedwede Spannung, die sich wie ein Fisch anfühlt. Besonders unangenehm wirkt dies zudem, wenn derjenige feucht-kalte Hände hat. Dieser Händedruck suggeriert eine gewisse Reserviertheit.

4. Ein auffallend flüchtiger Händedruck steht für Angst. Verhaltensforscher schließen daraus auf ein zurückhaltendes Naturell, das Angst vor dem anderen, der Welt allgemein oder sogar sich selbst hat.

Allerdings ist hier Vorsicht geboten. Manchmal ergibt sich in allgemeiner Hektik ein flüchtiger Händedruck.

■ ■ ■

Die Signale der Hand: Offen, verdeckt oder dominant

Es kommt jedoch nicht nur auf den Händedruck, sondern auch auf die Handbewegungen an. Hier geht es im Wesentlichen um offene, verdeckte oder dominante Bewegungen. Bei der offenen Handbewegung offenbart der Grüßende seine Handinnenfläche. Dies weckt Vertrauen. Es signalisiert nämlich, dass man nichts zu verbergen hat. Der andere kann das Angebot annehmen oder ablehnen. Es bleibt ihm überlassen, die gereichte Hand anzufassen. Derjenige, der anderen seine Hand reicht, sollte sie jedoch nicht zu schnell zurückziehen. Dies wirkt nämlich nicht nur aggressiv, sondern kann auch den Eindruck erwecken, dass man das Angebot lieber doch zurückzieht. Zumindest zwei Sekunden Bedenkzeit sollte dem anderen eingeräumt werden,

Benimm-Basics

um den Handschlag zu erwidern. Verdeckte Handbewegungen liegen vor, wenn dem Gegenüber bei Artikulationen nur der Handrücken vorgehalten wird (ähnlich wie in „Mantel-und-Degen-Filmen" bei Handküssen). Dies erweckt den Verdacht, dass der andere etwas verbergen möchte. Von dominanten Handbewegungen geht man aus, wenn die Hand von oben nach unten geführt wird. Dies wirkt verspannt. Zudem

bedrohlich auf die anderen wirken. Zumindest übt derjenige, der die Hand so bewegt (bewusst oder unbewusst), Druck auf die anderen aus. Auf manche wirkt dieser mentale Druck stärker, auf manche so gut wie gar nicht.

„Sitz gerade!"
Mit Haltung souverän in allen Situationen

Eine aufrechte Haltung wird von vielen als wichtiges gesellschaftliches und gesundheitliches Gebot aufgefasst. Trotzdem leiden viele Menschen an Fehlhaltungen. Bereits Kinder im Grundschulalter haben Haltungsschäden. Dies kann viele verschiedene Ursachen haben. Zum einen eine Fehlhaltung, die man aus Bequemlichkeit und mangelnder Sorgfalt sich selbst gegenüber angeeignet hat. Zum anderen, weil Kinder Aufforderungen wie „Sitz gerade!" oft so umsetzen, dass sie die Rückenmuskulatur derart verspannen, dass sich ebenfalls Haltungsschäden ergeben. Psychologen wiederum ziehen beim Anblick verschiedener Sitz-

schränkt sie die Bewegungsfreiheit ein. Meist ist der Zeigefinger und der Daumen ausgestreckt. Dies kann

TIPP:
Gehen Sie auf andere mit offener Handinnenfläche zu. Denn: Die offene Hand strahlt Großzügigkeit und Selbstsicherheit aus. Verdeckte Handbewegungen deuten darauf hin, dass man etwas verbergen will.

haltungen Rückschlüsse auf die Charaktereigenschaften (innere Haltung) der Person. Tatsächlich gehen viele Coaches und Personalchefs, die sich mit entsprechender Literatur vertraut gemacht und spezielle Fortbildungsveranstaltungen besucht haben, davon aus, dass Körperhaltung etwas mit innerer Einstellung und Zuverlässigkeit zu tun hat. Grundsätzlich wird Männern mehr „Bewegungsfreiheit" eingeräumt. Frauen müssen nach wie vor zahlreichere Faktoren beachten.

Exkurs: Sitzende Frauen

Noch in den 50er-Jahren trugen viele Frauen teilweise aus Prinzip keine Hosen, sondern nur Röcke und Kleider. Frauen in Hosen galten als revolutionär und unweiblich. Während kleine Jungen im Matsch spielten, mussten Mädchen im hübschen Rüschen-Kleidchen darauf achten, sich nicht schmutzig zu machen. (Was selbst in der heutigen Zeit noch oft der Fall ist.) Allerdings liegt die restriktivere Auslegung der Ge- und Verbote beim Sitzen tatsächlich auch an der Kleidung. Während für Frauen in Hosen(anzügen) fast dieselben Haltungsrichtlinien gelten wie für Männer, müssen Frauen in Röcken oder Kleidern einiges mehr beachten. „Hosen-Trägerinnen" dürfen mit den Beinen fast gleich breit auf der Erde stehen wie Männer. (Herren stehen oft etwas breitbeiniger, was aber aufgrund des unterschiedlichen Körperbaus kaum auffällt.) Wenn Frauen Röcke tragen, müssen sie, insbesondere im Sitzen, darauf achten, dass die Knie geschlossen sind. Besonders bei kurzen Röcken ist sonst die Unterwäsche zu sehen, was nicht nur ungehörig, sondern auch peinlich ist. Daher sollten Frauen, die Röcke oder Kleider tragen, stets darauf achten, die Beine entweder bei geschlossenem Knie im 90-Grad-Winkel von Oberschenkel zu Schienbein parallel nebeneinander zu stellen oder einfach die Beine übereinanderzuschlagen.

■■■
Sitzen & Sitzhaltung

Egal, ob bei Besprechungen oder bei (Geschäfts-)Essen: Mit der richtigen Haltung wirkt man souverän in allen

Benimm-Basics

Situationen. Früher galt es als besonders tugendhaft, wenn Gäste (vor allem Frauen) kerzengerade auf den Stühlen saßen, ohne dabei die Stuhlrückenlehnen zu berühren. Man nannte dies auch die „Höhere-Töchter-Haltung", durch die sich junge Frauen aus gut situierten Familien (Mittelstand, Unternehmer, Beamte) von niedrigeren Schichten (Arbeiterklasse) optisch abzugrenzen gedachten. Allerdings war bzw. ist diese Haltung nicht weniger ungesund, als sich ständig gebückt halten zu müssen. Auch hier waren Haltungsschäden vorprogrammiert.

Mittlerweile gilt eine Sitzhaltung als korrekt, wenn man die gesamte Fläche des Stuhls nutzt (und nicht nur auf der Stuhlkante sitzt). Dabei sollte man zirka eine Hand breit vom Tisch entfernt sitzen. Der Rücken darf ruhig an den Stuhl angelehnt werden. Schließlich ist die Stuhllehne ja dazu da, dem Rücken Halt zu geben.

Ellbogen nicht aufstützen

Stichwort Halt: Halt geben soll auch die Armlehne eines Stuhls. Allerdings verfügen nicht alle Stühle über Armlehnen und zudem können bzw. brauchen sie auch nicht genutzt zu werden. Beim Essen stützt man die Ellbogen jedenfalls nicht auf den Armlehnen ab, wenn man z. B. mit Messer und Gabel arbeitet. In dieser Situation ist es üblich, die Arme eng am Körper zu halten und die Hände allenfalls bis zu den Handgelenken auf den Tisch zu legen. Die Ellbogen sollten dabei eng am Körper geführt werden. Manche schneiden Speisen unter vollem Ellbogeneinsatz. Das heißt, sie bewegen die Ellbogen jeweils nach rechts und links. Dies wiederum führt oft dazu, dass sie ihren Tischnachbarn regelrechte „Ellbogenstöße" verpassen. Daher zählt es zum guten Benehmen, bei Tisch die Ellbogen eng am Körper zu führen.

TIPP:
Das hektische Gestikulieren kann man vermeiden. Wem ein Referat oder Ähnliches bevorsteht, der kann sich ab und zu auf seinem Manuskript einen mit Textmarker unterstrichenen Hinweis „Haltung bewahren" notieren. Auf diese Art gewinnt man innere Ruhe und Souveränität.

Ellbogen im Flugzeug

Besonders deutlich wird dies im Flugzeug. Angesichts der Tatsache, dass aus Gründen der Kostenersparnis möglichst viele Sitze pro Reihe aufgestellt werden, ist der individuelle Raum für Passagiere, die nicht in der Business-Class sitzen, recht eng. Wer in einer Dreierreihe in der Mitte sitzt, hat es besonders schwer, da er unter Umständen von beiden Seiten einen leichten Ellbogenstoß einstecken muss, wenn die Mitreisenden die Arme nicht eng am Körper führen. Insoweit hat das Gebot, die Arme eng am Körper zu führen, auch hier praktische Gründe.

unsouverän. Diese Unbeholfenheit lässt leicht den Verdacht auf Unfähigkeit aufkommen.

Haltung und Kompetenz

Haltung zu wahren ist aber auch in zahlreichen anderen Situationen angebracht. Bei Vorträgen verrät die Körperhaltung viel über die Verfassung des Redners. Wer ständig aufgeregt hin und her läuft, hektischnervös mit den Händen herumfuchtelt, mit dem Kugelschreiber knipst, sich ins Haar fasst, am Kopf kratzt oder an Nase oder Ohren reibt, wirkt

Von innen nach außen?
Zeitgemäße Tischmanieren

Beim Essen entpuppt sich oft der wahre Charakter eines Menschen. Dabei geht es weniger darum, ob jemand die gängigen Regeln kennt und umsetzt. Gegen ein Missgeschick (z. B. ein umfallendes Glas oder kleckernde Soße etc.) ist niemand gefeit. So eine unangenehme Situation ist nicht so schlimm, wenn

Benimm-Basics

man sich souverän verhält. Immer jedoch sollten die grundlegenden Anstandsregeln eingehalten werden. Wer sich am Tisch wie eine Hyäne auf das Essen stürzt, sich als erstes bedient, Berge von Speisen auf seinen Teller häuft, beim Essen rülpst, mit vollem Mund spricht (und dabei Speisereste über den Tisch spuckt) und gleichzeitig noch die ganze Gesellschaft mit Themen, die bei Tisch unangebracht sind, quält, braucht sich nicht zu wundern, wenn er kein zweites Mal eingeladen wird. Essen und Trinken hält zwar „Leib und Seele zusammen", stellt die gegenseitige Sympathie und Wertschätzung aber auch oft auf eine harte Probe. Gute Tischmanieren sind daher unbezahlbar. Nicht nur bei Geschäftsessen lassen sich wertvolle Punkte sammeln, wenn man Tischmanieren perfekt beherrscht. Im Privatleben orientieren sich sehr viele Menschen an der Devise „wie man isst – ist man". Schon der richtige Umgang mit Besteck ist ein kleines Geheimnis, das sich jedoch leicht entschlüsseln lässt. Messer, Gabel und Löffel sprechen zwar eine stumme „Geheimsprache" – sie lässt sich jedoch leicht „entschlüsseln". Gerade bei festlich gedeckten Tischen, die durch eine Vielzahl an Gläsern, Tellern und Besteck glänzen, kann man durch souveräne Tischmanieren

glänzen. Doch bevor man sich mit Messer und Gabel beschäftigt, sollte man einen Blick auf die Serviette werfen.

■ ■ ■
Was die Serviette sagt

Servietten gelten als Selbstverständlichkeit in jedem Restaurant. Sie stehen oder liegen meist gefaltet auf dem Teller oder rechts daneben. Bei Platzierung und beim Benutzen der Serviette existieren zahlreiche Varianten. Die richtige Lösung gibt es nicht. Eines jedoch ist unbestritten: ihr praktischer Nutzen. Im 17. Jahrhundert waren Tisch-Messer eher selten. Man aß mit den Händen und wischte sich die fettigen Finger am Tischtuch ab. Papiertaschentücher gab es damals noch

dass sie die Lippen nur abtupfen, um den Lippenstift nicht zu verschmieren und so das Make-up zu ruinieren.

Die Serviette erklärt aber auch ohne Worte, ob der Gast das Mahl beendet oder sich nur kurzfristig vom Tisch entfernt hat. Letzteres zeigt er dadurch, dass er sie, entgegen ihrer Kniffe, einmal faltet und (mit der sauberen Seite) auf den Stuhl legt. Legt er sie jedoch, ebenfalls mit der sauberen Seite nach außen, links neben den Teller, signalisiert er, dass er satt ist. Dies gilt übrigens auch für Papierservietten. Diese werden nicht auf den Teller und unter das Besteck, sondern ebenfalls links neben den Teller gelegt.

keine. So war es nicht ungewöhnlich, dass viele auch in das Tischtuch schnäuzten. Die Serviette bietet da schon mehr Bequemlichkeit. Nicht nur, dass teure Tischdecken von vermeidbarem Schmutz verschont bleiben – sie schont auch die Kleidung der Gäste. (Dies ist auch heute noch so.) Allerdings bindet man sie heutzutage nicht um den Hals, sondern legt sie, nachdem der Gastgeber das Mahl eröffnet hat, auf den Schoß.

Wer sich die Lippen abtupft, bevor er das Glas ergreift und trinkt, vermeidet hässliche Fettflecken am Glasrand. Diese sehen nicht nur unappetitlich aus, sondern beeinträchtigen auch den Trinkgenuss.

Gerade Frauen, die Lippenstift benutzen, sollten darauf achten,

Benimm-Basics

KURZZUSAMMEN-
FASSUNG SERVIETTE

Früher wischte man nicht nur schmutziges Besteck, sondern auch den Mund am Tischtuch ab.

Die Tischdecke diente zugleich als Taschentuch.

Heute tupft man sich den Mund mit der Serviette ab.

Aufmerksame Gastgeber(innen) bringen ihren Gästen automatisch eine neue, wenn die alte heruntergefallen ist.

Wer seinen Platz nur für kurze Zeit verlässt, legt die gefaltete Serviette (mit sauberer Seite nach außen) als Signal seiner Rückkehr auf den Stuhl.

Wer satt ist und das Mahl als beendet erklären möchte, legt sie ebenfalls mit der sauberen Seite nach außen, links neben den Teller.

Dies gilt auch für Papierservietten.

nicht. Wie so oft gibt es aber Ausnahmen und (nicht nur im juristischen Bereich) Ausnahmen von den Ausnahmen. In diesem Fall besteht die Ausnahme beim Essen in der Kantine. Es ist fast überall so, dass sich Kolleginnen und Kollegen, die sich mittags in der Kantine sehen, gegenseitig einen guten Appetit wünschen. Wer es nicht tut, gilt schnell als arrogant, auch wenn dies gar nicht beabsichtigt ist. Zudem ist es ja auch nicht böse gemeint, wenn man einem anderen etwas Gutes wünscht. Bei offiziellen Geschäftsessen und bei privaten Einladungen zum Essen sieht dies anders aus. Bei Geschäftsessen und feierlichen Banketten galt es seit eh und je als unschick, sich

■■■

„Guten Appetit" gehört sich nicht …

Ein gutes Essen hat viel mit dem Appetit als solchem zu tun. Die meisten meinen es gut, wenn sie sich untereinander einen guten Appetit wünschen. Der Wunsch mag zwar gut gemeint sein, aber er gehört sich nicht – zumindest in den meisten Fällen

Benimm-Basics

TIPP:

Wem eine Serviette auf den Boden fällt, braucht sich keine Sorgen zu machen. Solche Missgeschicke können jedem passieren. Man bittet den Kellner einfach um eine neue. Bei Privateinladungen hebt man sie einfach auf und nutzt sie weiter, wobei aufmerksame Gastgeber ihren Gästen automatisch und ohne Worte neue bringen.

gegenseitig einen guten Appetit zu wünschen. Der Gastgeber (bzw. die Gastgeberin) signalisiert (sowohl damals als auch heute) dadurch, dass er/sie zum Besteck greift, dass man nun anfangen soll zu essen.

Weshalb man keinen guten Appetit wünscht

Aus religiösen Gründen galt es früher (in Zeiten der Völlerei) als zynisch, sich auch noch „guten Appetit" zu wünschen. Angenommen, der Gastgeber bzw. die Gastgeberin hat selbst gekocht und startet das Essen auch noch mit den Worten „guten Appetit", kann dies schnell als Eigenlob interpretiert werden. Man könnte meinen, dass der Koch bzw. die Köchin derart von seinen Fähigkeiten überzeugt ist, dass er davon ausgeht, dass das Essen hervorragend schmeckt und wer nur wenig davon isst, eben keinen großen Hunger haben kann. Daher ist nur noch das Hungergefühl als solches dafür relevant, ob der Gast seinen Teller leer isst oder sich nachschöpft. Im Umkehrschluss

NICHT VERGESSEN: DER STILLE KOMMENTAR DES GASTES

Bei offiziellen Essen werden sowohl Gäste als auch Gastgeber nicht nur von den Kellnern kritisch beäugt. Sie beobachten sich meist auch gegenseitig – zwar unauffällig, aber kritisch. Jene Kellner, die ihr Handwerk verstehen, interpretieren die Zeichensprache von Messer und Gabel sofort. Dadurch teilen ihnen der Gast schließlich ohne großen Kommunikationsaufwand mit, ob er das Mahl beendet hat oder noch mehr essen möchte. Gleichzeitig gibt er ihm auch zu verstehen, was er davon hielt. Kreuzt der Gast Messer und Gabel mit den Spitzen auf dem Teller, dann möchte er lediglich „parken". Legt er das mit der Schneide nach innen zeigende Messer und die Gabel parallel rechts unten auf dem Teller ab, signalisiert er, dass er fertig ist. Stellt man sich den Teller als Uhr vor und das Besteck deutet fünf Minuten nach halb sieben an, dann hat es ihm auch gut geschmeckt.

Benimm-Basics

könnte man auch davon ausgehen, dass der Gast, der den anderen einen „guten Appetit" wünscht, davon ausgeht, dass das Essen schlecht schmeckt und die Leute es nur essen können, wenn sie wirklich großen Hunger haben.

■■■ Das richtige Besteck

Meist liegen rechts neben dem Teller zwei Messer und links zwei Gabeln. Mitunter liegt rechts oder oben auch noch ein flacher Esslöffel.

VORSICHT HEIKLES THEMA: ZAHNSTOCHER

Wer nach dem Essen Speisereste zwischen den Zähnen spürt, die er mit dem Zahnstocher entfernen möchte, sollte bedenken, dass dies äußerst unangenehm auf die anwesenden Gäste wirkt. Sie zu benutzen ist mittlerweile selbst dann verpönt, wenn sie auf dem Tisch stehen. Wer sie, z. B. in Kantinen, dennoch benutzt, sollte aber unbedingt die Hand vor den Mund halten. Dies bedeutet (für Rechtshänder) die linke Hand vor den Mund zu halten, mit der rechten den Zahnstocher zu ergreifen und die Speisereste lösen. Für Linkshänder kann es auch umgekehrt erfolgen. Die Prozedur sollte auf jeden Fall schnell und unauffällig erfolgen. Wenn auf dem Tisch keine Zahnstocher liegen, kann man den Ober diskret darum bitten. Gerade dann ist es angebracht die Zahnstocher nur auf der Toilette zu benutzen. Besonders bei Geschäftsessen bleibt es dem Gesprächspartner oft lange in Erinnerung, wenn jemand ausführlich und ungeniert seine Zähne von Rückständen befreit.

Ganz oben finden sich auch Teelöffel oder zierlichere, kleinere Messer und Gabeln. Ganz links steht ein kleinerer Teller mit einem kleineren Messer. Rechts oben meist mehrere Gläser. Links wird im Laufe des Menüs meist noch ein Salatteller platziert. Bei der Besteckbenutzung gilt die Faustregel: von außen nach innen. Das bedeutet, dass man jeweils das am weitesten rechts bzw. links vom Teller liegende Besteck zuerst nimmt und sich während der einzelnen Gänge „von außen nach innen" vorarbeitet. Profis erkennt man auch daran, dass sie das Besteck bei Essenspausen nie „falsch parken"! (Siehe Infokasten nächste Seite.)

Das kleine Messer

Bei dem kleinen Messer, das in der Regel separat neben dem kleinen Teller links oben liegt, handelt es sich um eine Ausnahme. Es dient ausschließlich dazu, Brot mit Butter oder anderen angebotenen Aufstrichen wie Kräutercreme oder Griebenschmalz zu bestreichen. Hier lauert schon die erste große Falle! Doch dazu mehr unter der Rubrik „am Brotessen erkennt man den Profi".

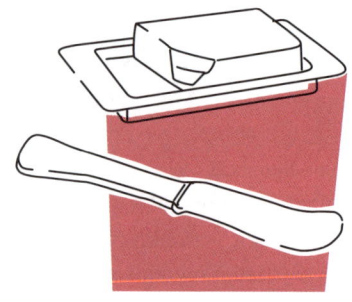

■■■
Getränke

Es gibt nicht nur Speise-, sondern auch Getränkekarten. Mit den Getränkekarten werden dem Gast, gerade bei Geschäftsessen am Abend, meist auch noch Weinkarten gereicht. In den meisten Fällen steht beispielsweise beim „Abendmenü" noch eine besondere Empfehlung des Hauses für einen oder mehrere spezielle Weine, die mit der Speise-folge besonders harmonieren sollen. Hierbei handelt es sich nicht unbedingt um den Hauswein, sondern um einen Wein, der etwa saisonabhängig offeriert wird. Falls der Gastgeber den Wein (in der Flasche) selbst aussucht, dann entfällt die Qual der Wahl für den Gast. Dennoch bleibt es jedem Gast unbenommen zu entscheiden, ob er überhaupt Wein oder Alkohol trinken möchte. Fast immer stellt der Kellner die Frage: „Wünschen die Herrschaften einen Aperitif?"

HINTERGRUND-INFO: BESTECK „PARKEN"

Die Messerkanten zeigen übrigens nicht ohne Grund nach innen. Das Risiko, sich beim Ergreifen des Messers in die Finger zu schneiden, wird so vermieden. Wer während des Essens das Besteck „zwischenparken" möchte, z. B. um einen Schluck zu trinken, der legt es einfach auf den Teller. Das heißt, dass die Gabel links, und das Messer rechts auf dem Teller liegen, aber ohne den Tisch zu berühren. Früher war es üblich, Messer und Gabeln mit der Spitze am Tellerrand zu „parken". So lief man aber Gefahr, dass Soßenreste entlang der Griffe auf die Tischdecke flossen und hässliche Flecken hinterließen. Zudem beschmutzte man sich dann oft die Finger, wenn man das Mahl fortsetzte.

Benimm-Basics

einen Aperitif bestellen, dann braucht sich der Gast nicht lange zu überlegen, ob er dies auch tun soll. Ansonsten empfiehlt sich ein gewisses Zögern. Der Gastgeber erleichtert seinen Gästen die Entscheidung, wenn er beispielsweise sagt „ich nehme einen Campari-Orange" oder die Gäste darauf hinweist, dass in dem Restaurant der hauseigene Sekt etc. besonders gut schmeckt oder angeblich besonders gut schmecken soll.

Es gibt verschiedene Sorten von Aperitifs. Sie zeichnen sich meist durch eine gewisse Bitterkeit oder Säure aus. Typische Aperitifs sind ein Glas

Vorab ein Aperitif und zum Abschluss ein Digestif?

Ursprünglich sollte das Getränk vor dem Essen die Magentätigkeit und den Appetit anregen. Es ist aber auch ein taktisches Element des Zeitmanagements. Der Gastgeber kann so die Zeit überbrücken, bis alle Gäste eingetroffen sind. Peinliche Szenen, in denen alle Gäste ungeduldig wartend am Tisch sitzen, bleiben allen Beteiligten erspart, denn sie widmen sich zunächst dem Aperitif und unterhalten sich miteinander. Wenn die Gastgeber selbst

BITTE BEACHTEN: „ESPRESSO UND CO"

Bei Espresso und Co., also Getränken, die man in Tassen serviert, sollte der kleine Finger niemals vom Henkel abgespreizt werden. Dies gilt als peinlicher Fehler. Zudem müssen alle Besteckteile, also Teller und Gläser, abgeräumt sein, bevor Kaffee oder Espresso oder Mokka serviert wird. Sofern zuvor ein Digestif serviert wurde, bleibt dieser bei dem Kaffeegetränk stehen. Abgesehen davon werden diese in engem zeitlichen Zusammenhang serviert. Eventuell noch auf dem Tisch stehende Sektgläser bleiben ebenfalls unangetastet.

TIPP:

Sekt- und Weißweingläser sollten nur am Stiel angefasst werden, damit sich der gut gekühlte Inhalt nicht unnötig durch die Körpertemperatur der Hände erwärmt und an Geschmack einbüßt. Dies gilt besonders auch bei Sekt und Champagner. Dieser schmeckt dann nicht nur lasch und abgestanden, sondern büßt auch optisch an Genuss ein, da sich das schöne Perlenspiel nicht entfalten kann.

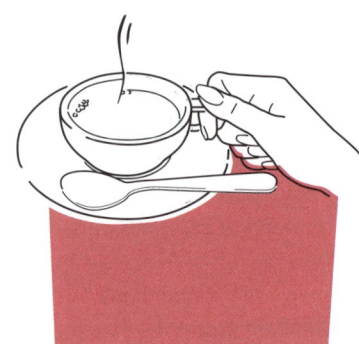

Wein und Bier

Wein und Bier zählen zu den am häufigsten bestellten alkoholischen Getränken in Gaststätten. Bier wird gerne zu eher herzhaften oder kalten Gerichten bestellt. Je nach Region gibt es neben den Standardbiersorten Helles und Pils u. a. auch Dunkles, Weißbier und Kölsch. Bier wird meist gleich im vom Hersteller entworfenen Glas serviert.

Sekt(-Orange), Prosecco oder Champagner, Campari(-Orange) oder aber Long-Drinks wie Gin-Tonic.
Nach dem Essen wünschen viele einen Digestif. In manchen Lokalen, z. B. griechischen, ist es schon fast üblich, den Gästen einen Ouzo als „Verdauungsschnaps" anzubieten. Derartige Magenbitter stehen auf fast jeder Speisekarte. Problematisch jedoch ist, dass die meisten Aperitifs und Digestifs nicht nur wertvolle Kräuter, sondern vor allem Alkohol enthalten. Besonders für Autofahrer sind säurehaltige Fruchtsäfte wie Grapefruitsaft eine Alternative zum Aperitif. Statt Magenbitter nach dem Essen unterstützt ein Espresso die Verdauung ebenfalls.

Welcher Wein zu welcher Speise?

Es gibt unendlich viele Weinsorten. Oft fragt man sich, welcher Wein am ehesten zur bestellten Speise passen könnte. Als Faustregel kann man sagen, dass Weißwein am besten zu

Benimm-Basics

nicht nach Kork schmeckt und richtig temperiert ist. Sein Nicken ist kein Geschmacksurteil, sondern das Signal für den Kellner, dass er ihn den anderen einschenken darf.

Alkoholfreie Getränke

Das häufigste alkoholfreie Getränk, das auf Tischen steht, ist Wasser. Dabei steht das Wasserglas stets rechts versetzt, und damit griffbereit vor den Weingläsern. Nicht ohne Grund. Schließlich wird Wasser in erster Linie gegen den Durst getrunken, wohingegen Wein eher dem Genuss dient. Der passende Wein lässt die entsprechende Speise meist noch besser schmecken.

Ansonsten gibt es natürlich viele alkoholfreie Getränke. Im Zweifel eignet sich Apfelsaftschorle zu fast allen Gerichten, da sie isotonisch ausgewogen ist und relativ neutral schmeckt. Wer hingegen ein stark gesüßtes, bitteres oder saures Limo-

Speisen mit heller Soße, Fisch oder hellem Fleisch passt. Rotwein harmoniert meist mit dunklen oder roten Soßen, dunklem Fleisch, Käse und herzhaften Gerichten. Roséwein im Zweifel zu beiden, aber tendenziell eher zu leichteren Speisen, Fisch und Pastagerichten.

Auch hier entscheidet der individuelle Geschmack und, wie überall, gibt es keine Regel ohne Ausnahme. Nur ein Beispiel: Roquefort-Käse. Zu ihm trinken Genießer besonders gerne einen süßen Weißwein, nämlich den hochwertigen Sauternes. Falls jemand offiziell als Gastgeber eine Flasche Wein für alle bestellt hat, probiert er ihn als erstes. Hat er keine Einwendungen, dann signalisiert er dies meist durch ein Kopfnicken. Das Kopfnicken bestätigt jedoch nur die einwandfreie Qualität, nicht den Geschmack. Mit anderen Worten signalisiert der „Tester" lediglich, dass der Wein

„atmen" möchte, um sein sattes Bouquet entfalten zu können, ist beim Weißwein das Gegenteil der Fall. Rotwein enthält nämlich Tannine, die ihm auch eine eher beruhigende Wirkung verleihen. Durch Wärme setzen sich die volatileren Geruchsbestandteile frei, die seine Textur mildern. Dadurch wirkt er runder und weicher. Erst bei Zimmertemperatur (chambriert – abgeleitet aus dem französischen Begriff „chambre", also Zimmer) entfaltet sich das ganze Aroma des roten Weins. Je größer die Oberfläche, desto größer der Kontakt mit Sauerstoff. Allerdings muss dieser nach außen dringen können.

Bei Weißwein gelten andere Regeln. Er muss kühl serviert werden, damit das Kohlendioxidgas erhalten bleibt. Dieses lässt ihn nämlich frisch und lebendig wirken. Er wird aus einem oben nach innen gewölbten Glas getrunken, damit sein Bouquet sich nicht verflüchtigt.

nadengetränk zu einem subtil gewürzten Gericht trinkt, dem entgeht oft der eigentliche Geschmack – aber die Geschmäcker sind bekanntlich verschieden.

■■■ Das passende Glas

Genauso wie nicht jeder Wein mit jedem Gericht harmoniert, gehört nicht jeder Wein ins gleiche Glas. Rotweingläser erkennt man an der eher bauchigen und nach oben offenen Form. Weißweingläser hingegen sind meist etwas schmaler und zeichnen sich durch eine nach oben geschlossene Form aus. Dies hat seine Gründe. Während Rotwein

Spezialfall Schaumwein

In Gläser gefüllte Schaumweine (darunter fallen Champagner, Sekt, Prosecco und mit Kohlendioxidgas

Benimm-Basics

versetzte Weine) dürfen ebenfalls nur am Stiel angefasst werden. Wärme oder (Rotwein-)Gläser, die sich nach oben hin öffnen, beeinträchtigen den Geschmack genau so ungünstig, wie dies beim Weißwein der Fall wäre. In Champagnerflöten oder schmalen Sektgläsern hingegen entfaltet sich das filigrane Perlenspiel des Schaumweins und er schmeckt prickelnd und frisch. Als weniger geeignet haben sich so genannte „Champagnerschalen" beziehungsweise „Sektschalen" erwiesen. In ihnen schmecken die prickelnden Getränke schnell lasch und abgestanden.

Sekt und Champagner – Trinktemperatur

Die ideale Trinktemperatur von Sekt und Champagner lässt sich sogar physikalisch belegen. Ziel ist ein

TRINKSPRÜCHE UND ZUPROSTEN

Im deutschsprachigen Raum ist das Zuprosten immer noch ein sehr beliebter Brauch. Dabei ist es generell Sitte, dass der Hausherr als erster sein Glas erhebt und seinen Gästen zuprostet. Ob man nun „zum Wohle", „Prosit" oder einfach nur „Prost" sagt, ist jedem selbst überlassen. Beim Anstoßen werden Sekt- oder Weingläser am Stiel angefasst, damit es einen schönen runden Klang gibt. Hält man zum Anstoßen das Glas am Stiel, hat dies auch den Sinn, dass ein gekühlter Wein oder Sekt dadurch seine Temperatur hält und nicht durch die warme Hand gewärmt wird.

kontinuierlicher Aufstieg der Bläschen (filigranes Perlenspiel). Die Geschwindigkeit, mit der diese freigesetzt werden, hängt von der Temperatur ab. Wer einen Schaumwein bei Zimmertemperatur öffnet, läuft Gefahr, dass er explosionsartig aus der Flasche schäumt. Dadurch geht nicht nur Flüssigkeit verloren, sondern was davon verbleibt, wird schnell schal. Ziel ist eine langsam ansteigende Moussebildung, die sich bei 4,5 bis 7 Grad Celsius ergibt. Allerdings sollte man die Sekt- oder Champagnerflaschen nie länger als einen Tag im Kühlschrank lagern. Wie so oft hat auch dies einen physikalischen Grund. Durch die Kälte kann der Korken an der Flasche festfrieren. Zudem beginnt er zu schrumpfen, da ihm Feuchtigkeit entzogen wird.

Bei Plastikverschlüssen ist dies nicht der Fall, diese findet man jedoch auf Champagnerflaschen oder Qualitätsschaumweinen auch nicht.

Gläser richtig behandeln

Die Gläser sollten übrigens stets absolut frei von Spülmittelresten sein. Die Glasränder sollten mit einem sauberen und trockenen Tuch abgewischt werden, denn selbst der leichteste Schmutzfilm droht die Mousse zu ruinieren. Die Tücher, mit denen die Gläser geputzt werden, dürfen nicht mit Weichspüler gewaschen werden. Gefährlich ist es, die Gläser direkt vor dem Servieren zu polieren. Nur wenn sie mindestens vier Stunden zuvor poliert werden,

kann man davon ausgehen, dass sich die elektrostatische Ladung verflüchtigt. Eine solche Aufladung schadet der Moussebildung gleichermaßen. Im schlimmsten Fall unterdrückt man sie dadurch sogar völlig.

Kleine Sektkunde

Sekt unterscheidet man in halbtrocken, extra trocken oder naturherb. Dies liegt daran, dass sich im Sekt nach dem Gärungsprozess kein Zucker mehr befindet. Den hat die Hefe nämlich umgewandelt. An sich ist es falsch, bei Sekt von „Restzucker" zu sprechen. Andererseits beinhaltet jede Sektflasche Zucker, der (mit der Dossage) zugeführt wurde. Bei über 50 Gramm Zucker pro Liter spricht man von mild. Halbtrocken weist auf 33 bis 50 Gramm Zucker hin. Extra trocken reicht von 12 bis 20 Gramm, wobei sich dies manchmal mit herb oder brut überschneidet, was bei einer Zuckermenge von weniger als 15 Gramm vorliegt. Naturherbe Sorten oder „brut nature" hingegen weisen einen Anteil von maximal drei Gramm Zucker pro Liter auf.

Benimm-Basics

Essen: Man darf auch mal Nein sagen!

Zunächst einmal braucht man, entgegen früherer Anstandsregeln, aus reiner Höflichkeit nicht alles zu essen. Manche Menschen dürfen bereits aus religiösen Gründen nicht alles essen, z. B. kein Schweinefleisch oder Fleisch, das mit Milch (wie etwa bei Rahmschnitzel der Fall) in Berührung kam. Vegetarier möchten aus Überzeugung kein Fleisch essen. Wieder andere würden es gerne essen, dürfen es aus gesundheitlichen Gründen aber nicht. Und der einfachste aller Gründe, weshalb man bestimmte Speisen nicht essen möchte, ist schlichtweg, dass sie einem nicht schmecken.

Bei privaten Einladungen hat der Gastgeber Verständnis dafür. Bei offiziellen Einladungen zu Geschäftsessen, in denen der Gastgeber ein Menü für alle bestellt hat, gibt es verschiedene Möglichkeiten, die unliebsamen Speisen diskret zu umgehen. Man lässt sie beispielsweise einfach auf dem Teller und isst nur das, was einem schmeckt. Dies bietet sich an, wenn es gut trennbar ist, wie Zwiebelringe, Eier, Kartoffelsalat oder Tomatensalat etc. auf einem Salatteller. Für außenstehende Betrachter wirkt dies dann einfach so, als ob einem die Portion zu groß war.

„Anstandsrestchen" abgeschafft

Sollte man bestimmte Beilagen, z. B. Pommes Frites, nicht mögen, dann lehnt man sie diskret ab. Einfach ist dies, wenn die Kellner Beilagenplatten auf dem Tisch verteilen und die Gäste diese untereinander weiterreichen. Dann reicht man die entsprechende Platte eben selbst weiter und nimmt sich nur von den Beilagen, die man möchte. Sollte das Personal neu auflegen wollen, dann lehnt man unerwünschte Beilagen einfach ab. Zeitweise war es auch in Deutschland üblich, einen „Anstandshappen" oder ein „Anstandsrestchen" auf dem Teller übrig zu lassen. Dies ist hinfällig. Wem es schmeckt, der darf natürlich alles aufessen. Wer es nicht schafft oder wem es nicht schmeckt, der lässt einfach einen Rest auf seinem Teller übrig.

TIPP:

Wem das Essen serviert wird, der kann unbedenklich einen Rest übrig lassen. Wer sich jedoch selbst nachlegt, der sollte auch aufessen. Es macht einen schlechten Eindruck, wenn man unmäßig viel auf den Teller häuft und es dann nicht isst.

Suppe gibt es nur ein Mal

Vorspeisen und Suppen werden nur ein Mal serviert. Es wirkt unhöflich, wenn man zwei Mal eine Vorspeise bestellt, um den Hauptgang auszulassen. Daher darf man auch nur einmal davon essen. Anders sieht es beim Hauptgang aus. Aufgetragen wird hier zunächst Fleisch/Fisch und Saucen. Gemüse und weitere Beilagen (Nudeln, Kartoffeln etc.) folgen.

Am Brotessen erkennt man den Profi

Wer sein Brot einfach mit Butter oder einem anderen Aufstrich bestreicht, in die Hand nimmt und – nichts Böses dabei denkend – davon abbeißt, hat schon den ersten gra-

vierenden Fehler begangen. Wer sich eine Scheibe Brot aus dem (in der Regel mit einer Serviette bedeckten) Körbchen auf seinen Brotteller legt und ein mundgerechtes Stück davon abbricht, unter Zuhilfenahme des kleinen Brotmesserchens bestreicht und in den Mund nimmt, demonstriert bereits an dieser Stelle große Souveränität. Laut Knigge gilt es, nur mundgerechte Stücke vorzubereiten und ganz in den Mund zu führen. Die Regel hat auch den Vorteil, dass man sich nebenher besser unterhalten kann. Natürlich nie mit vollem Mund.

Beim Bestreichen hält man das Brot über den kleinen Teller, damit

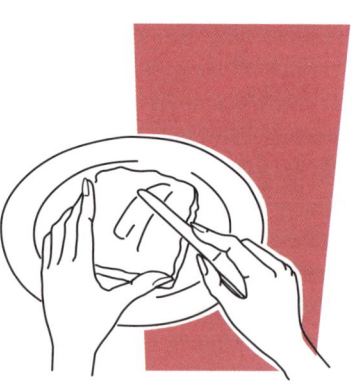

Benimm-Basics

anderswo keine Krümel fallen. Das kleine Messer erfüllt somit ausschließlich die Funktion, Brot damit zu bestreichen. Auch hier wieder eine Ausnahme: Pumpernickel. Das körnige Vollkornbrot lässt sich nur schwer, ohne zu sehr zu bröseln, in kleine Stücke brechen. Daher darf die ganze Scheibe bestrichen und davon abgebissen werden.

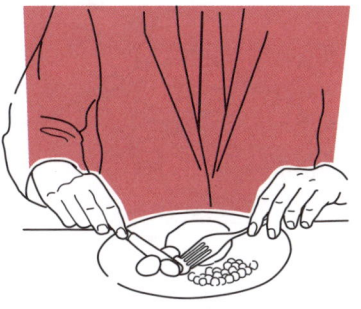

Streitfall Kartoffel

Bei Kartoffeln scheiden sich die Geister. Während die Erdäpfel früher bei Tisch niemals mit dem Messer geschnitten werden durften, ist dies heutzutage akzeptiert. Allerdings behalten viele die ursprüngliche Regel, die besagt, dass Kartoffeln nur mit der Gabel zu zerteilen sind, bei. Nicht ohne Grund: Wer mit der Gabel ein Stück Kartoffel abtrennt, der erzielt eine ungleichmäßige Oberflächenstruktur. Genau dies ist der Vorteil für Genießer. Die ungleichmäßige Oberflächenstruktur erhöht die Aufnahmefähigkeit dieses Soßenträgers. Eine feine Rahmsoße beispielsweise findet viel mehr Halt auf der rauen Struktur als auf einer glatt abgeschnittenen Scheibe. Wer diese ursprüngliche Regel beibehält, macht nichts falsch. Zerschneiden ist jedoch auch erlaubt. Eines war jedoch weder früher noch heute gestattet, nämlich die Kartoffel mit der Gabel zu Brei zu zerquetschen. Dadurch fühlen sich andere Gäste akustisch und optisch belästigt. Schlimmstenfalls landen Kartoffelteilchen auf der Tischdecke oder treffen andere Gäste. Wer Kartoffelpüree möchte, der erkundigt sich bei der Bestellung, ob dies angeboten wird.

Nicht vergessen: Salz und gute Manieren beim Essen

Salz hat nicht nur mit (gutem) Geschmack, sondern auch mit (guten) Manieren zu tun. Abgesehen davon spielt es nicht nur beim Kochen, sondern auch in der Ernährung eine wichtige Rolle. Kartoffeln schmecken vielen erst mit einer Prise Salz. Ab einer bestimmten Menge gilt es jedoch als ungesund. Menschen mit guten Manieren, insbesondere Feinschmecker (Gourmets), unterscheiden sich von anderen auf den ersten Blick anhand eines sensiblen Umgangs mit Salz! Zunächst beleidigt jemand, der sofort, also bevor er die Speisen über-

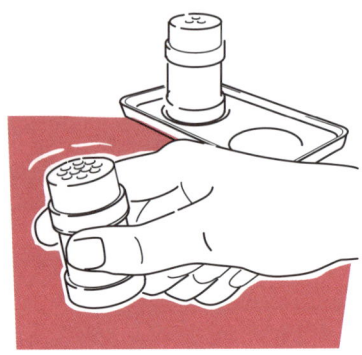

Gewürze und Geschmacksrichtungen. Zu viel Salz lenkt davon ab. Zudem haben es gute Köche auch nicht nötig, übermäßig viel Salz zu verwenden. Salz gilt als unkreativ. Abgesehen davon verdrängt es meist den Geschmack anderer Gewürze, wie z. B. Petersilie, Kresse, Thymian, Basilikum, Rosmarin, Kümmel, Anis, Oregano, Safran, Liebstöckel, Muskat, Lorbeer etc. Wem es, nachdem er die Speise probiert hat, dennoch nach einer Prise Salz zu Mute ist, der kann immer noch „nachsalzen". Bei Geschäftsessen im Restaurant gilt dies als relativ unproblematisch, wenngleich sich einige Restaurants zieren, Salzstreuer auf den Tischen aufzustellen. Wenn überhaupt, dann eher Salzmühlen. Ähnlich wie Pfeffermühlen wird grob gekörntes Salz (meist in durchsichtigen Streuern) gemahlen. Da dies längere Zeit beansprucht als bei feinem Salz aus Salzstreuern, sinkt auch die Gefahr, dass jemand sein Essen durch eine Überdosis des Geschmacksverstärkers „versalzt". Bei Privateinladungen, bei denen kein Salzstreuer auf dem Tisch steht, sollte man stets

haupt gekostet hat, zum Salzstreuer greift und „nachsalzt", den Koch/die Köchin! Nonverbal drückt der Gast dadurch nämlich aus, dass es für ihn reinste Zeitverschwendung wäre, die Speise erst zu kosten, da sie ohnehin fad schmeckt und erst durch das Nachsalzen essbar wird. Gute Köche gehen aber vorsichtig mit Salz um. (Ist eine Speise erst versalzen, dann gilt sie als ungenießbar.) Wer ein Essen serviert bekommt, das sowieso bereits sehr stark gesalzen ist und – ohne vorher zu probieren – einfach salzt, läuft Gefahr, dass es selbst für ihn zu salzig ist.

Feinschmecker konzentrieren sich ohnehin auf die verschiedenen

Benimm-Basics

bedenken, ob man die Gastgeber durch die Frage nach Salz nicht in Verlegenheit bringt. Die Taktik jener Diplomaten, die nicht auf Salz verzichten können, läuft darauf hinaus, dass sie das Essen zuerst loben und dann gestehen, dass es ihnen noch nach einer „kleinen Prise" Salz zu Mute sei.

Bei Essen im Restaurant benötigt man nicht unbedingt so viel Fingerspitzengefühl. Der Gast ist König – wenn er Salz wünscht, dann zählt es zum „guten Ton des Hauses", dass sein Wunsch erfüllt wird.

Souverän am Buffet

Durch das Verhalten am kalten/warmen Buffet lässt sich Parkettsicherheit beweisen – eine Chance, die man unbedingt nutzen sollte! Buffets sind sehr beliebt, da sie eine große Auswahl an Speisen bieten. Hier lauern aber auch tückische „Stolperfallen", die sich umgehen lassen, wenn ein paar wesentliche Dinge beachtet werden. Zunächst drängt man sich nicht vor, sondern stellt sich am Ende der Reihe an. (Anders mag es sich bei offenen Buffets, z. B. auf Schiffen, verhalten, die über mehrere Stunden zugänglich sind. Wer beispielsweise ein Dessert möchte, braucht sich nicht bei den Vorspeisen anzustellen.) Bei manchen Gästen sind die Augen größer als der Appetit. Sie häufen

TO-DO

- Serviette auf Schoß legen, wenn Essen beginnt.
- Beim Besteck immer mit dem äußeren anfangen und nach innen vorarbeiten.
- Lippen abtupfen, um Fettflecken am Glas vorzubeugen.
- Mundgerechte Portionen abschneiden.
- Besteck zum Mund führen und nicht umgekehrt.
- Langsam essen.
- Anstellen am Buffet.
- Aufrecht sitzen.
- Bei Unsicherheit Kellner zurate ziehen.
- Torte mit Tortengabel essen.

TABU

- Trinken, bevor der Gastgeber zugeprostet hat.
- Mit vollem Mund sprechen.
- Rülpsen.
- Ellbogen auf Tisch abstützen.
- Nachsalzen oder pfeffern, bevor Essen probiert wurde.
- Besteck am Tellerrand mit auf dem Tisch liegenden Griffen „parken".
- Brötchen/Brot beschmieren und abbeißen (nur beim Frühstück erlaubt).
- Guten Appetit wünschen (außer in Kantine).
- Zu viel Essen auf den Teller häufen.
- Unangenehme Themen ansprechen (z.B. Krankheiten).
- Weißweingläser oberhalb des Stiels anfassen.
- Sektgläser oberhalb des Stiels anfassen.
- Am kalten oder warmen Buffet naschen.
- Spaghetti mit dem Messer zerschneiden.
- Würfelzuckerstückchen, die bereits berührt wurden in die Zuckerschale zurücklegen.
- Essen kaltpusten.
- Schmatzen.
- Kartoffeln mit der Gabel zu Brei zerdrücken.

Unmengen von verschiedenen Speisen kreuz und quer auf ihr Teller (womöglich kalte Lachshäppchen mit heißem Rostbraten). Dies muss nicht sein. Man kann mehrmals zum Buffet gehen und sich neue Speisen holen. Es ist sogar möglich, dass man sich mehrmals Suppe holt. (Bei mehrgängigen Menüs in Restaurants ist dies nicht der Fall. Dort gibt es nur ein einziges Mal Suppe.) Das Personal trägt das benutzte Geschirr automatisch ab. Meist liegt am Anfang oder Ende des Buffets zusätzliches Besteck aus. Wer sich beispielsweise zweimal Suppe holt, der findet dort saubere Löffel. Naschen am Buffet ist absolut verpönt! Wer dies tut, dem drohen nicht nur böse Blicke, sondern auch ein schlechter Ruf. Bei (kniggekundigen) Kunden, Kollegen und Vorgesetzten hingegen sammelt man durch korrektes Buffet-Verhalten Punkte.

Sonstige Speisen

Manche Gerichte bereiten Kopfzerbrechen. Oft ist unklar, ob sie mit Messer und Gabel gegessen werden, und wenn ja, wie. Anbei einige Gerichte, die immer wieder Fragen aufwerfen.

A

Äpfel

Äpfel schält man mit dem Messer, schneidet sie in mundgerechte Stücke und isst sie (ohne Kerngehäuse) entweder mit den Fingern oder mit dem Obstbesteck.

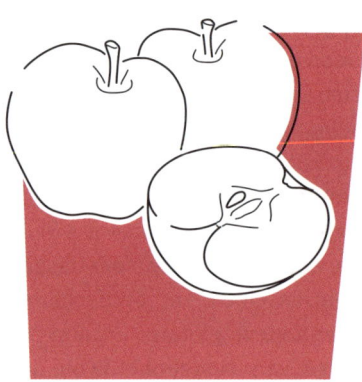

Artischocken

Artischocken hält man mit einer Hand fest und löst die Blätter mit der anderen Hand von außen nach innen. Das dickere Blattende wird in die Sauce Vinaigrette gedippt und mit den Zähnen abgezogen. Der bei-

Benimm-Basics

liegende Teller dient dazu, die abge-
zogenen Blätter abzulegen. Allerdings ist das Innere der Pflanze
nicht zum Verzehr geeignet. Das
Herzstück der Artischocke ist ihr
Boden. Dieser wird mit Messer und
Gabel abgetrennt und gegessen.

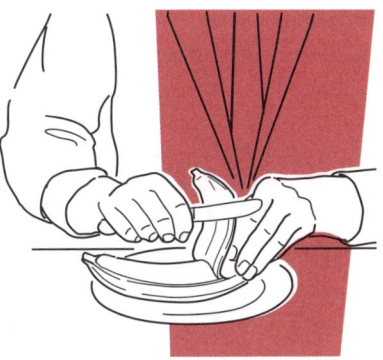

Austern

Austern werden meist verzehrfertig,
also geöffnet, serviert. Verzehrfertig
sind beispielsweise mit einer Soße
überbackene Austern. Sie lassen
sich unproblematisch verspeisen,
denn die Schale nimmt lediglich die
Funktion eines Drapiertellerchens
ein. Meistens werden Austern in
ihrem Urzustand, aber bereits geöffnet serviert. Nun kann der Gast die
Austernschale zum Mund führen,
eventuell mit etwas Zitronensaft
beträufeln und (geräuschvoll) aus-
schlürfen. Das Wasser, in dem die
Auster schwimmt, ist reines Meerwasser. Zusätzliches Salz ist daher
nicht erforderlich.

Avocado

Avocado wird oft ungeschalt und
halbiert serviert. Sie zählt zu den
Lorbeergewächsen, wenngleich die
Früchte eigentlich Steinfrüchte sind.
Man hält sie in der linken Hand, um
mit einem Löffel das Fruchtfleisch
aus der Schale zu lösen. In mexika-
nischen Restaurants wird sie meist
püriert als Dip serviert.

B

Bananen

Bananen lassen sich auf zweifache
Art und Weise essen. Neuerdings ist
es gestattet, sie zur Hälfte zu
schälen, um Stück für Stück abzu-
beißen. Anschließend kann man sie
bis zum Ansatz schälen, um den
Rest zu essen. Ursprünglich galt es,
zunächst den Kopf abzuschneiden
und die Schale abzuziehen, um sie
anschließend in eine „Tischabfall-
schüssel" zu legen. Die geschälte
Banane wurde dann mit Messer und
Gabel gegessen.

Birnen

Birnen werden in jedem Fall mit dem
Obstbesteck verzehrt. Oft werden
sie im Restaurant schon geschält
und in Spalten geschnitten serviert,
dann sind sie leicht zu genießen.
Wenn Sie sich jedoch eine ganze
Birne aus dem Obstkorb nehmen,
sollten Sie beim Zerteilen oder evtl.

Schälen besonders vorsichtig sein, da dieses Obst oft sehr saftig ist.

C

Creme und Mousse

Cremes (z. B. Crème caramel) und Mousse (Mousse au Chocolat) isst man einfach mit einem Dessertlöffel. Diese werden normalerweise eingedeckt. Sind Creme oder Mousse mit Obststückchen oder Gebäck verziert, benötigt man zusätzlich eine Dessertgabel.

D

Diätessen

Nicht nur für jene, die strikte Diät einhalten möchten oder müssen, ist eine Essenseinladung oft mit Problemen verbunden. Sogar der Gastgeber selbst (oder auch die anderen Gäste) leidet unter Umständen darunter. Dies kann der Fall sein, wenn sich der Gast rücksichtslos verhält und in den Mittelpunkt stellt. Solche Gäste jammern beispielsweise darüber, dass sie bestimmte Speisen aus bestimmten Gründen (hohe Cholesterinwerte, Bluthochdruck, Milchallergie) nicht essen dürfen oder werfen den anderen Gäste vor, welchen Kalorien sie sich aussetzen, wenn sie bestimmte Gerichte essen. Hier helfen zwei Regeln. Wer Diät hält, sagt gegebenenfalls ab oder erscheint (nach Absprache) erst später, z. B. zum Espresso. Zweitens: Wer bestimmte Speisen aus gesundheitlichen, religiösen oder persönlichen Gründen nicht essen darf, der informiert den Gastgeber vorab darüber. Dieser kann dann ein Gericht anbieten (z. B. Gemüseauflauf), das der entsprechende Gast essen darf.

E

Ente

Ente und anderes Geflügel (z. B. Gans oder Truthahn) wird meist

Benimm-Basics

bereits so serviert, dass sich jeder Gast eine Portion (z. B. Brust oder Schenkel) davon nehmen kann. Das Brustfleisch der Ente wird mit Messer und Gabel gegessen. Die Schenkel hingegen dürfen in die Hand genommen werden (siehe auch Geflügel).

F
Feigen
Frische Feigen werden in der Mitte mit dem Obstmesser auseinander geschnitten und dann ausgelöffelt. Im privaten Kreis (und nur dann!) können Sie diese auch mit der Hand auseinanderbrechen und dann direkt aus der Schale essen.

Fisch
Fisch wird mit einem speziellen Fischbesteck zerlegt. Sollte dies fehlen, dann nimmt man zwei Gabeln. Meist filetiert der Kellner den Fisch vor den Augen des Gastes. Tut er dies nicht, dann wird er der Bitte des Gastes, ihm die Speise zu filetieren, gerne nachkommen. Es wäre falsch zu glauben, dass jedes Fischgericht mit dem Fischbesteck gegessen wird. Ausnahmen bilden Rollmöpse, Matjeshering, aber auch Räucherlachs und Räucheraal. Diese werden aufgrund ihrer Festigkeit mit dem gewöhnlichen Essbesteck verzehrt. Bei der aus den USA stammenden Spezialität der „Surf and Turf"-Gerichte wird ebenfalls auf das Fischbesteck verzichtet. „Surf and Turf" steht für „ein Stück aus dem Meer" („Surf") und „ein Stück vom Land" („Turf"); beliebt ist die Kombination aus Lachs und Steak.

Folienkartoffeln
Folienkartoffeln sind große Kartoffeln, die in Aluminiumfolie gegart wurden. Diese wird oben geöffnet, mit einer dickflüssigen Sauce übergossen und dem Gast mit einem Löffel serviert. Der Gast kann die heiße Kartoffel mit dem Löffel aus der Schale schaben.

Fondue
Fondue gilt als ein „Gesellschaftsspiel". Gerade an Silvesterabenden lässt sich die Zeit bis Mitternacht in geselligem Kreis genießen. Der Vorteil: Zumindest bei den Soßen des Fleischfondues ist für jeden Geschmack etwas dabei. Bei Käsefondue entstehen keine Probleme mit

Gästen, die kein Fleisch essen möchten, und bei Schokoladenfondue kann jeder die Obststückchen eintauchen, die ihm schmecken. Die Fonduegabel dient nicht dazu, in den Mund genommen zu werden. Hierfür nimmt man normale Gabeln. Dies liegt unter anderem daran, dass sich das Metall stark im heißen Fett oder kochender Brühe beziehungsweise in der warmen Käse- oder Schokoladensoße erhitzt. Dann könnte man sich den Mund daran verbrennen. Dies hat jedoch auch noch einen anderen Grund. Es erregt Ekel bei anderen Gästen, wenn jemand etwas in den Fondue-Topf hält, das er zuvor in den Mund genommen hat.

Frühstückseier

Frühstückseier durften früher nie mit dem Messer geköpft werden, da sich die Metalllegierung bei der Berührung mit Eiweiß hässlich verfärbte. Bei den heutigen Materialien ist dies kaum der Fall. Daher darf das Ei ruhig geköpft werden. Wer damit Probleme hat, für den ist das Abklopfen der Spitze mit dem Löffel und Ablösen der winzigen Schalensplitter nicht verboten.

G
Geflügel

Geflügel wird – von wenigen Ausnahmen, wie beispielsweise Chickenwings, abgesehen – möglichst mit Messer und Gabel gegessen. Bei den Hähnchenschlegeln oder Flügeln ist es erlaubt, sie mit den Fingern zu essen, aber die restlichen Teile werden mit Messer und Gabel verzehrt. Im Zweifel isst man Geflügel im Restaurant immer mit Messer und Gabel. Auch vom Geflügel schneidet man sich – wie bei allen Speisen – immer nur ein Stück ab und nicht, wie dies in den USA üblich ist, alles was auf dem Teller liegt, bevor man mit dem Mahl beginnt.

Benimm-Basics

Grapefruits

Grapefruits halbiert man als erstes mit dem Messer. Je nach Geschmack streut man Zucker darauf, um die Säure etwas zu mildern. Es gibt spezielle Löffel für Grapefruits. Diese erkennt man daran, dass sie an einer Seite gezäht sind. Zwischen den Grapefruithäutchen entfernt man vorsichtig (nach und nach) das Fruchtfleisch. Allerdings lässt es sich oft kaum vermeiden, dass der Grapefruitsaft aus dem Fruchtfleisch herausspritzt. In vornehmen Hotels werden die Grapefruits, beispielsweise am Frühstücksbuffet, bereits fachmännisch zerlegt serviert. Dies ist für den Gast besonders angenehm, da er sich viel Zeit erspart.

H

Hähnchen

Hähnchen lassen sich stets mit Messer und Gabel essen. Zumindest die Hähnchenbrust. Allerdings gibt es auch hier Ausnahmen. Angenommen, die Hähnchen werden im Bierzelt bestellt, so entspricht es den Umständen, dass alles mit den Fingern gegessen werden darf. Zudem liegen meist auch kleine Erfrischungstücher mit Zitronensaft bei, um anschließend die Finger von Fett zu befreien und die Hände zu erfrischen. Ansonsten kann man auch im Restaurant das Hähnchenfleisch von Schenkel oder Flügel abnagen.

Hummer

Hummer lässt sich auf zweierlei Arten essen. Dies hängt aber davon ab, ob es sich um ein klassisches Hummeressen handelt – also ein Essen, bei dem der Hummer der Hauptgang ist – oder um ein Essen, bei dem u. a. auch Hummer angeboten wird. Klassisches Hummeressen zeichnet sich bereits dadurch aus, dass rote Servietten vorliegen. Rot deshalb, da sich eventuelle Flecken äußerst schlecht aus weißen Stoffen entfernen lassen. Hummerservietten dürfen sogar in den Hemdkragen gesteckt werden. Bei dem klassischen Hummeressen darf man Scheren und Beinchen in die Hand nehmen. Es ist sogar erlaubt, sie

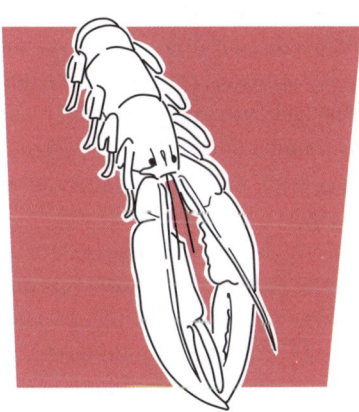

geräuschvoll auszusaugen. Normalerweise wird Hummer längs halbiert serviert. Das Aufschneiden des Hummers erfordert nämlich nicht nur ein gewisses Maß an Kraft und

Übung, sondern es gibt auch Spritzer. Diese führen oft zu hässlichen Flecken auf der Tischdecke. Klassischerweise löst man das Fleisch aus Scheren und Beinchen mit einer speziellen Gabel, der so genannten Hummergabel. Diese ist sehr lang und schmal. An der Gabelspitze befinden sich zwei greiferähnliche Zinken, mit der man das Fleisch aus Schere und Beinchen ziehen kann. Manchmal liegt vorsichtshalber noch eine metallene Hummerzange bereit. Mit ihr lassen sich bei Bedarf die eigentlichen Zangen des Hummers knacken. Normalerweise hat der Koch diese jedoch bereits in der Küche aufgeschlagen, damit sie sich bei Tisch leicht öffnen lassen. Während das Fleisch aus Schere und Beinchen mit der Hummergabel gelöst wird, löst man das Fleisch aus dem halbierten Schwanz mit Messer und Gabel und zerteilt es. Hierbei empfiehlt sich folgende Reihenfolge:

1. Bewegliche Greifer abbrechen.
2. Alle Scheren vorsichtig mit der Hummerzange knacken, damit das Fleisch nicht unnötig zerquetscht wird. (Das Fleisch in den Scheren entweder mit der Hummergabel oder mit den Fingern essen.)
4. Beine an den Gelenken in Stücke brechen.
5. Längliche Hummergabel in die rechte Hand nehmen und mit den Zinken das Fleisch herausziehen.

Hummer wird stets mit einem Extrateller für die gelösten Schalen des Krustentiers serviert. In aller Regel erhält jeder Gast noch ein Schälchen mit Wasser (und einer Zitronenscheibe), um sich die Finger zu säubern.

J
Johannisbeeren

Gerne werden Johannisbeeren als Dekoration neben das Dessert drapiert. Sie brauchen nicht gegessen zu werden. Dies bedeutet jedoch nicht, dass sie nicht gegessen werden dürfen. Allerdings muss man es schaffen, den Stiel so durch die Gabel zu ziehen, dass sie sich lösen, ohne vom Teller zu rollen. Dies erfordert eine gewisse Übung.

K
Käse

Käse schließt bekanntlich den Magen. Dies irritiert, denn er zählt

Benimm-Basics

als klassischer Zwischengang zwischen Hauptspeise und Dessert. Keinesfalls sollte man ihn als Vorspeise bestellen. In Restaurants erhält der Gast meist verschiedene Brotsorten. Wahre Feinschmecker probieren den mildesten Käse zuerst und lassen die pikanteren Sorten folgen. Edle Blauschimmelkäse wie z. B. Roquefort also eher am Ende essen.

Kaviar

Kaviar schmeckt am besten, wenn er mit kleinen Löffelchen aus Perlmutt verzehrt wird. Metallbesteck dagegen kann den Geschmack der Störeier unvorteilhaft verändern.

Kirschen

Kirschen werden leider oft mit Kern serviert - sowohl frische als auch eingekochte Früchte. Schieben Sie den Kern vorsichtig mit der Zunge aus dem Mund auf einen Dessertlöffel und legen ihn dann diskret auf einen kleinen Teller.

Kiwis

Kiwis werden nicht umständlich geschält, sondern einfach in der Mitte mit dem Messer halbiert. Anschließend lassen sie sich problemlos mit einem Teelöffel aushöhlen.

Knoblauch

Knoblauch ist insbesondere in der mediterranen Küche beliebt. Weniger beliebt sind die Folgen, nämlich Mundgeruch. Dies macht nicht nur Kollegen, die im selben Büroraum arbeiten, sondern auch sonstigen Dritten (z. B. Menschen, die das Zugabteil oder den Aufzug mit dem Knoblauchesser teilen) zu schaffen. Vor wichtigen Terminen sollte man Knoblauchgerichte (mindestens 24 Stunden) meiden. Zahnärzte beispielsweise konsumieren Knoblauch vorwiegend freitags oder samstags.

L
Langusten

Langusten werden so ähnlich wie Hummer gegessen. Dies ist jedoch bedeutend einfacher, da sie keine Scheren haben. Die Beine sind ohne Fleisch und daher nicht zum Verzehr geeignet.

M
Maiskolben

Maiskolben werden typischerweise mit zwei kleinen Dreizackgäbelchen

werden oft lediglich halbiert. Die entkernten Hälften kann der Gast mit einem mittelgroßen Löffel essen.

Muscheln

Muscheln werden meistens in einer Brühe oder Suppe serviert. Man nimmt eine der Muscheln in die Hand und holt mit der Gabel das Fleisch aus der Schale heraus. Alle weiteren Muscheln werden von nun an mit den beiden leeren Schalenhälften der ersten Muschel, die von nun an als Besteck dienen, aus den Schalen gelöst. Serviert man Muscheln, sollte man an Fingerschalen und Servietten denken.

serviert. Diese steckt man rechts und links an den Enden in den Maiskolben. (Die Gabelzinken sind normalerweise besonders drahtig, um den Maiskolben gut zu fixieren.) Nun darf man den Kolben drehend rundum abnagen.

N
Nüsse

Nüsse knackt man gegebenenfalls mit einer Nusszange, löst die Schale, wirft die Splitter in einen Tischabfallteller und isst sie.

Melonen

Melonen werden meist halbiert, zerschnitten und entkernt auf einer Platte oder einem Teller serviert. Sollte das Melonenfleisch noch nicht zerkleinert sein, schneidet der Gast mit dem Messer zwischen der Schale und dem Fruchtfleisch hindurch. Das ausgelöste Fleisch lässt sich dann in mundgerechte Stücke aufteilen. Kleine (Honig-)Melonen

O
Orangen

Orangen ritzt man mit dem Obstmesser mehrfach an, entfernt die Schale, teilt sie und isst die Spalten mit der Hand.

Benimm-Basics

P

Pasteten

Pasteten gelten als beliebte Vorspeise. Meist sind sie schon in Scheiben geschnitten. Sie dürfen keinesfalls mit dem Messer geschnitten werden. Im Idealfall sind sie daher nicht zu fest, damit sie sich einfach mit der Gabel zerteilen lassen.

R

Reis

Reis wird im asiatischen Raum mit Stäbchen gegessen. Die Reisschälchen werden mit einer Hand zum Mund geführt, mit der anderen Hand ergreift man die Stäbchen. Das untere Stäbchen liegt starr in der Mitte des oberen Drittels zwischen Daumen und Zeigefinger. Es soll unbeweglich bleiben. Das obere Stäbchen soll hin und her bewegt werden können. Daher nimmt man es wie einen Stift zwischen Daumen und Zeigefinger. Die Enden beider Stäbchen liegen nebeneinander auf

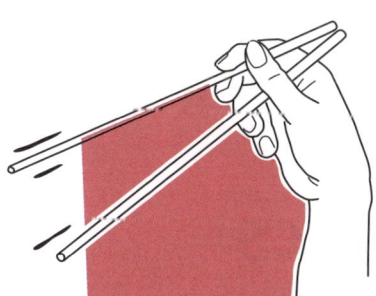

gleicher Höhe. Nun kann das Ende des oberen Stäbchens gegen das Ende des unteren Stäbchens bewegt werden. Die Funktion ähnelt einer Pinzette, denn die Reisklumpen lassen sich „klemmen". Ansonsten lässt sich Reis auch auf die unteren Enden (wie auf einen Löffel) „häufen". Wer ungeübt ist, kann den Kellner auch in Asien durchaus um Messer und Gabel bitten.

S

Salat

Salat durfte früher nicht zerschnitten werden. Mittlerweile kann man große Blattsalate getrost schneiden. Dies verhindert nämlich zugleich, dass unangenehme Essig- und Ölflecken entstehen. Allerdings ist eines zu beachten: Salat wird Biss für Biss geschnitten. Es ist unschicklich, wenn man als erstes mit Messer und Gabel den ganzen Salatberg auf einem Teller „querschneidet".

Spaghetti

Spaghetti werden von Kennern mit der Gabel gegessen. Man wickelt sie drehend um die Gabel. Der Tellerrand eignet sich zum Aufwickeln besonders gut. Gleichermaßen geduldet wird es, in der linken Hand einen Suppenlöffel zu halten und die Gabelspitze mit den Nudeln im rechten Winkel zum Löffel zu drehen. Dies wird selbst in Italien

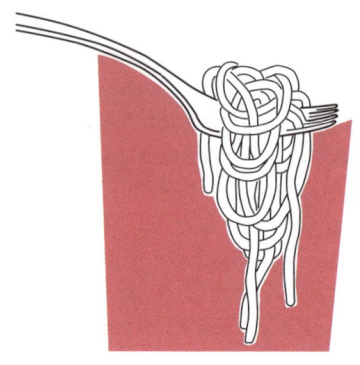

Fett (zumindest im groben) von den Händen entfernen zu können.

Spargel

Spargel gilt als besonders edles Gemüse. Es stammt ursprünglich aus Persien. Hierzulande gibt es weißen (unterirdisch gewachsenen) und grünen Spargel. Kenner servieren Spargel so, dass er auf dem Teller mit dem Kopf nach links zeigt. Natürlich nicht ohne Grund. Er wird stets mit dem Kopf zuerst gegessen. Während dies früher umständlich mit Gabeln, die die Spargelstangen gekonnt zum Mund balancierten, erfolgte, darf er heutzutage mit Messer und Gabel geschnitten werden. Allerdings isst man – früher wie heute – den Kopf stets zuerst. Spargel wird bevorzugt mit Sauce Hollandaise oder warmer, flüssiger Butter serviert. (Hier sind die Kartoffeln ein Musterbeispiel dafür, dass es sich lohnt, die alte Regel, wonach sie nicht mit dem Messer zerschnitten werden dürfen, sondern mit der Gabel zerteilt werden, beizubehalten. Dann nimmt die unebene Oberfläche mehr Butter oder Sauce Hollandaise auf.) Ein trockener, leich-

akzeptiert. Das Zerschneiden der Spaghetti mit dem Messer sollte jedoch tunlichst unterbleiben, obwohl es in Deutschland in der Vergangenheit geduldet wurde.

Spareribs

Spareribs sind nicht nur in Amerika beliebt. Man darf sie mit den Fingern essen. Zumindest dann, wenn die Rippen bereits zerteilt sind. Ansonsten gibt es spezielle Steakmesser. Mit diesen lassen sich die Rippchen trennen. Meist wird eine Soße dazu serviert, in die man die Spareribs tauchen kann. In den meisten Fällen wird (ähnlich wie bei Hähnchen) ein mit Zitronensaft getränktes Erfrischungstuch dazu gereicht, um das

Benimm-Basics

ter Weißwein, z. B. Pinot Grigio oder fruchtig-trockener Riesling, harmonieren mit Spargel besonders gut.

Steinobst

Steinobst wird mit einem Obstmesser serviert. Zur Gattung von Steinobst zählen beispielsweise Zwetschgen, Pfirsiche, Aprikosen, Nektarinen etc. Dieses Obst zeichnet sich dadurch aus, dass es in die Hand genommen werden muss. Am einfachsten nimmt man das Obst in die linke Hand und ritzt es bis zum Stein ein. Dann wird es mit dem Messer umkreist, um anschließend halbiert werden zu können. Beide, noch am Stein haftenden Hälften, lösen sich

vom Stein, wenn man sie gegeneinander dreht. Nun können die Hälften entweder mit der Hand in den Mund geführt werden oder aber mit dem Besteck. Beides ist zulässig.

Suppe

Suppe soll weder geschlürft noch kalt gepustet werden. Der Suppenlöffel wird nach dem Verzehr mit abgeräumt. Der Suppenlöffel liegt entweder ganz oben über dem Platzteller oder wird, gleichzeitig mit der Suppe, vorgelegt. Kompliziert wird es bei der Frage, ob Suppe „getrunken" werden darf. Dies hängt wiederum von der Tellerart und der Suppenart ab. Cremesuppen und Suppen mit viel Inhalt (Nudelsuppe, Flädlesuppe) isst man mit dem Löffel. Bei Suppentassen, bei denen (nur) noch Brühe übrig ist, darf man den Rest trinken. Bei einer reinen Brühe, die in einer Tasse serviert wird, darf man sogar, nachdem man zuerst einen Löffel davon gekostet hat, um die Temperatur zu überprüfen, alles trinken. Allerdings jeweils in kleinen Schlucken. Vorsicht: Suppenteller sollten möglichst nicht schräg gekippt werden, um den Rest

TIPP:

Spaghetti lassen sich besonders einfach mit der Gabel aufdrehen, wenn man Parmesan darauf streut, da dieser der Pasta zusätzlichen „Halt" gibt. Doch egal, wie sie verzehrt werden: Spaghettienden, die von der Gabel herunterhängen, dürfen nicht einfach abgebissen werden. Aufrollen ist unverzichtbar.

besser auslöffeln zu können. Dies bleibt nach wie vor unschicklich!

Sushi

Sushi bestehen hauptsächlich aus rohem Fisch und Reis. Sie sehen meist sehr hübsch aus – kreativ und aufwändig arrangiert. Dies spricht vor allem das Auge an. Die Fischfilets sind hauchdünn geschnitten und stammen hauptsächlich von Lachs, Tunfisch, Makrelen, Zander und anderen Fischen. Mit Wasabi (grünem Meerrettich) und Sojasauce werden sie meist in Rotalgenblätter gehüllt und in handliche Röllchen geschnitten serviert. Essen kann man Sushi sowohl mit den Fingern als auch mit Stäbchen. Man verrührt etwas Wasabi in der in einem Schälchen gereichten Sojasauce und dipt die Sushi ein.

T

Torte

Torte isst man mit einer Kuchengabel und (trotz Creme- oder Sahnefüllung) nicht mit dem Kaffeelöffel. Sahne als solche wird nie auf, sondern immer neben der Torte oder dem Kuchen serviert.

W

Wachteln

Wachteln werden meist halbiert serviert. In diesem Fall sollten sie zunächst mit Messer und Gabel verzehrt werden. Erst wenn sich keine weiteren Bestandteile lösen lassen, ist es angebracht, die Finger einzusetzen. Anders bei filetiertem Wachtelfleisch. Dies lässt sich einfach mit Messer und Gabel essen.

Weinbergschnecken

Weinbergschnecken werden manchmal mit, manchmal ohne Schneckenhaus in einer speziellen Schneckenschale serviert. Meistens stehen sechs Schnecken als Portion auf der Speisekarte. Im Gegensatz zur allgemeinen Regel, dass man Brot nicht tunken darf, ist dies beim Schneckenessen erlaubt.

Für Schnecken gibt es spezielle Bestecke, nämlich eine Zange und eine kleine zweizinkige Gabel. Die Zange dient dazu, nach dem Gehäuse zu greifen und es auf den Teller (oder einen großen Löffel) legen zu können. Die kleine Gabel eignet sich besonders gut dazu, das Fleisch herauszuziehen.

Benimm-Basics

Weintrauben

Weintrauben lassen sich elegant essen, indem man mit der speziellen Schere eine Traube (z. B. mit 10 Stück) davon abschneidet und auf den eigenen Teller legt. Nun darf man Stück für Stück von Hand abzupfen und essen.

Weißwurst

Weißwurst ist nicht nur eine Münchner Spezialität, sondern auch eine Einstellung. Es gibt sogar bereits spezielle Abhandlungen zum Thema „Weißwurst-Knigge". Wer eine Weißwurst nicht fachgerecht isst, der erntet leicht böse Blicke von Einheimischen, Kellnern und anderen Kennern.

Bereits der Bestellvorgang ist eine Philosophie für sich. Zunächst gilt es, eine ungerade Zahl zu bestellen. Die Zahl eins ist zwar ungerade, aber auch „ungültig".

Dazu schmeckt ein Weißbier oder Helles, Brezen und zur Krönung gibt es Weißwurst-Senf. Weißwurst-Senf gewinnt seinen süßen Geschmack hauptsächlich durch karamellisierten Zucker. Sauerkraut oder Ketchup gelten als böser Fauxpas. Methoden, um die Wurstspezialität zu essen, gibt es viele. Die klassische Art sieht vor, dass man sie aussaugt. Hier wird das kleine Ende abgebissen und auf dem Tellerrand abgelegt. Der Inhalt wird ausgesaugt, wobei Schmatzgeräusche meist unvermeidbar sind, aber akzeptiert werden. Manche halbieren die Wurst zuerst, um sie dann auszusaugen. Andere schneiden die Wurst horizontal mit einem scharfen Messer auf und pellen die Haut mit der Gabel seitlich so ab, dass sie stückchenweise davon abtrennen können. Als eher verpönt gilt es, scheibchenweise davon abzuschneiden. Nicht ohne Grund. Spritzer treffen unter Umständen die Tischnachbarn. Wer den eher komplizierten „Kreuzschnitt" beherrscht, schneidet 45-Grad-winklige Dreiecke in die Wurst, ohne die untere Haut zu zertrennen. Doch egal welche Methode angewandt wird. Verpönt ist, wenn unsachgemäß Hautreste mit viel Brät am Tellerrand liegen.

Wichtig: Unter keinen Umständen darf man Weißwürste nach 12 Uhr mittags bestellen. Ein alter Münchner Spruch sagt nämlich, dass Weißwürste das Mittagsläuten (der Kirchen) nicht hören dürfen.

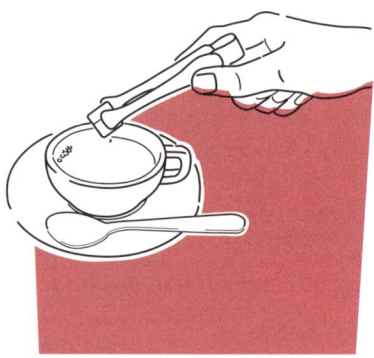

Z
Zucker

Zucker ist für viele Menschen unabdingbar für Kaffee oder Tee. Sollte bei Würfelzucker eine kleine Zuckerzange dabei liegen, dann gehört es sich, diese zu benutzen. Fehlt diese, dann greift man mit den Fingern nach den Stücken. Allerdings darf kein Zuckerstück, das berührt ist, in die Schüssel zurückgelegt werden.

Tischgespräche

sind durchaus angebracht und erwünscht. Allerdings sind hier eini-

ge (heikle) Themen absolut tabu. Dazu zählen Politik, Krieg, Krankheit und schwerwiegende persönliche oder sonstige Probleme. Es empfehlen sich unverbindliche und „nette" Themen, wie z. B. Urlaub, Mode oder Film. Als besonders guter Einstieg bieten sich das Essen, die Tischdekoration oder die Getränke etc. an. Beliebt bei privaten Anlässen ist auch die Frage, woher man den Gastgeber kennt. Auch hier gilt - wie bei Small Talk generell – dass man die Themen Politik und Religion außen vor lassen sollte. Wird man jedoch zu einem bestimmten politischen Ereignis befragt, kann man die eigene Meinung durchblicken lassen, aber nicht radikal vertreten.

Benimm-Basics

2. Kapitel

Benimm-profis privat

Im Privatleben lauern oft viele Fettnäpfchen, in die man besser nicht treten sollte. Auf Partys und bei Tanzveranstaltungen gilt es dabei nicht nur die Kleiderordnung zu beachten.

Selbst beim Flirten und Dating gibt es Regeln, die man besser einhalten sollte. Im Sport sind Fairness und Respekt gegenüber anderen Sportlern unbedingt zu beachten. Kinder, die bereits frühzeitig wesentliche Grundlagen guten Benehmens

lernen, können sich als Erwachsene beruflich und gesellschaftlich besser behaupten. Auch auf Familienfeiern lauern viele Benimm-fallen, die man aber unkompliziert umgehen kann.

Bei Hotelaufenthalten ergeben sich Fragen, ob man z. B. seine Koffer selbst trägt oder ob ein Trinkgeld angebracht ist. Auch beim Theater- oder Kinobesuch sind bestimmte Benimm-Regeln zu beachten. In Krankenhäusern gibt es Verhaltensregeln, an die sich sowohl Patienten als auch Besucher halten müssen. Besonders viel Feingefühl ist in Trauerfällen gefragt. Ein unangemessenes Verhalten würde die Angehörigen sonst noch mehr belasten.

„Prosit!"
Party-Benimm für Gastgeber und Gäste

Auf Partys geht es meist lustig und eher locker zu. Allerdings sollten sowohl bei betrieblichen als auch bei privaten Einladungen gewisse Benimm-Regeln nicht völlig außer Acht gelassen werden. Schließlich möchte jeder gerne ein zweites Mal eingeladen werden. Während auf privaten Partys vieles lockerer gesehen wird, sollte man bei Betriebsfeiern immer daran denken, dass es sich bei den anwesenden Gästen um Kolleginnen und Kollegen handelt.

Die private Einladung

Gastgeber und Gastgeberinnen haben auch bei privaten Einladungen nicht nur Pflichten. Ihnen stehen auch Rechte zu. Zunächst dürfen alle Personen eingeladen werden, die erwünscht sind. Unerwünschte Personen brauchen nicht höflichkeitshalber eingeladen zu werden. Allerdings schadet es nicht, derartige Personen anstandshalber einzuladen, wenn man ganz sicher weiß, dass sich diese zum maßgeblichen

Zeitpunkt nicht in der Nähe des Veranstaltungsorts aufhalten oder aus zwingenden Gründen verhindert sind. Dies erspart sowohl der unerwünschten Person als auch dem Gastgeber unangenehme Fragen, weshalb die „persona non grata" nicht da sei.

Dem Gastgeber einer Party obliegen jedoch auch gewisse gesellschaftliche Pflichten. Zunächst sollte er alle Gäste darüber in Kenntnis setzen, wann und wo das Ereignis stattfindet. Falls er wünscht, dass die Gäste selbst etwas mitbringen

DIE LIEBEN NACHBARN

Auch wenn die Party noch so schön ist, sollten Sie auch an die Nachbarn denken. Am besten ist es, die Nachbarn schon ein paar Tage vor dem Fest zu informieren und um Verständnis zu bitten. Machen Sie einen Aushang im Eingang des gemeinsamen Wohnhauses oder werfen Sie „Flugblätter" bei den Betroffenen ein. Darauf könnte z.B. stehen: „Wir feiern am Samstag ab 20 Uhr meinen 40. Geburtstag. Wir werden uns bemühen, nicht zu laut zu sein. Sollten Sie sich dennoch gestört fühlen, kommen Sie einfach vorbei und feiern mit."

Bei Gartenpartys sollten Sie auf jeden Fall ab 22 Uhr die Musik leiser machen und die Gäste so nach und nach ins Haus bitten.

Benimmprofis privat

(z. B. Salat oder Kuchen etc.), dann sollte dieser Wunsch aus der Einladung hervorgehen oder mündlich mitgeteilt werden.

„U.A.w.g"

Praktisch sind auch Einladungen mit dem Vermerk „u.A.w.g." (um Antwort wird gebeten). Dann lässt sich die Frage, wer was mitbringt, gleich schriftlich oder telefonisch klären. Beim Telefongespräch erfolgt eine Abstimmung darüber, wer was mitbringt. Der Vorteil daran ist, dass nicht alle das Gleiche (zum Beispiel den berühmten Nudelsalat) mitbringen. Bei der Rücksendung einer Antwortkarte hingegen kann der Gast vermerken, was er zur Feier beisteuern will. Zudem fühlen sich die Antwortenden auch eher verpflichtet, ihr Versprechen einzuhalten.

Bewirtung

Der Gastgeber muss eventuell jene Gäste ansprechen, die dasselbe mitbringen möchten, um eine ausgesprochen einseitige Bewirtung zu vermeiden. Zudem könnten Streitigkeiten entstehen, wenn die Gäste etwa die verschiedenen Nudelsalate auf der Party untereinander vergleichen und bewerten. Diese Probleme kann man natürlich vermeiden, wenn ein Catering-Service für die Verpflegung sorgt.

Was das Essen anbelangt, sollten alle Speisen großzügig bemessen sein. Im Zweifel lieber etwas mehr einkaufen als zu wenig.

Es müssen auch genügend Getränke auf den Tischen stehen. (Auch alkoholfreie!) Um vorzubeugen, dass zu wenig Getränke gekauft wurden, und um zu verhindern, dass viele Flaschen ubrig bleiben, kann man auch alles auf Kommission kaufen. Fast alle Getränkehändler bieten

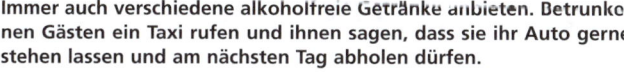

TIPP:
Immer auch verschiedene alkoholfreie Getränke anbieten. Betrunkenen Gästen ein Taxi rufen und ihnen sagen, dass sie ihr Auto gerne stehen lassen und am nächsten Tag abholen dürfen.

diesen Service an. Was an Getränken übrig bleibt, geht dann an den Händler zurück.

Zudem sollten ausreichend Sitz- oder Stehplätze für alle Gäste bereitstehen.

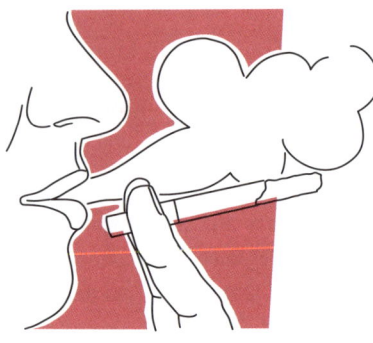

Raucher

Auf dem Balkon oder im Garten bietet sich auch ein optimaler Platz, einen Aschenbecher für Raucher aufzustellen. Die Raucher können dann gegebenenfalls nach draußen gehen. Dieses Angebot nehmen die meisten gerne an. Sie können dann ohne schlechtes Gewissen rauchen und die Nichtraucher leiden nicht unter Qualm im Zimmer.

Der Gast und seine Pflichten

Gäste, die eine private Einladung erhielten, sollten dem Gastgeber ein kleines Gastgeschenk mitbringen. Über eine kleine Aufmerksamkeit freut sich jeder. Dies gilt ganz besonders für Gäste, die über Nacht bleiben.

Übernachtungsgäste

Übernachtungsgäste, die nicht einmal einen Blumenstrauß oder eine Flasche Wein mitbringen, gelten als unhöflich. Auch wenn es nur ein Geschenk von geringem Wert ist, es gilt als Zeichen des Dankes für den Gastgeber, dem durch den Übernachtungsgast zusätzliche Arbeit entsteht.

Übernachtungsgäste sollten vorab klären, ob sie Schlafsäcke und Isomatten oder Luftmatratzen mitbringen sollen. Nicht jeder Gastgeber verfügt nämlich über Gästebetten oder sonstige Übernachtungsmöglichkeiten wie z. B. Schlafsofas. Und selbst wenn, ist der Besucher vielleicht nicht der einzige Gast. Unter Umständen übernachten noch andere Personen beim Gastgeber. Hand-

Benimmprofis privat

wechselt werden! Es geht vielmehr darum, möglichst schlecht gekleidet zu erscheinen. Beispielsweise mit alten, unmodischen Kleidungsstücken oder mit Kleidungsstücken, die in keinster Weise miteinander harmonieren. Geschäftsleute, die täglich in Anzug und Krawatte auftreten, genießen es durchaus, einmal „aus der Rolle zu fallen", was die Kleidung anbelangt. Statt des Maßanzugs ein Jogginganzug, statt des Designerhemds mit Krawatte ein T-Shirt mit Hosenträgern und statt dunkler Lederschuhe olivgrüne, kniehohe Gummistiefel. Der Kreativität sind keine Grenzen gesetzt.

tücher sowie persönliches Waschzeug sollte möglichst auch jeder Gast selbst mitbringen. Es sei denn, der Gastgeber weist ausdrücklich darauf hin, dass nichts Derartiges mitgebracht werden muss.

■■■

Die Motto-Party

Mittlerweile sind auch so genannte Motto-Partys sehr in Mode. Als Gast sollte man auf jeden Fall versuchen, das Motto mitzutragen und sich z. B. entsprechend kleiden. „Bad-Taste-Partys" erfreuen sich großer Beliebtheit. „Bad Taste" bedeutet „schlechter Geschmack". Dies darf jedoch nicht mit schlechten Manieren ver-

Benimmprofis privat

TIPP:

Getränke auf Kommission kaufen, damit weder Gäste durstig nach Hause gehen müssen, noch der Gastgeber auf nicht benötigten Getränken „sitzenbleibt".

Allerdings sollte man nicht den Fehler begehen, ganz normal gekleidet zu erscheinen. Dies könnte schnell missverstanden und als Arroganz interpretiert werden. Abgesehen davon ist es ziemlich peinlich, wenn jemand nur deshalb auffällt, weil er „normal" gekleidet ist.

EINLADUNGEN GENAU STUDIEREN

Einladungskarte mindestens einen Tag vorher nochmals genau durchlesen. Gegebenenfalls den Gastgeber um Rat fragen, was den Dresscode anbelangt.

■■■
Der Gast und seine Kinder ...

Gäste mit Kindern sollten rechtzeitig überlegen, ob sie ihre Kinder mitnehmen möchten oder besser einen Babysitter beauftragen, der daheim auf die Kleinen aufpasst. Letzteres bringt den großen Vorteil mit sich, dass sich die Erwachsenen in aller Ruhe mit den Gastgebern und anderen Gästen unterhalten können, ohne dass die Kinder ständig ihre Aufmerksamkeit beanspruchen. Die

ALLGEMEINE TIPPS FÜR GÄSTE

- Kontakt zu anderen Gästen suchen.
- Small Talk führen.
- Kleine Aufmerksamkeit als Gastgeschenk mitbringen.
- Fragen, ob man etwas Essbares mitbringen soll.
- Fragen, ob Unterstützung in der Küche gewünscht wird.
- Dem Gastgeber gegebenenfalls behilflich sein oder zumindest Hilfe anbieten, was Tischdecken, Küchenarbeit etc. anbelangt.
- Am nächsten Tag für die Einladung bedanken.
- Nicht zu viel Alkohol konsumieren.
- Gegebenenfalls erkundigen, ob Kinder anwesend sein werden.
- Nicht unentschuldigt von der Feier fernbleiben.
- Kleidung dem Anlass entsprechend auswählen.
- Gegebenenfalls fragen, ob man einen Hund mitbringen darf (und eine Wasserschüssel für den Hund mitbringen).
- Streit mit anderen Gästen vermeiden.
- Hitzige Diskussionen zu heiklen Themen wie Politik oder Wirtschaft vermeiden.
- Sich nicht selbst ständig in den Mittelpunkt stellen (also z. B. nicht permanent Monologe halten).
- Höflich zu allen Gästen sein.

Kinder brauchen sich dann auch nicht unter all den Erwachsenen zu langweilen. Gäste, die ihre Kinder

Benimmprofis privat

mitbringen, sollten jedoch beachten, dass diese sich gut benehmen. Dazu zählt vor allem, dass sie nicht ständig alles tun, um sich in den Mittelpunkt der Aufmerksamkeit zu drängen. Außerdem sollte man nicht zu spät nach Hause gehen, da Kinder, wenn sie müde werden, gerne anfangen zu quengeln.

Partygepäck für Kinder

Gegebenenfalls sollte genug Spielzeug eingepackt werden (besser zu viel als zu wenig), damit sich das Kind bzw. die Kinder nicht langweilen. Vorsichtshalber sollte man den Gastgeber auch fragen, ob noch mehr Gäste mit Kindern erscheinen und wie alt deren Kinder in etwa sind. Wenn nämlich mehrere Kinder erwartet werden, dann liegt die Wahrscheinlichkeit hoch, dass diese sich gegenseitig unterhalten. Weiterhin bietet sich die Frage an, ob das Kind gegebenenfalls ab einer gewissen Uhrzeit an einer ruhigen Stelle (z. B. im Arbeitszimmer der Gastgeber) schlafen darf. Ein spezieller Kinderschlafsack gehört dann ebenfalls ins Gepäck der Gäste.

„Darf ich bitten?"
Tanz, Tänzer und Damenwahl

Es gibt Anlässe, wie beispielsweise einen Sylvesterball, aus deren Namen bereits hervorgeht, dass getanzt wird. Manche gehen eher gezwungenermaßen auf solche Veranstaltungen, andere gehen gerne hin, tanzen aber ungern. Wieder andere tanzen zwar gerne, können es aber nicht gut oder nicht mehr. Manche Menschen tanzen gar so perfekt, dass keiner wagt, sie zum Tanz aufzufordern oder insgeheim hofft, keinesfalls von ihnen aufgefordert zu werden. Dabei sollte man sich immer vergegenwärtigen: Ob Professor oder Hausmeister – auf der Tanzfläche sind alle Menschen gleich. Dort zählt allein gutes Benehmen und gekonntes Auftreten.

■ ■ ■
Gestatten Sie?

Deutsche Tanzlehrer gehen davon aus, dass bei öffentlichen Tanzveranstaltungen ein Herr eine Dame zum Tanz auffordern kann, ohne sich

TIPP:
Was tun, wenn das Gastgeschenk vergessen wurde? Notfalls kann man auch hinterher eine kleine Aufmerksamkeit, z. B einen Blumenstrauß, zusammen mit ein paar Dankesworten für die Einladung zusenden.

vorstellen zu müssen. Allein die Anwesenheit einer Person in einem Tanzlokal signalisiert, dass eine grundsätzliche Bereitschaft zum Tanzen besteht. Daher ist es mehr als unhöflich, wenn die Dame die Bitte um einen Tanz ablehnt (weil der Herr ihr eventuell nicht gefällt) und Sekunden später die Aufforderung eines anderen annimmt. Dann wird der erste öffentlich bloßgestellt.

Eine Dame muss natürlich nicht mit jedem Herrn tanzen, wenn sie nicht möchte. Allerdings sollte sie eine Aufforderung dann möglichst höflich und taktvoll ablehnen und erst nach einem zeitlichen Abstand die Aufforderung eines anderen Herrn annehmen.

Ist die Dame in männlicher Begleitung, dann fragt der Tänzer formell in Richtung Begleiter „Gestatten Sie?". Die Frage ist jedoch reine Formsache, denn wer sich in einem öffentlichen Tanzlokal aufhält, gibt damit, wie oben schon erwähnt, zu verstehen, dass er auch tanzen möchte – und zwar nicht nur unbedingt mit seiner Begleitperson, sondern auch mit anderen Anwesenden. Es klingt in der heutigen Zeit merkwürdig, dass der Begleiter der Dame formell um Erlaubnis gebeten wird, mit ihr tanzen zu dürfen. Der guten

DER GEFÜRCHTETE „KORB"

Nicht jede Frau möchte mit jedem Mann tanzen und nicht jeder Herr möchte mit jeder Dame tanzen. Wer eine freundliche Bitte um einen Tanz ablehnt, der verteilt einen so genannten „Korb". Aus den Augen- und Mundwinkeln unbeteiligter Beobachter lässt sich dann oft ein schadenfrohes Grinsen wahrnehmen. Bereits deshalb gilt er als „gefürchtet", zumal sich der oder die Fragende blamiert fühlen könnte. Eine höfliche Dame wird die Ablehnung deshalb immer so taktvoll wie möglich vermitteln.

Benimmprofis privat

Form halber sollte man sich aber an diese Gepflogenheit halten, auch wenn letztendlich allein die Frau entscheidet, ob, wann und mit wem sie tanzen möchte.

Die Führung auf dem Parkett übernimmt jedenfalls generell der Tanzpartner – auch bei Damenwahl.

■■■
Die Damenwahl

Früher räumte die Etikette Frauen kein volles Wahlrecht im Rahmen der Damenwahl ein. Die Auswahl beschränkte sich auf Männer, die zum Bekannten-, Freundes- oder Verwandtenkreis zählten. Natürlich konnte sie auch völlig fremde Männer auffordern, aber dies hätte sofort zu einem schlechten Ruf geführt. Heute fragen Frauen jene Männer, mit denen sie gerne einmal tanzen möchten, ganz ungezwungen: „Wollen wir tanzen?" Meist machen sich ein paar nette Worte zur Begleiterin des Mannes (z. B. „Sie haben doch sicher nichts dagegen einzuwenden, wenn ich Ihren Begleiter auf einen Foxtrott entführe?") gut.

■■■
Tanzmuffel

Gastgeberinnen und Gastgeber sollten darauf achten, dass genügend Gäste eingeladen werden. Der Ball wirkt sonst nicht wirklich wie ein Ball, dessen Name bereits einen gewissen Glamour ausstrahlt. Da Frauen laut Statistik deutlich lieber tanzen als Männer, sollten die Veranstalter vorsichtshalber noch ein paar zusätzliche männliche Gäste

TO-DO
- Der männliche Tänzer führt.
- Beim Tanzen muss das Jackett zugeknöpft bleiben.
- Freundliche Worte oder zumindest ein freundliches Nicken zur Begleitperson der zum Tanz aufgeforderten Person sollten selbstverständlich sein.
- Einen Tanzwunsch gegebenenfalls möglichst höflich und diplomatisch ablehnen.

TABU
- Die Tanzkenntnisse einer anderen Person ignorieren.
- Die Tanzwünsche (welche Tanzart auf welche Musik) der anderen Person missachten.
- Einen Nichttänzer öffentlich auffordern, endlich einen Tanzkurs zu machen.

Benimmprofis privat

TIPP:
Bitten Sie auch den Begleiter der Dame, die Sie auffordern wollen, um Erlaubnis für diesen Tanz. Dies gilt sinngemäß auch bei Damenwahl.

auf die Einladungsliste setzen. Keine Frau möchte als Mauerblümchen am Tisch sitzen, während alle anderen fröhlich tanzen. Ansonsten widmen höfliche Männer den ersten Tanz ihrer Begleiterin bzw. ihrer Tischdame und fodern im Laufe des Abends auch die Gastgeberin auf.

■■■
Die Zeiten ändern sich

Im Gegensatz zu früher hat sich bei Tanzveranstaltungen viel geändert. Dazu zählt unter anderem die Abschaffung der so genannten Pflichttänze. Man erwartete, dass jeder Herr jede am selben Tisch sitzende Dame mindestens einmal um einen Tanz bat. Hierfür waren zum Teil sechs Verbeugungen von Nöten (bei der Aufforderung erst vor dem Begleiter und dann vor der Dame, auf der Tanzfläche vor dem Tanz und nach dem Tanz, zurück am Tisch wieder vor dem Begleiter und nochmals vor der Dame). Die vielen Verbeugungen macht der Tänzer heute allenfalls vor älteren Damen, zu deren Jugendzeit diese Form üblich war. Nicht geändert hat sich hingegen die Regel, dass das Jackett beim Tanzen immer geschlossen sein muss.

Früher:	Heute:
Pflichttänze – jeder Herr musste mit jeder am Tisch sitzenden Dame einmal getanzt haben.	Pflichttänze mit allen am Tisch sitzenden Damen sind abgeschafft.
Sechs Verbeugungen des Mannes waren für einen einzigen Tanz notwendig.	Viele Verbeugungen macht man nur noch gegenüber der älteren Generation (ein „Grußnicken" genügt).
Eine direkte Aufforderung einer Dame ohne Duldung ihres Begleiters war nicht möglich.	Dame darf bei Damenwahl auffordern, wen sie möchte.
Bei Damenwahl durfte eine Frau nur Bekannte, Verwandte oder Freunde zum Tanz auffordern.	

Kleider machen Leute
Kleidung für besondere Anlässe

Es gibt Anlässe, die eine besondere Kleidung verdienen, und es gibt Kleidung, die (vom Fasching abgesehen) nur zu bestimmten Anlässen getragen werden kann. Dazu zählen neben Ballkleidern unter anderem Smoking, Frack und Stresemann.

Benimmprofis privat

Ballkleider

Insbesondere auf großen Sylvesterbällen oder ähnlichen Veranstaltungen bietet sich das Tragen eines Ballkleides an. Wenn man bedenkt, dass die Einsatzmöglichkeiten für Ballkleider nicht so vielfältig sind wie beispielsweise für Business-Kostüme, erscheint der Preis für ein solches Kleidungsstück ziemlich hoch. Die Besonderheit einer Ballveranstaltung sollte einem aber die Ausgabe wert sein. Wählt man eine klassische, nicht zu auffällige Farbe kann man das Kleid jahrelang tragen. Second Hand Shops bieten oft günstigere Exemplare an. Ballkleider können oft auch beim Kostümverleih geliehen werden.

Frack

Der Frack gilt als einer der festlichsten Gesellschaftsanzüge schlechthin. Klassische Frackfarben sind schwarz und nachtblau. Die Hose zeichnet sich durch einen sehr schmalen Schnitt, einen sehr hohen Bund und seitliche Doppelstreifen aus Seidenstoff aus. (Die Smoking-Hose hat nur einen Streifen, der Frack zwei, daher spricht man von Doppeltressen.) Vorne ist die Frack-Jacke ganz kurz und tailliert. Hinten reicht sie bis etwa zu den Kniekehlen. (Dies ähnelt dem Gefieder einer Schwalbe, daher bezeichnete man die Jacke früher umgangssprachlich als Schwalbenschwanz.) Das besondere daran ist, dass man diese Jacke offen trägt! Das Hemd, die weiße Frackschleife, die weiße (ein oder zweireihige) Pikeeweste und deren glänzenden Knöpfe kommen dann besser zur Geltung. Die Knöpfe wir-

TIPP:
Manche Einladungen enthalten eine „Kleidungsempfehlung". Dies ist recht praktisch, da sich der Gast daran orientieren kann. Auf diese Art vermeidet er „under"- oder „overdressed" (also zu leger oder zu vornehm gekleidet) zu erscheinen.

ken besonders edel, da sie meist aus Perlmutt, manchmal sogar aus edlen Metallen gestanzt oder mit Edelsteinen bestückt sind. Eine elegante Taschenuhr sollte dabei nicht fehlen. Als Kopfbedeckung zum Frack eignet sich der Zylinder. Dunkle Lacklederschuhe dazu gelten als selbstverständlich. Dünne, knielange Strümpfe aus schwarzer Seide runden das vornehme Erscheinungsbild ab.

■■■ Der Smoking

Der Smoking zählt ebenfalls zur festlichen Herrenkleidung. Er besteht aus einer dunkelblauen, nachtblauen oder schwarzen Hose mit Seidenborte (auch Galon genannt) an den Außenseiten. Die Hose hat keinen Aufschlag. Die Schuhe sind nicht geschnürt und nahtlos. Das Jackett stimmt farblich mit der Hose überein und zeichnet sich durch einen seidenen Schalkragen oder ein seidenes Revers aus. Einreihige Revers erfordern einen „Kummerbund" oder eine Weste. Zudem sollte das Einstecktuch farblich mit der Fliege übereinstimmen. Die klassische Fliege ist schwarz. Das Hemd ist weiß und zeichnet sich meist durch viele Zierknöpfe, Rüschen, Spitzen und Falten aus. Die Smokingjacke ist einreihig oder zweireihig. Für Zweireiher gilt, dass sie nicht offen getragen werden.

■■■ Der Cut

Der Cutaway, umgangssprachlich Cut genannt, wirkt lässig und edel zugleich. Zur grauschwarz gestreiften Hose trägt man eine einreihig geknöpfte graue Jacke mit Schwalbenschwanz. Allerdings fallen die langen Enden beim Cut schräg von vorne nach hinten. Dies erklärt auch,

---

MÄNNER MIT KUMMERBUND

Die klassische Fliege ist schwarz. Es gibt aber auch elegante bunte Fliegen, die man zur Smokingjacke (beziehungsweise dem Spenzer) oder dem Kummerbund tragen kann. Diese schwarze Fliege heißt in Frankreich „cravatte noir" und in England „black tie". Daher sollte man dies niemals wörtlich nehmen und mit schwarzen Krawatten verwechseln.

Benimmprofis privat

Benimmprofis privat

weshalb man ihn Cut nennt. „Cutaway" heißt nämlich „abgeschnitten". Ein weißes Frackhemd und eine silbergraue Weste gelten als obligatorisch. Eine Krawatte ist nicht zwingend vorgeschrieben, aber wer eine Krawatte wählt, sollte auch eine Krawattennadel dazu tragen. Ansonsten kann man auch einen breiten Seidenschal mit Perlennadel tragen. Wer einen Mantel dazu trägt, muss darauf achten, dass er erstens schwarz und zweitens einreihig ist. Der Cut gilt als Festausgabe des Stresemanns.

■■■

Der Stresemann

Der Stresemann sieht aus wie ein Cut ohne Schwalbenschwänze. Diese waren dem einstigen Außenminister der Weimarer Republik, Gustav Stresemann, dem dieser Anzug seinen Namen verdankt, zu umständlich. Es gelang ihm, diese einfachere Version in die hohen Reihen der Politik einzuführen. Als Hut eignet sich nach wie vor ein britischer Bowler (Melone oder runder Hut) oder ein schwarzer Homburg. Heutzutage trägt man den Stresemann in den verschiedensten dunklen Farben. Die gestreifte Hose ist die Besonderheit, die ihn vom Anzug unterscheidet. Ansonsten darf dieser Gesellschaftsanzug den ganzen

TO-DO

- Einen Smoking anziehen, wenn auf der Einladung „Gesellschaftsanzug" oder „kleiner Gesellschaftsanzug" steht.
- Wer zum Cut gerne einen Mantel tragen möchte, muss darauf achten, dass der Mantel schwarz und einreihig ist.
- Schwarze, knielange Seidenstrümpfe zum Frack tragen.
- Die Frack-Jacke offen tragen.

TABU

- Smoking ohne Kummerbund.
- Schnürschuhe zum Smoking.
- Zweireiher offen tragen.
- Socken, die so kurz sind, dass beim Sitzen das entblößte Bein zu sehen ist.
- Tennissocken oder bunte Socken.
- Schwarze Krawatte tragen, wenn auf Einladung „black tie" oder „cravatte noir" steht.
- Kleidungsempfehlung auf Einladung ignorieren.
- Brauner Anzug bei offiziellen oder abendlichen Anlässen.

Tag über getragen werden. Egal, ob zu Jubiläen, Empfängen, Konzerten, Theater oder abends als Alternative zum Smoking.

■■■

Der dunkle Anzug

Mit einem dunklen Anzug liegt man fast immer richtig. Sofern in der Einladung nicht ausdrücklich ein Gesellschaftsanzug oder Ähnliches steht, eignet er sich als Musteranzug zu allen Anlässen. Modisch gesehen ist er relativ zeitlos. Von dunkelblau über mittelgrau, dunkelgrau bis schwarz lässt sich alles unter „dunkler Anzug" subsumieren. Es gibt jedoch eine wichtige Ausnahme: braun. Braune Anzüge gelten bei abendlichen oder festlichen Veranstaltungen offiziell nicht als dunkle Anzüge! Dunkle Anzüge sind zudem mit fast allen Farben kompatibel, daher besteht eine Vielzahl an Kombinationsmöglichkeiten mit Krawatten, Fliegen, Hemden etc. Hier gelten auch normale Herrenschuhe mit Schnürsenkeln als angebracht. Allerdings sollten die Strümpfe den allgemeinen Kriterien entsprechen, also keine Strümpfe mit Comic-Motiven und keine zu kurzen Socken, die (z. B. beim Sitzen) ein entblößtes Bein zeigen.

„Ich schau dir in die Augen Kleines"
Flirt- und Dating-Regeln

Liebeswerben, charmieren, schäkern, buhlen, kokettieren, sind alles Synonyme zu dem Begriff „flirten". Als „eine Liebelei, ein harmloses, kokettes Spiel mit der Liebe" beschreibt der Duden den Flirt. Man könnte es aber auch aus der französischen Sprache ableiten. Dort stand das alte französische Wort „fleurter" für „blühen, sich entfalten". Bei einem Flirt blühen manche Menschen tatsächlich auf und entfalten sich auf ihre eigene Art.

Körpersignale
Die „Body Language" spielt eine große Rolle, schließlich machen Körpersignale einen Großteil (Wissenschaftler gehen von 60 Prozent aus) der Botschaften aus, die zwischen den Menschen ausgetauscht wer-

Benimmprofis privat

den. Ein kurzes Lächeln, ein Blick in funkelnde Augen, eine nette Geste oder ein paar freundliche Worte – entweder der Funke springt über oder alles bleibt wie es ist. Es gibt jedoch auch hier einige Regeln zu beachten, um Peinlichkeiten zu vermeiden und niemanden vor den Kopf zu stoßen.

Forscher fanden heraus, dass sich Frauen einen potenziellen Flirtpartner bereits ausgesucht haben, bevor dieser überhaupt die ersten Eroberungsversuche gestartet hat. Die Initiative wird aber oft den Männern überlassen, die sich gerne als Eroberer sehen und als Sieger dastehen wollen. Deshalb führt eine erste Abfuhr nicht unbedingt dazu, dass der Mann seine Flirtversuche einstellt. Manche fühlen sich dann erst recht motiviert und herausgefordert. Dies liegt nicht unbedingt daran, dass er in den Augen seiner männlichen Begleiter als Verlierer dastehen könnte, sondern es scheint ein Instinkt aus längst vergangenen Zeiten zu sein. Manche Männer verfügen zudem über einen ausgeprägten „Beschützerinstinkt". Dies lässt sich positiv nutzen, indem man sich als Frau beispielsweise die Tür aufhalten oder schwere Gegenstände (z. B. Einkaufstüten auf der Treppe oder Monitore im Büro) tragen lässt.

Wie auch immer ein Flirt oder Flirtversuch verläuft – es gibt gewisse

LÄCHELN KANN BERGE VERSETZEN

Lächeln versetzt Berge. Egal welche Sprache man spricht – Lächeln ist international verständlich. Es sollte aber echt wirken. Unter Politikern, Filmstars oder Personen des öffentlichen Lebens beobachtet man manchmal ein Lächeln, das irgendwie verzerrt, falsch, heimtückisch oder heuchlerisch wirkt. Dies liegt daran, dass die „Lächler" versuchen, ein Gefühl auszustrahlen, das sie nicht wirklich empfinden. Ein aufrichtiges Lächeln zeichnet sich dadurch aus, dass es spontan kommt. Es ist, von körperlichen Unregelmäßigkeiten abgesehen, relativ symmetrisch. Daher brauchen höfliche Menschen nicht permanent zu lächeln, wenn ihnen gar nicht danach zu Mute ist – so etwas wirkt schnell unglaubwürdig. Andererseits kann ein echtes, herzliches Lächeln manchmal tatsächlich Berge versetzen und Türen öffnen.

Spielregeln, die beachtet werden sollten, damit sich die andere Person nicht belästigt fühlt. Zudem sollten gewisse Höflichkeitsregeln eingehalten werden, damit sich die andere

Person nicht beleidigt oder bedroht fühlt. Flirts zeichnen sich durch Höflichkeit aus und sind durch gegenseitige Rücksichtnahme geprägt.

▪▪▪ Flirten

Ein Flirt hat viele Gesichter. Voraussetzung ist zunächst, dass sich nach der Begrüßung ein lockeres Gespräch entwickelt oder der Kontakt später wieder aufgenommen werden kann. Durch ein nettes Lächeln und Blickkontakte wird eine eventuelle anfängliche Schüchternheit überwunden. Beim Flirten zeigt man anderen, dass man sie interessant findet und näher kennen lernen

möchte. Man gibt ein wenig, ist aber nicht so einfach verfügbar. Der andere kann dies als Signal auffassen, ebenfalls etwas von sich zu geben, z. B. ein Lächeln oder ein Kompliment. Das Zauberwort heißt Lächeln. Lächeln kann man sowohl mit den Lippen als auch mit den Augen.

Woran erkennt man einen Flirtversuch?

Nicht immer ist ein Flirt als solcher erkennbar. Manche Menschen flirten sehr subtil. Andere ziemlich offensichtlich. Manche strahlen unbeabsichtigt Signale aus, die andere fehlinterpretieren und missverstehen. Ähnlich wie nicht hinter jedem Niesen gleich ein Schnupfen steckt, darf nicht in jedem Lächeln oder in jedem Blinzeln ein Flirt vermutet werden. Bei den folgenden Signalen können Sie von einem Flirtversuch ausgehen und entsprechend reagieren.

Indizien für einen Flirt oder Flirtversuch
• Freundliches Lächeln.
• Freundlicher Blick.
• Kopfnicken.

Benimmprofis privat

- Blinzeln.
- Wimpernaufschlag plus schnelles Wegschauen.
- Spielen mit einer um den Finger gewickelten Haarlocke.
- Spielen mit der Krawatte.
- Spielen mit Schmuck (z. B. mit dem Anhänger einer Halskette).
- Erhobene Augenbrauen.
- Schief gelegter Kopf.
- Auffordernde Geste, sich mit an den Tisch zu setzen.
- Schmeichelhafte Äußerungen in Anwesenheit Dritter (Beispiel: Ein 70-jähriger Mann lädt zwei etwa 55-jährige Frauen ein, sich zu ihm und seinen Gästen an den Tisch zu setzen und bestellt beim Kellner ein Glas Sekt für „die beiden Mädchen").
- Komplimente z. B. über die Lippenstiftfarbe der Frau oder die Krawatte des Mannes.
- Scheinbar zufällige leichte Berührung (z. B. des Arms oder der Schulter).
- Dem anderen etwas zuflüstern.

Indizien, die eher gegen einen Flirtversuch sprechen
- Nur flüchtiger Blickkontakt.
- Der Blick richtet sich auf eine andere Person (zum Beispiel auf eine Person, die neben oder hinter einem steht).
- Sofortiges Wegschauen, wenn Blickkontakt gesucht wird.

- Gelangweilter, desinteressierter Blick.
- Wegdrehen des Körpers.
- Ein Lächeln bleibt unerwidert.

Die VAKOG-Wahrnehmung

Gerade bei einem Flirt sollten die Repräsentationssysteme des Gegenübers beachtet werden. Analytiker sprechen von VAKOG. Gemeint ist damit visuell (sehen), auditiv (hören), kinästhetisch (fühlen und spüren), olfaktorisch (riechen), gustatorisch (schmecken).

Gerade bei einem Flirt verläuft die Wahrnehmung über verschiedene Kanäle. Die Augen nehmen Kleidung, Frisur, Gangart, Bewegung, Rhythmus, Erröten, Erbleichen etc. innerhalb von Sekunden wahr. Die Ohren registrieren über die Stimme Gefühlsschwankungen. Seufzen, räuspern, Stimmschwankungen, zögern, Versprecher etc. bleiben nicht ungehört. Unbewusste wie auch beabsichtigte Berührungen, wie zum Beispiel Schulterklopfen, spielen eine ebenso wichtige Rolle wie Wahrnehmungen über die Nase.

■ ■ ■

Worauf Frauen und Männer beim anderen Geschlecht achten

Untersuchungen ergaben, dass attraktive Männer mindestens 12 bis

14 Prozent mehr verdienen als weniger attraktive Männer. Auch im Privatleben und in Zwischenmenschlichen Beziehungen verzeichnen attraktive Menschen mehr Erfolg.

Es gibt gewisse Merkmale, auf die Frauen bei einem ersten Zusammentreffen mit Männern besonders achten und umgekehrt. Frauen achten demzufolge besonders auf:

1. einen athletischen Körperbau
2. breite Schultern, eine breite Brust und muskulöse Arme
3. einen knackigen Hintern
4. volles Haar
5. einen sinnlichen Mund
6. freundliche Augen
8. eine ausgeprägte Nase und ein markantes Kinn

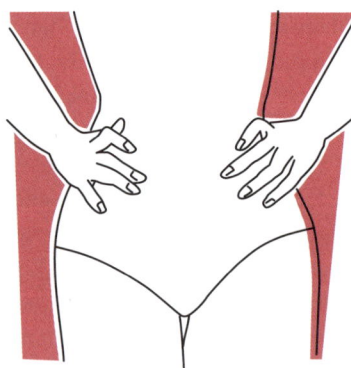

Untersuchungen ergaben jedoch auch, dass sie auf lange Sicht gesehen eher auf folgende Charaktereigenschaften ihres Partners Wert legen:

1. Persönlichkeit
2. Humor
3. Einfühlungsvermögen
4. Intelligenz

Und worauf achten Männer, wenn sie eine Frau sehen, besonders? Folgende Merkmale sind ihnen Umfragen zufolge wichtig:

1. ein athletischer Körper
2. ein sinnlicher Mund
3. Busen
4. Beine
5. eine schlanke Taille und runde Hüften
6. Hintern
7. Augen
8. Haare
9. Nase

Die Studien kommen zu dem Ergebnis, dass das Erscheinungsbild und der Körper einer Frau für die Mehrzahl der Männer wichtiger sind als Intelligenz oder Charakter. Forscher zogen sogar das Fazit, dass attraktive Frauen bei Männern die gleichen Bereiche des Gehirns aktivieren, die

Benimmprofis privat

- Pünktliches Erscheinen am vereinbarten Treffpunkt. (Bei einem Restaurantbesuch schon vorab einen Tisch reservieren. Bei Theaterbesuchen etc. vorab Karten besorgen).
- Gegenseitige Höflichkeit.
- Lächeln.
- Blickkontakt halten.
- Komplimente (aber nicht übertreiben!).
- Kavaliermanieren (z. B. Türe aufhalten, anderen den Vortritt lassen).
- Kleine Anekdoten erzählen.
- Kleine Schwächen gestehen.

TABU

- Ungepflegtes Erscheinungsbild (schmutzige, nach kaltem Rauch oder Küche riechende Kleidung, abgetragene Kleidung, schmutzige Schuhe).
- Unzulängliche Körperhygiene (Schweißgeruch, Mundgeruch, fettige Haare).
- Aufdringlichkeit.
- Neugieriges Aushorchen.
- Beim ersten Date schon nach der Lebensplanung fragen (Kinderwunsch, Vereinbarkeit von Beruf und Familie, Umzugsbereitschaft etc.).
- Ausführliche Schilderungen über vorherige Beziehungen und deren Scheitern.
- Vergleiche mit früheren Partnern ziehen.

auch durch Kokain oder die Aussicht auf Geld stimuliert werden.

Auf lange Sicht ziehen jedoch auch Männer bei einer Partnerin folgende Eigenschaften vor:

1. Persönlichkeit
2. gutes Aussehen
3. Intelligenz
4. Humor

■ ■ ■

Der Test: „Schau mir in die Augen, Kleines"

Oft verrät ein Blick in die Augen, ob jemand lügt oder die Wahrheit sagt. Beim ersten Date sind kleinere Übertreibungen vertretbar (in einer langfristigen Beziehung hingegen ist Ehrlichkeit geboten). Es ist auch nicht notwendig, dass man all seine Schwächen und Sorgen (berufliche

TIPP:

Wer Probleme hat, anderen Menschen direkt in die Augen zu sehen, der kann seinen Blick auf die Nasenwurzel des Gegenüber konzentrieren. Dem anderen fällt dies normalerweise nicht auf.

Komplikationen, einstiger Karriereknick, familiäre Probleme etc.) offenbart.

In den deutschsprachigen Ländern gilt ein offener Blick in die Augen als Zeichen von Ehrlichkeit. Dies ist in anderen Ländern teilweise nicht üblich, da ein direkter Augenkontakt als äußerst unhöflich empfunden wird. Wenn jemand beim ersten Date dem Blickkontakt nicht standhalten kann, dann kann dies schlicht ein Zeichen von Verlegenheit sein. Ein ständiges Blinzeln darf auch nicht überbewertet werden. Zum einen kann es durch Nervosität entstehen. Es kann aber auch simplere Ursachen haben, z. B. zu trockene

Luft. Vielleicht trägt der andere zur „Feier des Tages" und entgegen seiner üblichen Gepflogenheiten auch Kontaktlinsen, um dem anderen besonders gut zu gefallen? Verengte Pupillen, die Spezialisten für Körpersprache teilweise als Indiz für wahrheitswidriges Verhalten werten, können ebenfalls eine natürliche Ursache (z. B. Schlafmangel, Übermüdung, Lichtverhältnisse) haben. Ein echter Vorwurf, wenn der Mann oder die Frau den Blickkontakt nicht lange halten kann, ist daher unangebracht.

■■■
Dichterische Flirt-Freiheit

Die Kunst hat viele Seiten. Vor allem die Literatur. Wer einen großen Dichter zitiert oder eine bekannte Weisheit von sich gibt, die einen höchst sympathischen oder schmeichelhaften Inhalt in sich birgt, der schlägt gleich zwei Fliegen mit einer Klappe. Er bleibt seriös, verstößt nicht gegen allgemeine Anstandsregeln und gibt zwischen den Zeilen zu erkennen, dass ihm die andere Person sehr

Benimmprofis privat

sympathisch ist. Wer einer anderen Person, sei es per Brief, per SMS oder per E-Mail, besonders tiefe Sympathie und Verehrung mitteilen möchte, der sollte dabei immer bedenken, dass das Dokument auch von anderen gelesen werden könnte. Daher sollte der „Flirtcharakter" nicht verloren gehen. Anführungszeichen mildern bzw. tarnen viele Begriffe. Es gibt deutliche Unterschiede in der Wirkung, ob ein Brief mit vielen lieben Grüßen, mit lieben Grüßen, mit herzlichen Grüßen, mit freundlichen Grüßen oder lediglich hochachtungsvoll endet.

Liebesbriefe

Liebesbriefe haben auch im Zeitalter von E-Mail und SMS noch etwas Aufregendes an sich. Sie können ein gewisses „Kribbeln im Bauch" ver-

ursachen, das selbst dann wieder auftritt, wenn man den Brief viele Jahre später wieder entdeckt und liest. Dann werden alte Erinnerungen wach und man überlegt sich, ob man den Brief wirklich wegwerfen soll oder nicht doch noch eine Weile aufbewahrt (zumindest bis zur nächsten Entrümpelungsaktion). Wer nach einem Flirt noch immer Herzklopfen hat und sich entschließt, einen Brief zu schreiben, der sollte bedenken, dass dies sowohl Vor- als auch Nachteile mit sich bringen kann.

Vorteile:

- Kein Herumstammeln vor Aufregung oder Nervosität.
- Sätze lassen sich in Ruhe ausformulieren und abwägen.

TIPP:

Manchmal wirkt es sehr elegant, wenn man ein paar Zitate berühmter Dichter und Denker, die mit dem Thema Liebe und Verliebtheit zu tun haben, parat hat. Man muss dann aber auch deutlich machen, dass zitiert wird.

- Starke Wirkung, da persönlicher als SMS oder E-Mail.
- Handschriftlich verfasste Briefe wirken besonders individuell.

Nachteile:
- Der Brief kann versehentlich in „falsche Hände" gelangen.
- Der Empfänger kann den Brief anderen absichtlich zeigen.
- Ungeschickte Formulierungen bleiben „schwarz-auf-weiß" bestehen. (Geschriebene Worte wirken manchmal drastischer als gesprochene Worte, da Betonung, Gestik und Mimik entfällt.)

Sportsmen sind Gentlemen
Benimm beim Sport

In manchen Sportarten kann es recht ruppig zugehen. Nicht nur in Kampfsportarten wie Aikido, Boxen oder Karate. In Mannschaftssportarten wie Fußball, Handball oder Hockey ebenso. Man muss auch verlieren können, ohne dabei unfair zu werden. Sport und sportliche Fairness gehören nämlich zusammen. Fairness steht auch als Synonym für Aufrichtigkeit, Anstand, Redlichkeit und Offenheit. Dazu zählt im Sport beispielsweise, dass man dem Gewinner zu seinem Sieg gratuliert. Selbst schwer getroffene Boxer beglückwünschen den Sieger.
Viele Sportarten können als Wettkampf auasgetragen werden, daher

> **TO-DO**
> - Handschriftlich, aber leserlich schreiben.
> - Rechtschreibfehler unbedingt vermeiden.
> - Ansprechendes, sauberes Papier.
> - Gesunde Selbstdarstellung (etwas Werbung ist erlaubt).
>
> **TABU**
> - Gedichte und Aphorismen anderer als eigenes Gedankengut ausgeben.
> - Sich verstellen oder Interesse heucheln an Themen, die einen nicht interessieren.
> - Den Empfänger unter Druck setzen.
> - Zweideutiger Inhalt.

Benimmprofis privat

gibt es auch Gewinner und Verlierer. Kinder, die zu behütet aufwachsen, bleiben oft davor verschont, beim „Mensch-ärgere-dich-nicht-Spiel" oder beim „Family-Tennis" als Verlierer dastehen zu müssen. Wer jedoch andere immer gewinnen lässt, um Konflikte zu vermeiden, tut weder sich noch dem anderen langfristig einen Gefallen. Dies kann sich nämlich irgendwann bitter rächen, wenn der Betreffende feststellen muss, dass auch verlieren gelernt sein will.

In manchen Sportarten wird gutes Benehmen besonders groß geschrieben. Es gehört geradezu zu den Spielregeln. So muss man z. B. bei asiatischen Kampfsportarten beim Betreten des Dojo (Halle) normalerweise eine leichte Verbeugung andeuten. Ebenso beim Auffordern eines anderen zum Zweikampf. Dann müssen sich beide – als Zeichen des gegenseitigen Respekts – voreinander verbeugen. In manchen Sportarten, beispielsweise beim Golf, gibt es sogar ein ganzes Regelwerk voller Benimmregeln. Auch in fast allen anderen Sporteinrichtungen hängen „Spielregeln" bzw.

„Hausordnungen" (z. B., dass man die Halle nicht mit Straßenschuhen betreten darf) aus, an denen sich die Besucher orientieren können und müssen.

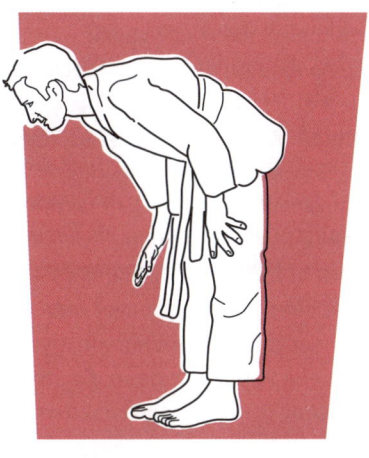

■ ■ ■
Auch im Sport: Erwachsene als Vorbilder

Normalerweise gelten Eltern als Vorbilder für die Kinder. Um ihren Kindern ein gutes Vorbild zu sein, müssen Erwachsene sich auch im Sport so verhalten, wie sie es sich von ihren Kindern wünschen. Man darf

TIPP:
Lernen Sie die wichtigsten Fachausdrücke und die grundsätzlichen Spiel- und Verhaltensregeln, bevor Sie mit einer neuen Sportart beginnen.

nicht erwarten, dass Kinder Verbote und Regeln einhalten, die man selbst bricht.

Angenommen ein Vater flucht beim Tennisspiel vor sich hin und schlägt den Tennisschläger wütend auf den Boden, da er das Spiel verlor. Mit größter Wahrscheinlichkeit werden seine Kindern dieses Verhalten imitieren.

Mit der Körperhygiene ist es ebenso. Erwachsene, die ungeduscht im Schwimmbad das Becken betreten, werden sich schwer tun, ihren Kindern beizubringen, dass man sich erst duschen muss, bevor man ins Wasser geht. Abgesehen vom hygienischen Aspekt ist dann die Überwindung geringer, zumal das Wasser

EXKURS: SPORT UND SCHWITZEN

Typischerweise fließt beim Sport Schweiß. Squashspieler mit nass geschwitzten, am Rücken klebenden T-Shirts sind keine Seltenheit, sondern eher der Normalfall. Verschwitzte Socken, nasse Haare oder schlecht riechende Schuhe sind ebenfalls keine Seltenheit. Es macht allerdings einen Unterschied, ob jemand frische Kleidung trug, bevor er zum Sport antrat, oder ob diese bereits getragen (und weder frisch noch sauber) war. Am natürlichen Schweiß auf bei Spielbeginn sauberer Kleidung stört sich keiner. Wenn es sich jedoch um so genannten „re-aktivierten" Schweiß handelt, der dann entsteht, wenn man ein bereits verschwitztes, aber trockenes Kleidungsstück trägt und dieses durch Körperwärme erhitzt, sodass sich die ursprünglichen Körperausdünstungen reaktivieren, dann liegt ein schwerer Verstoß gegen gutes Benehmen beim Sport vor. Tückischerweise bemerkt man den eigenen Geruch oft nicht, da man ihm täglich ausgesetzt ist, aber fremde Gerüche fallen sofort auf.

recht kühl sein kann. Für Herz und Kreislauf ist es zudem nicht gerade ungefährlich, wenn man erhitzt und ohne Abkühlung ins Wasser springt. Gleiches gilt für nach dem Sport. Nicht umsonst heißt es „Sportsmen sind Gentlemen". Nach dem Sport ist auf Körperhygiene und saubere

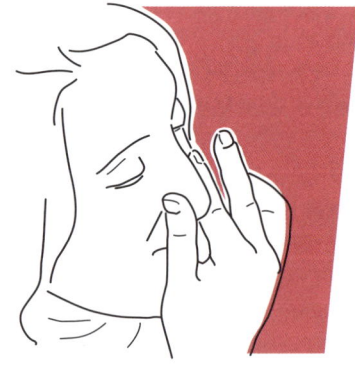

Benimmprofis privat

88

Benimmprofis privat

Kleidung zu achten. Dies sollte man sowohl sich selbst als auch seinen Mitmenschen wert sein.

Sauna und Schwitzen

Sport und Schwitzen hängen eng miteinander zusammen. Beliebt ist auch der Saunagang nach dem Sport. Viele Fitness-Studios bieten ihren Besuchern eine Sauna ohne zusätzliche Kosten an. Dies wird von vielen gerne genutzt. Allerdings sollten insbesondere Saunabesucher Rücksicht auf die anderen Besucher nehmen. Wie fast überall gibt es auch in den meisten Saunen einen Aushang, der auf die „Saunaregeln" hinweist. Unabhängig hiervon gibt es gewisse Grundsätze, die für jeden

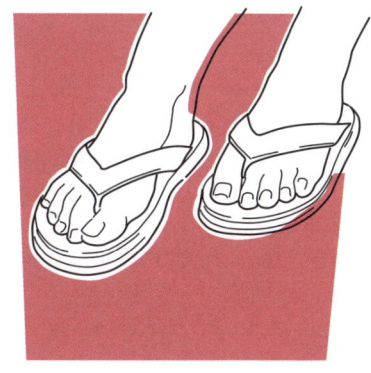

Saunabesucher zum guten Ton zählen sollten:

1. Zunächst gründlich reinigen (duschen). Dies fördert die Fähigkeit zu schwitzen und vermeidet die Ausbreitung von schlechten Gerüchen in der ganzen Sauna.

2. Badeschuhe tragen, um Fußpilz vorzubeugen. Am Eingang der Sauna werden sie jedoch abgestellt.

3. Zwei Handtücher mitnehmen (ein Handtuch, um sich darauf zu setzen oder zu legen und ein anderes, um sich nach dem Kaltguss damit abzutrocknen).

4. Sich nie nackt auf das Holz setzen oder legen (dies ist sehr unhygienisch und eine Zumutung für die anderen Saunabesucher).

Benimmprofis privat

89

TIPP:
Wer bereits im Kindesalter lernt, dass man im Sport auch verlieren können muss, tut sich als Erwachsener beruflich und gesellschaftlich in Sachen „soziale Kompetenz" leichter.

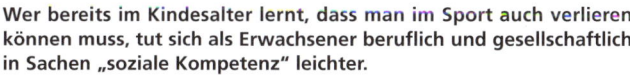

5. Andere Saunabesucher nicht anstarren.

6. Der Ruheraum dient der Ruhe und Entspannung. Lebhafte Gespräche sind dort störend und unangebracht.

■■■
Sportler untereinander

Es gibt nicht nur viele verschiedene Sportarten, sondern auch ganz unterschiedliche Anhänger dieser Sportarten. Oft verstehen diese sich untereinander nicht gerade bestens. Jeder hält seine Sportart für wichtiger, besser, anspruchsvoller und interessanter etc. So sind Skifahrer und Snowboarder nicht immer ein Herz und eine Seele. Badmintonspieler sind oft wenig begeistert von Squash und den Sportlern, die diese Ballsportart ausüben. Gleiches gilt für Jogger und Walker bzw. Nordic Walker. Manchmal fallen auch unschöne Worte und unpassende Vergleiche werden gezogen. Dies ist aber kein sonderlich sportlich-faires Verhalten. Daher sollte man andere Sportler akzeptieren, auch wenn einem die Sportart, die sie betreiben, nicht gefällt.

TO-DO
- Sportlich fair bleiben.
- Dem Gegner/Spielgewinner zum Sieg beglückwünschen.
- Allgemeine und sportartspezifische Regeln beachten und einhalten.
- Hallen- beziehungsweise Hausordnungen beachten.
- Körperpflege und Hygiene vor und nach dem Sport.
- Sportkleidung nach Sport immer in die Wäsche geben.

TABU
- Fluchen beim Spiel.
- Fluchen nach dem Spiel.
- Ausfallend werden.
- Gegen allgemeine Spielregeln verstoßen und dies womöglich auch noch bestreiten.
- Mit schmutziger, bereits vorher verschwitzter Wäsche zum Sport antreten.
- Straßensportschuhe auch in der Halle tragen.

Regeln einhalten, um andere nicht zu gefährden

Unabhängig von jeder Sportart gehört es sich, dass man sowohl die sportartspezifischen als auch allgemeine Regeln zur öffentlichen Sicherheit und Ordnung beachtet und einhält. So haben Inline-Skater

Benimmprofis privat

nichts auf der Straße, sondern nur auf dem Gehweg zu suchen. Gleichzeitig müssen sie wichtige Grundlagen wie z. B. das Bremsen beherrschen, um andere Verkehrsteilnehmer nicht zu gefährden. Hierfür gibt es jedoch für fast alle Sportarten Einführungskurse oder spezielle Plätze, an denen man gefahrlos üben kann.

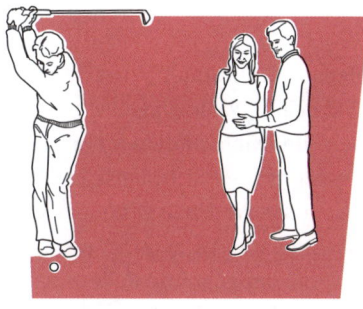

men beim Sport wird nun eine Sportart beschrieben, bei der allergrößter Wert auf Fairplay gelegt wird, nämlich Golf.

Bei dieser Sportart wird auf Eigenschaften Wert gelegt, die auch jenseits des Sportplatzes oft schmerzlich vermisst werden. Dazu zählt z. B. Pünktlichkeit, gegenseitige Rücksichtnahme, Grüßen, Respekt, Small Talk sowie das Lernen der Fachsprache, bzw. der sportartspezifischen Begriffe.

Pünktlichkeit

Pünktlichkeit ist eine Tugend, die in allen Sportarten groß geschrieben wird. Zehn bis fünfzehn Minuten vor der vereinbarten Startzeit finden sich die Golfpartner am ersten Abschlag ein.

Fairplay am Beispiel von Golf

Da es eine so große Anzahl verschiedener Sportarten gibt, können hier nicht alle behandelt werden. Allerdings haben alle Sportarten gewisse geschriebene und ungeschriebene Regeln, die es zu beachten gilt. Exemplarisch für den guten Ton und kniggekonformes Beneh-

Gegenseitige Rücksichtnahme

Ein umsichtiger Golfer fährt Mitspieler, die ihm im Wege stehen, nicht giftig an, sondern bittet sie höflich darum, einen Schritt beiseite zu gehen. Sollte sein Ball kurz vor dem Loch liegen bleiben, dann sollte ihm der Wunsch, beenden zu dürfen, nicht verwehrt werden. Schließlich kann man selbst in dieselbe Situation geraten. Rein technisch sollte man vor jedem Schwung prüfen, ob niemand „im Weg", also innerhalb des Schwungradius steht. Fliegende Golfbälle können zu gefährlichen Wurfgeschossen werden. Dem sollte sich der verantwortliche Spieler stets bewusst sein. Daher sind die entsprechenden Ge- und Verbotsschilder zu beachten. An besonders unübersichtlichen Stellen sollte vorsichtshalber ein Mitspieler vorausgeschickt werden, damit dieser die Lage „ausspäht". Der internationale Warnruf in der Golfersprache lautet „Fore". Besser man ruft es zu oft, als zu selten. Golfbälle können eine enorme Geschwindigkeit entwickeln und andere verletzen, die nicht rechtzeitig ausweichen oder sich ducken. Aus Schüchternheit braucht dieser Ruf nicht vermieden zu werden. Daher sind Rügen, wenn jemand „Fore" rief, obwohl eigentlich keine wirkliche Gefahr bestand, unangebracht.

eigene „Grußformel", zum Beispiel „Ski Heil", „Waidmanns Heil", „Petri Heil" und viele andere mehr. Golfspieler grüßen sich meist lautlos, indem sie die Hand erheben. Das macht keinen Lärm, stört niemanden und der gegrüßte Kollege kann den Gruß ohne Problem erwidern. Allerdings gilt dies nicht zu Spielbeginn und Spielende bzw. am ersten und am letzten Abschlag.

Gegenseitig grüßen

Viele Sportarten verfügen über eine

HANSEATISCHES DU

Spielt man in einer Runde, in der sich alle duzen und mit Vornamen ansprechen, sollte man seine Mitspieler zunächst mit dem hanseatischen Du ansprechen (Vorname und siezen).

Benimmprofis privat

Respekt und heikle Fragen

Heikle Fragen gibt es immer und überall. So ziemlich die heikelste Frage beim Golf ist die Frage nach dem Handicap. Dies drückt die Spielstärke eines Golfers aus. Ein einstelliges Handicap ehrt jeden Spieler. Es gibt Plätze, die man erst betreten darf, wenn man ein Handicap von 28 und niedriger hat. Dies ist natürlich peinlich für diejenigen, die sich bereits deshalb nicht mit anderen auf einem bestimmten Platz verabreden können. Bei der Frage nach dem Handicap ist daher Vorsicht geboten, da dies dem Gefragten peinlich sein könnte. Dies sollte unbedingt respektiert werden. Die Platzreife ist mehr als nur eine Bescheinigung. Sie ist erforderlich um selbständig auf einem 18-Loch-Platz spielen zu dürfen.

Sport, Freizeit und Freiheit: Tabuthema Arbeit

Die „Golfregel", wonach es sich nicht gehört, auf dem Platz über geschäftliche Angelegenheiten zu reden (allenfalls hinterher im Clubrestaurant) wird zwar nicht immer eingehalten, gilt prinzipiell aber für alle Sportarten. Dies liegt daran, dass Sport dazu dient, sich vom Alltagsstress zu erholen, abzuschalten und neue Kraft zu schöpfen. Wer aus der Hektik des Alltags ausbrechen und sich bei einer Sportart ablenken kann, arbeitet arbeitspsychologischen Studien zu Folge deutlich

DIE SPRACHE DER ENTSPRECHENDEN SPORTART LERNEN, SPRECHEN UND ANWENDEN

Jede Sportart verfügt über Befehle, die in den Ohren unbeteiligter Dritter merkwürdig klingen. Manche Wörter klingen deshalb merkwürdig, weil sie in einer anderen Sprache gesprochen werden (zum Beispiel japanische Befehle in Kampfsportarten) oder weil es Worte sind, unter denen sich Unbeteiligte nichts vorstellen können. Zum Beispiel beim Golf unter einem Albatros, einem Pitch oder einem Tee. (Tee bezeichnet den Abschlag bzw. den Stift, auf den der Ball am Abschlag gelegt wird. Pitch ist ein Annäherungsschlag und ein Albatros ist ein Spieler, dem es gelingt, drei Schläge unter der für das Loch durchschnittlich erforderlichen Schlagzahl zu liegen, da er so weit schlägt.) Dies kann zu enormen Missverständnissen führen. Daher gebietet es sich für jeden Sportler, dass er die entsprechenden „Vokabeln" lernt und anwendet. Dies führt auch zu einem besseren Verständnis untereinander.

TIPP:

Wer verhindert ist, der sollte sowohl denjenigen, mit denen er verabredet war, als auch im Sekretariat des Vereins oder Clubs telefonisch Bescheid geben, um unnötige Wartezeiten zu vermeiden.

effektiver. Auf dem Rasen sind Handys unerwünscht. Diese Regel lässt sich ebenfalls auf andere Sportarten übertragen.

Der Small Talk

Beim Golf direkt bieten sich nicht besonders viele Gesprächsmöglichkeiten über komplizierte oder komplexe Themen, da die Konzentration der Spieler darunter leidet. Zudem „flüchten" viele Leute gerade deshalb auf den Golfplatz, um für ein paar Momente dem Alltag zu entrinnen und neue Kraft zu schöpfen. Doch nicht nur das. Auch andere Sportarten lassen umfangreiche

Gespräche oft nicht zu. So verbleibt höchstens ein Small Talk. Dieser kann sich auf sportartspezifische Neuheiten (z. B. Ausrüstungen) oder allgemein verbindliche Themen wie das Wetter beziehen. Wie so oft gibt es aber auch hier Themen, die unbedingt zu vermeiden sind. Darunter fällt zum Beispiel das Lästern über die Handicaps anderer Spieler.

Nach dem Sport gemeinsam einkehren?

Gerade bei Mannschaftssportarten oder Sportarten, die man nicht alleine betreibt, treffen sich Sportler anschließend gerne im Vereinsheim, um noch etwas zu essen und/oder zu trinken. In geselliger Runde kann man sich dann unterhalten. Beim Golf spricht man auch vom „19. Loch", da das Clubrestaurant am Ende des Golf Course (also nach dem 18. Loch) steht. Hier werden auch gerne Visitenkarten ausgetauscht und Kontakte geknüpft. Viele Sportler schätzen dieses gemeinsame Einkehren. Sie erwarten meistens auch von ihren Mitspielern, dass sie sich dazu gesellen. Tatsächlich sollen sich auf diese

Benimmprofis privat

Art auch viele geschäftliche Kontakte anbahnen, die zu späteren Vertragsabschlüssen führen.

Früh übt sich ...
Kleiner Kinder-Knigge

„Was Hänschen nicht lernt, lernt Hans nimmermehr", besagt ein altes Sprichwort. Dahinter steckt mehr als nur ein Fünkchen Wahrheit. Es ist zwar nicht richtig, dass Erwachsene nicht mehr lernen, was sie im Kindes- oder Jugendalter versäumten, aber Menschen, die bereits von Kindesbeinen an in die Grundlagen guten Benehmens eingeführt wurden, finden sich später in der Schule, im Beruf und in der Gesellschaft besser zurecht als andere. Ihre Mitmenschen bringen ihnen mehr Sympathie entgegen und nicht nur ihre Sympathiewerte, sondern auch ihre Karrierechancen steigen.

Karriere-Coaches sind sich darin einig, dass gutes Benehmen einen Arbeitgeber meist mehr beeindruckt als gute Noten.

Keiner ist perfekt – weder Kinder noch Erwachsene. Eine Erziehung, die sich an modernen, kniggekonformen Leitlinien orientiert, bringt jedoch viele Vorteile mit sich. Sie nützt beiden – Eltern und Kindern.

■ ■ ■
Eltern als Vorbilder

Normalerweise gelten Eltern als Vorbilder für die Kinder. Im Jugendalter und als Heranwachsende sehen Kinder ihre Eltern zum Teil aber auch als abschreckende Beispiele und möchten keinesfalls so werden wie sie. Entweder aus allgemeinem Protest oder aus dem Wunsch heraus, alles anders bzw. besser machen zu wollen als die Eltern. Andererseits wiederum wünschen sich Eltern oft, dass es ihre Kinder „einmal besser haben sollen" als sie selbst. Um ihren Kindern ein gutes Vorbild zu sein, müssen Erwachsene sich so verhalten, wie sie es sich von ihren Kindern wünschen. Man darf nicht erwarten, dass Kinder Verbote einhalten, die man selbst bricht, und eigens aufgestellte Regeln akzeptieren, an die man sich selbst nicht hält. Zudem ist es unfair, Ausnahmen für sich selbst zu erfinden. Angenommen ein Vater verbietet seinen Kindern, aus der Flasche zu trinken. Irgendwann wird er von seinen Kindern ertappt, wie er selbst aus der Flasche trinkt. Dem Vorwurf der Kinder, dass man nicht aus der Flasche trinken dürfe, was er schließlich selbst gesagt habe, entgegnet er mit Behauptungen wie „... aber nicht, wenn man die Flasche leert trinkt ..." oder „... aber das gilt nur bei Saft und nicht bei Wasser ..." oder ähnlichen Ausreden. Gerade solange die Kinder klein sind, dienen Eltern als Vorbilder. Diese Chance sollte man sich nicht entgehen lassen. Viele Probleme entstehen dann erst gar nicht.

Babysprache meiden!

Es gibt immer wieder Eltern, aber vor allem auch Großeltern, Schwestern, Tanten und Bekannte, die meinen, dass man mit kleinen Kindern in einer bestimmten Babysprache kommunizieren müsste, da diese einen sonst nicht verstehen könnten. Dann wird aus einer Katze eine „Miau", aus einem Hund ein „Wauwau" und aus einer Kuh eine „Muh". Freunde und Verwandte sollten dieses Kauderwelsch unbedingt vermeiden. Viele Eltern hören es nicht

> **HINWEIS: CHANCEN FRÜH NUTZEN**
>
> Wer bereits im Kindesalter in die Regeln und Normen höflichen Benehmens eingewiesen wurde, kann sich als Erwachsener beruflich und gesellschaftlich besser integrieren.

Benimmprofis privat

weise, dass sich andere durch die ausgepusteten Tröpfchen anstecken können, überzeugt. „Aber weshalb die linke?" ist eine berechtigte Frage, die eine ehrliche Antwort verdient. Wenn Leute mit der rechten Hand – in der sich durch das Niesen oder Husten Bakterien verbergen könnten – grüßen, dann besteht ein höheres Risiko, dass sie andere anstecken. Das verstehen auch schon Kinder im Vorschulalter und sie werden sich – da sie den Hintergrund dieser Regel kennen – auch daran halten.

gern, scheuen sich jedoch, dies den Besuchern zu sagen. Schließlich ist es ja gut gemeint. Der Sprachentwicklung der Kinder zuliebe sollten die Eltern sich aber nicht scheuen, die Besucher um korrekte Sprache zu bitten.

■■■
Logik und Lob fördern gutes Benehmen

Angenommen man möchte erreichen, dass sich Kinder beim Husten die Hand vor den Mund halten. Zum einen, dass sie sich überhaupt die Hand vor den Mund halten, zum anderen, dass es die „richtige" – nämlich die linke – ist. Die eigentliche Erklärung, wonach es auf andere unangenehm wirkt, beziehungs-

■■■
Verbesserungshinweise statt Tadel

Dass kein Mensch perfekt ist, sollte nie vergessen werden. Angenommen im obigen Beispiel hält sich das Kind beim nächsten Niesen tatsächlich die Hand vor den Mund. Es blickt voller Stolz auf die Eltern und erwartet Lob. Wenn diese allerdings grimmig bemerken, dass man ihm doch bereits gesagt habe, dass höfliche Menschen „immer die linke Hand vor den Mund halten", dann ist es sicherlich enttäuscht und frustriert. Grundsätzliches Lob plus Verbesserungsvorschläge bringen bei Kindern größere Erfolge mit sich. Man könnte das Kind zunächst loben, dass es sich daran erinnert habe, dass man sich beim Niesen die Hand vor den Mund halten sollte und dies sogar getan habe. Hierfür erntet man oft bereits ein strahlend-stolzes Kinderlächeln. Der anschließende Hinweis, dass man es noch besser machen könne, wenn man die linke Hand nehme, wirkt motivierend. Wenn es beim nächsten Niesen daran denkt und die linke Hand nimmt, dann empfiehlt sich ein weiteres Lob. Die Wahrscheinlichkeit, dass es die gute Angewohnheit dann weiterhin beibehält, ist recht hoch.

VORSICHT: KINDER NICHT UNNÖTIG VERÄNGSTIGEN

Ständiges Angst-Einflößen, um Kinder zu einem bestimmten Handeln oder Unterlassen zu nötigen, ist gefährlich und unfair.

Was Kinder wann wissen sollten

Bis zum Kindergartenbeginn sollten Ihren Sprösslingen folgende Benimmregeln in Fleisch und Blut übergegangen sein:
• „Nach der Toilette, vor dem Essen, Hände waschen nicht vergessen."
• Nur nach Rückfragen, Gegenstände oder Spielzeug anderer zu nehmen.
• Mit Essen nicht spielen.
• Beim Husten, Niesen und Gähnen Hand vor den Mund halten.
• Die Zauberworte „Bitte" und „Danke" richtig anwenden.

Bis zum Schulbeginn, spätestens im Laufe der Grundschulzeit, sollten die Kinder folgendes Benehmen beherrschen:
• Älteren oder behinderten Personen in öffentlichen Verkehrsmitteln oder bei Veranstaltungen (Konzert im Park z.B.) ihren Sitzplatz anbieten.
• Bei Fehlverhalten oder Missgeschicken höflich um Entschuldigung bitten.
• Fremde Erwachsene grundsätzlich mit Sie ansprechen.
• Grundlegende Tischmanieren einhalten, also: keine Ellbogen auf dem Tisch, Besteck richtig halten, Serviette benützen, nicht mit vollem Mund sprechen, nicht schmatzen.
• Bei Erzählungen nach dem Motto „Nur der Esel nennt sich selbst zuerst" die anderen Beteiligten am

Benimmprofis privat

Beginn nennen. Also statt: „Ich und Hans" muss es lauten: „Hans und ich".

■■■
Nachsicht

Es gibt keine Regel ohne Ausnahme – und unter den Ausnahmen gibt es wieder Einzelfälle mit weiteren Ausnahmen. Man sollte bei Kindern so konsequent wie nur möglich sein. Wer konsequent ist, ist glaubwürdig und wird ernst genommen. Ab und an wird man aber schon Nachsicht üben und ein Auge zudrücken. (Z. B., dass das Kind nicht wie üblich um 19 Uhr zu Bett gehen muss, sondern wegen eines außerordentlichen Ereignisses länger aufbleiben darf).

Dies ist nur allzu menschlich. Kein Kind ist ständig „brav". Jedes Kind gerät in Situationen, in denen es die Beherrschung verliert. Dies geht Erwachsenen nicht anders. Daher kann man ruhig einmal Nachsicht üben und eine Ausnahme machen. Allerdings sollte die Ausnahme nicht zur Regel werden.

Wenn jedoch die Gastgeber verhindern müssen, dass die fremden Kinder mit Filzstiften die Tapeten bemalen oder mit Holzklötzchen gegen Fensterscheiben werfen oder Kaugummi in Steckdosen stopfen, dann ist das Maß der Toleranz endgültig überschritten. In so einem Fall braucht der Gastgeber auch gar nicht erst die Erziehungsberechtigten zu bitten, ihren Kindern dies zu verbieten. (Normalerweise hätten diese ohnehin bereits entsprechend reagieren müssen.) Man kann die kleinen Randalierer direkt und energisch zurechtweisen. Bei fahrlässigen Störungen, wenn Kinder z. B. beim Spielen unbeabsichtigt Kratzer in das Parkett machen, dann kann der Gastgeber auch die Eltern darauf hinweisen, damit diese ihre Sprösslinge davon abhalten.

TIPP:

Kinder, die von ihren Erziehungsberechtigten aus belanglosem Grund belogen oder falsch informiert werden, werden schnell misstrauisch und haben auch selbst keine Scheu zu lügen.

■■■
Konsequenz wirkt Wunder

Ähnlich unangebracht wie wegsehen, ignorieren oder dulden ist inkonsequentes Handeln. Eltern, die zwar nicht immer über alle Verfehlungen ihrer Kinder hinwegsehen, aber manchmal Sanktionen aussprechen und durchführen, ein anderes Mal dagegen beim gleichen Fehler wieder nicht, brauchen sich nicht zu wundern, dass sie nicht wirklich ernst genommen werden. Kinder kalkulieren hier knallhart. Wenn in 80 Prozent der Fälle leere Drohungen ausgesprochen werden (z. B. eine bestimmte Lieblingssendung im Fernsehen nicht ansehen zu dürfen), die dann aber nicht eingehalten werden, dann lohnt sich ein Verstoß gegen die Vorschrift (z. B. das Verbot ohne gewaschene Hände am Mittagstisch Platz zu nehmen) durchaus. Denn das Risiko, die gewünschte Sendung nicht sehen zu dürfen, liegt bei lediglich 20 Prozent. Wenn die Verbote aber konsequent eingehalten werden, dann steigt die Chance, dass der Nachwuchs sich angemessen verhält, entsprechend. Dies kostet zwar viel Kraft und Nerven, aber der Erfolg lohnt sich.

■■■
Daheim und auswärts

Erwachsene, die im Beruf und ihren Bekannten gegenüber gewandt auftreten und sich gepflegt artikulieren, sich aber daheim unmöglich verhalten, permanent Kraftausdrücke benutzen und keinen Respekt gegenüber ihren Familienangehörigen wahren, dürfen sich nicht wundern, wenn diese ihnen auch keinen Respekt mehr entgegenbringen. Gegenseitiger Respekt war die große Vision des Freiherrn von Knigge. Dieser Respekt ist eine schöne

WAS TUN, WENN KINDER SCHÄDEN VERURSACHT HABEN?

Wenn Kinder, die bei anderen Leuten eingeladen waren (absichtlich oder versehentlich) Sachbeschädigungen verursachten, sollten die Eltern dem Gastgeber anbieten, ihnen die Reparaturkosten in Rechnung zu stellen. In vielen Fällen übernehmen entsprechende Versicherungen diese Kosten.

Benimmprofis privat

Eigenschaft, die sich lernen lässt. Die Eltern müssen dazu aber ein gutes Vorbild sein.

■■■ Grüßen und Begrüßen für Kinder

„Hallo" und „guten Tag" zu sagen, klingt in Kinderohren zwar vertraut, ist aber eine zweischneidige Sache. Einerseits hören sie oft, dass sie nicht mit Fremden mitgehen oder sich nicht von Fremden ansprechen lassen sollen, andererseits sollen sie oft für sie Fremde höflich grüßen. Auch Schüchternheit spielt eine große Rolle, wenn Kinder nicht grüßen wollen. Manche Kinder verkriechen sich im wahrsten Sinne des Wortes hinter ihren Eltern. Sei es aus Angst vor Fremden, aus einem natürlichen Schutzbedürfnis heraus, oder aber, um die Aufmerksamkeit aller Beteiligten zu erwecken. Wenn ihnen sonst wenig Beachtung geschenkt wird, dann bietet sich dieses Zeremoniell geradezu an, sich in den Mittelpunkt des Interesses der Erwachsenen zu stellen. Wenn Kinder aber ermuntert werden, ihre

Familienangehörigen morgens nach dem Aufstehen zu grüßen und Gäste mit einem „Guten Tag" oder „Hallo" ebenfalls die Hand zu reichen, dann entwickelt sich in absehbarer Zeit eine gewisse Routine, was das Grüßen anbelangt. Doch mit welcher Hand?

Die „gute" Hand und die „böse" Hand?

Normalerweise möchten Linkshänder instinktiv mit der linken Hand grüßen. Dies ist jedoch nicht „kniggekonform". Belehrungen wie „mit der schönen Hand grüßen" verwirren und verängstigen die Kinder jedoch. Sie machen sich verzweifelt Gedanken, was es mit der schönen, guten Hand und der bösen wohl auf sich hat. Auch hier hilft Logik! Man erklärt ihnen einfach, dass viele Menschen alles in die rechte Hand nehmen, dass es aber auch Menschen gibt, die lieber mit der linken Hand arbeiten. Erstere seien die so genannten „Rechtshänder" und die anderen die „Linkshänder". Das Kind selbst zähle zu den „Linkshändern". Da die Mehrzahl der Menschen „Rechtshänder" seien, habe

TIPP:
Als Erwachsener sollte man sich zu Kindern beim Grüßen per Handschlag hinabbeugen!

man sich darauf geeinigt, sich gegenseitig immer mit der rechten Hand zu begrüßen, damit sich die Handflächen berühren könnten. Dies sei schlecht möglich, wenn sich Menschen gegenüber stünden und parallel die rechte und die linke Hand entgegenstreckten. Um dies plastisch zu demonstrieren, kann man es mit den Kindern ausprobieren. Diese haben manchmal noch kein so ausgeprägtes räumliches Vorstellungsvermögen, weshalb es sich empfiehlt, es experimentell zu verdeutlichen.

Blickkontakt erklären und fördern

Nicht nur Kinder, sondern auch Erwachsene scheuen sich oft davor, anderen beim Grüßen in die Augen zu blicken – sei es aus Verlegenheit oder aus Unachtsamkeit. Starke Persönlichkeiten zeichnen sich meist durch einen kräftigen Händedruck und einen offenen Blick aus. Für Kinder ist dies aber bereits deshalb kompliziert, da sie viel kleiner als die Erwachsenen sind. Sofern diese sich nicht zu ihnen hinabbeugen, können sie ihnen gar nicht in die Augen sehen.

Aufstehen oder sitzen bleiben?

Was Erwachsenen klar ist, bereitet Kindern oft Kopfzerbrechen. Vor allem, wenn es darum geht, wie man richtig grüßt und begrüßt. Es ist Fingerspitzengefühl notwendig, um ihnen zu erklären, dass man den

TO-DO
- Kinder loben, wenn sie etwas richtig gemacht haben.
- Kinder motivieren höflich zu sein.
- Kindern ein Vorbild sein.
- Kleine Belohnungen (Süßigkeiten, Schwimmbadbesuch, Spielzeug) geben, als Zeichen der Freude über vorbildliches Verhalten und zum Ansporn für künftige gute Manieren.

TABU
- Kinder mit Mitteln der Angst einschüchtern.
- Kinder tadeln oder mit Sanktionen drohen, wenn sie eine Regel unbeabsichtigt nicht perfekt umgesetzt haben.
- Permanente Inkonsequenz.
- Von Kindern fordern, was man selbst nicht einhält.
- Kinder öffentlich vor anderen bloßstellen und lächerlich machen, indem z. B. anvertraute Geheimnisse verraten werden.

Benimmprofis privat

anderen eine gewisse Ehre erweist, indem man aufsteht, die Hände aus den Hosentaschen nimmt und die gereichte Hand anfasst. Als „Faustformel" bietet sich an, dass die „Großen" den „Kleinen" (bzw. die Erwachsenen den Kindern) die Hand reichen. Dies klappt auch noch mit der Begründung, dass der Ältere dem Jüngeren die Hand reicht. Die anderen Regeln (beispielsweise Doktortitel vor Adelstitel) sind noch verfrüht und ohnehin unerheblich, da die Titelträger faktisch immer älter als die Kinder sind.

Gelten bei Kindern andere Grußregeln?

Wie bereits eingangs erwähnt, grüßt derjenige, der formell als „Rangniedriger" gilt, den „Ranghöheren"

zuerst (und der Herr die Dame). Da Kinder aber keine „kleinen Erwachsenen" sind und zudem manchmal schüchtern und verunsichert wirken, sieht man diese Regel bei ihnen etwas lockerer. Die Regel, wonach diejenigen zuerst grüßen, die einen Raum betreten, in dem sich bereits Menschen aufhalten oder sich zu anderen an einen Tisch setzen, bleibt jedoch unangetastet. Auch hier haben Eltern eine Vorbildfunktion.

Vorstellen von Kindern und Erwachsenen

Auch hier stellt sich der Rangniedere dem Ranghöheren entweder selbst vor oder wird ihm vorgestellt. (Beispielsweise stellt eine Mutter ihr Kind dem Kinderarzt vor). Das Kind, je nachdem, ob es bereits im schulfähigen Alter ist oder nicht, kann sich mit seinem Namen (z. B.: „… hallo ich bin Felix …") vorstellen. Seinen Nachnamen sollte ein Kind möglichst ab dem fünften Lebensjahr beherrschen und bei der Vorstellung hinzufügen können. Eher schüchterne Kinder können Erwachsenen aber auch von den Eltern vorgestellt werden. Z. B. könnte der Vater von Felix zum Besucher sagen: „… das ist Felix …" und anschließend dem Kind sagen, um wen es sich bei dem Besucher handelt (z. B. „… Felix, das ist der Herr Pfarrer.")

Kinder am Telefon

Auch am Telefon gilt es, den guten Ton zu wahren.

Telefonate annehmen
Kinder sind meist sehr stolz, wenn sie selbst Telefonate annehmen dürfen. Erforderlich jedoch ist die Fähigkeit, den eigenen Vor- und Zunamen zu nennen, damit der Anrufer weiß, mit wem er spricht. Ein „Hallo" allein genügt nicht. Bereits fünfjährige Kinder sind in der Lage, sich korrekt zu melden. Auf diese Art und Weise lassen sich Verwechslungen und Missverständnisse vermeiden. Es gilt die Faustregel, dass sich Kinder mit Vor- und Zunamen am Telefon melden. Lediglich mit dem Nachnamen melden sich nur die Erwachsenen. Dies hat viele Vorteile. Zum einen erkennt der Anrufer sofort, mit wem er spricht. In Haushalten mit mehreren Familienmitgliedern sind Verwechslungen nämlich geradezu vorprogrammiert, wenn sich alle nur mit Zunamen melden. Für den Anrufer ist es meist unangenehm, wenn er fragen muss, mit welcher Person er momentan spricht. Peinlich wäre es auch, wenn er zwar bereits die gewünschte Person am Apparat hat, aber nicht erkennt und sie bittet, mit dem gewünschten Gesprächspartner verbunden zu werden. Für den Gesprächspartner mag es lustig sein, aber dem Anrufer ist dies eher peinlich. Auch wenn sie noch nicht schreiben können, sollten sich Kinder kurze Botschaften merken können und zuverlässig ausrichten.

Telefonate führen
Vor noch nicht allzu langer Zeit, etwa Anfang der 70er-Jahre, war es nicht unbedingt selbstverständlich, dass jeder Haushalt über einen eigenen Telefonanschluss verfügte. Wer kei-

Benimmprofis privat

Benimmprofis privat

nen eigenen Telefonanschluss hatte, musste ein öffentliches Telefonhäuschen aufsuchen. Dann war es natürlich besonders schade, wenn die gewünschte Person nicht erreichbar war. Ein Anrufbeantworter (sofern einer vorhanden war) half auch nicht weiter, da man schließlich keine Rückrufnummer hinterlassen konnte. Mittlerweile zählen Telefone zum Alltag. Zudem verfügen viele zusätzlich über Mobiltelefone. Wenn aber ein Kind bei einem anderen Kind (von Festnetz zu Festnetz) anrufen möchte, dann gibt es hier ebenfalls ein paar wichtige Dinge, die es beachten sollte.

Zunächst sollte es grüßen und dann seinen Vor- und Zunamen aussprechen und sagen, wen er sprechen möchte. (Z. B.: „Guten Tag Frau Müller, hier spricht Hans Klein, kann ich bitte den Felix sprechen?") Sollte dieser nicht anwesend sein, dann kann das anrufende Kind darum bitten, ihm etwas auszurichten. (Z. B.: „… könnten Sie ihm bitte sagen, dass das Fußballtraining morgen ausfällt?) „Danke" und „auf Wiederhören" (oder Ähnliches) darf ebenfalls nicht fehlen.

■ ■ ■
Wo bleibt mein Geschenk?

Normalerweise freuen sich Kinder über Besucher, da diese ihnen meist ein Geschenk mitbringen. Manche Kinder sind der Meinung, dass sie dies als Selbstverständlichkeit erwarten können. Die Eltern sollten den Kindern erklären, dass sie gar kein Recht auf ein Geschenk hätten und dass der Besucher dies freiwillig mitgebracht habe. Dann freut es sich über Geschenke und seine Erwartungshaltung ist niedriger. Halten Sie Ihre Kinder auch bei kleinen Geschenken dazu an, „Danke" zu sagen.

■ ■ ■
Entschuldigung bei Pannen

Dass keiner perfekt ist, kann nicht oft genug wiederholt werden, auch Kinder bilden hier keine Ausnahme. Dies geht natürlich nicht, wenn ihnen strengste Sanktionen drohen und sie aus Angst vor Strafe verschweigen, dass ihnen ein Missge-

TIPP:
Das Kind soll sich merken, sich mit Vor- und Zunamen zu melden und die Wörter „bitte" und „danke" nicht zu vergessen, wenn es mit einem anderen Gesprächspartner verbunden werden möchte.

schick passiert ist. Halten Sie Ihre Kinder dazu an, dass sie Missgeschicke offen zugeben und sich dafür entschuldigen. Dies bedeutet jedoch nicht, dass man grundsätzlich alles machen darf, wenn man sich anschließend kurz mit dem Zauberwörtchen „Entschuldigung" geschickt aus der Affäre ziehen kann. Oft erkennen Kinder den Wert des beschädigten Gegenstandes (z. B. eine mehrere tausend Euro teure Designer-Vase oder eine Blumenvase mit einem Warenwert in Höhe von fünf Euro aus einem „Gut-und-billig-Vasen-Shop") nicht oder können sich nichts unter einem bestimmten Geldbetrag vorstellen. Dann bietet es sich an, ihnen plastisch zu erklären, welchen Schaden sie verursacht haben. Z. B., dass die zerbrochene Blumenvase so viel kostet wie ihr neues Fahrrad (oder wie 20 Fahrräder). Auch Kinder verstehen die Größe des Schadens, wenn man ihnen erklärt, dass die Eltern für diesen Schaden einen (oder mehrere) Tag(e) lang arbeiten müssen.

■■■
Kinder und Tischmanieren

Bis Kinder mit Messer und Gabel essen können bzw. dürfen, verstreichen oft ein paar Jahre. Andererseits bieten Eltern als Vorbilder die besten Chancen, da Kinder den Erwachsenen gerne alles nachmachen. In der Alltagshektik (berufstätige Eltern, Nachmittagsunterricht etc.) können manche Familien erst abends gemeinsam essen. Gerade von kleinen Kindern kann man noch nicht erwarten, dass sie beispielsweise Forellen fachgerecht zerlegen. Hier ist elterliche Hilfe geboten. Aber manche grundlegenden Dinge können selbst sie beachten und

EXKURS: DANKE UND BITTE

Manchmal geschieht es nicht einmal absichtlich, dass Kinder vergessen, die (neben dem Wort „Entschuldigung") wichtigsten Wörter guten Benehmens, nämlich „danke" und „bitte", zu sagen. Gerade im Alltag fehlt ihnen dieses Bewusstsein bereits deshalb, da andere Erwachsene es teilweise auch nicht anwenden.

Das Wörtchen danke sollte vor allem dann sofort folgen, wenn Kinder ein Geschenk in Empfang nehmen dürfen.

Benimmprofis privat

umsetzen. Falls das Kind direkt aus der Schule oder dem Kindergarten kommt, dann müssen als erstes die Hände gewaschen werden. (Spezielle Kinderseifen mit Comicmotiven wirken oft motivierend.) Während kleinere Kinder noch auf speziellen „Kinder-Hochstühlen" sitzen, nehmen größere Kinder bereits auf normalen Stühlen platz, wobei die Größe durch Sitzkissen ausgeglichen werden sollte. Aufstehen steht jedoch erst an, wenn alle aufstehen. Dies sollte Kindern vermittelt werden, wobei es im Naturell eines Kindes liegt, dass es nicht stundenlang sitzen kann. Daher sollte sein Wunsch, ob es aufstehen darf, akzeptiert werden. Vorab sollte es jedoch wissen, dass es sich schickt, vorher danach zu fragen.

Ein gemeinsames Essen stärkt das „Wir-Gefühl" in der Familie. Dadurch lassen sich viele Probleme vermeiden. Dies setzt natürlich voraus, dass während der Essenszeit keine externen Ablenkungen erfolgen, wie beispielsweise laufende Fernseher, raschelnde Zeitungen, (Schul-) Bücher, Gameboys, Comichefte oder laute Musik. Mobiltelefone sind ebenfalls unerwünscht. Ziel des gemeinsamen Essens sollte schließlich nicht nur die Nahrungsaufnahme, sondern auch das Aufrecht erhalten und pflegen der innerfamiliären Harmonie sein. Im Übrigen ist auch nichts dagegen einzuwenden, wenn Kinder helfen den Tisch zu decken bzw. abzuräumen. Dies ist keine „Kinderarbeit" im negativen Sinn. Im Gegenteil. Kinder fühlen sich oft geehrt, wenn sie so viel Verantwortung übernehmen dürfen. Kinder, die bereits früh lernen, wie man sich bei Tisch verhält, haben später kaum Schwierigkeiten was Fragen zu gutem Benehmen anbelangt. Nicht umsonst heißt es daher: „früh übt sich", wobei man auch nie auslernt, da sich immer wieder etwas ändert oder Neues ergibt.

Vorsicht Suppenkaspar: Kinder nie zum Essen zwingen

Man soll Kinder nie zum Essen zwingen. Während es früher grobe Methoden gab, um Kinder dazu zu bringen, ihren Teller leer zu essen, herrscht heute meist mehr Nachsicht. In den 50er-Jahren ängstigte

TIPP:
Jeder sollte seinen Stammplatz bei Tisch erhalten, damit es zu keinen Meinungsverschiedenheiten oder Streitereien beim Platz nehmen kommt.

man Kinder mit Geschichten vom „Suppenkaspar", der immer sagte „... nein, ich esse meine Suppe nicht ...", bis er schließlich starb oder stellte einen Spiegel neben sie und drohte, dass sie auch bald abmagern könnten wie der Suppenkaspar. Manche durften den Tisch erst verlassen, nachdem der ganze Teller leer war. Hintergrund war die Sorge, dass ein weiterer Krieg drohen könnte und daher ein paar „Fettreserven" angegessen werden sollten. Kinder haben aber ein anderes Verhältnis zu Essensmengen als Erwachsene. Angenommen ein Erwachsener schöpft einem Kind besonders viel auf den Teller, dann braucht es das nicht aufzuessen. Ebenfalls, wenn es ihm partout nicht schmeckt. Man sollte es jedoch davon überzeugen, dass es zumindest einmal davon kosten sollte. (Kinder sind nämlich oft sehr misstrauisch, was neue Gerichte anbelangt.) Sollte es ihm nicht schmecken, dann kann es den Teller stehen lassen. Manche Kinder, die sich selbst schöpfen dürfen/können, fallen jedoch dadurch auf, dass sie immer wieder große Essensreste auf dem Teller belassen. Dies sollte nicht zur Regel werden. Zum Essen zwingen sollte man es niemals. Diese Vorgehensweise programmiert spätere Gewichtsprobleme geradezu vor. Daher empfiehlt es sich, dem Kind die Reste zur nächsten Mahlzeit (z. B. am Abend) erneut aufzutischen. Mit der Zeit entwickelt es ein Gefühl für Essensmengen. Allerdings sollte man es darauf hinweisen, dass es sich später nochmals nachschöpfen darf, falls es noch Appetit haben sollte.

TO-DO

- Pizza in Stücke schneiden und essen.
- Hamburger und Ähnliches in die Hand nehmen und essen.
- Mund mit Serviette abtupfen nach Ende der Mahlzeit.

TABU

- Spaghetti mit Messer zerschneiden.
- Schlürfen.
- Pommes mit Fingern essen für große (ab sechs Jahren) Kinder.

Was Kinder bei Tisch beachten sollten

Kinder denken sich manchmal nichts Böses dabei, wenn sie nicht kniggekonform essen. Helfen Sie Ihren Kin-

Benimmprofis privat

dern von Grund auf die richtigen Tischmanieren zu lernen. Sie müssen es nur wissen, um es beachten zu können.

1. Besteck zum Mund führen und nicht Kopf zum Teller beugen.

2. Ellbogen nicht auf dem Tisch aufstützen (und Kopf auch nicht auf den Händen ablegen und mit Ellbogen auf dem Tisch abstützen).

3. Nach dem Essen den Mund mit der Serviette abtupfen.

4. Nicht laut schmatzen.

5. Essen erst kauen, dann schlucken, dann gegebenenfalls einen Schluck trinken (also nicht Essen mit Getränk hinabschlucken).

6. Während des Essens (und auch sonst) nicht Nase bohren.

7. Nicht mit vollem Mund sprechen.

8. Messer nie in den Mund stecken (oder ablecken), dies sieht nicht nur unschön aus, es kann auch zu Verletzungen führen.

9. Nicht essen, bevor die Gastgeber (oder die Eltern) essen.

10. Beim Husten und Gähnen die linke(!) Hand vor den Mund halten und Gesicht (soweit möglich) wegdrehen vom Nebensitzer/Gegenüber.

Lob wirkt meist motivierend. Wenn die Kinder zu Gast bei anderen Personen waren und sich die „Benimm-Regeln" zu Herzen nahmen, dann ist ein Lob angebracht, damit sie es beim nächsten Mal wieder tun.

DER BÖSE KÜHLSCHRANK…

Die Verlockung ständig zu naschen ist groß, wenn ein Kind sieht, dass sich Erwachsene auch ständig am Kühlschrank bedienen. Dass es dann bei Tisch keinen großen Hunger mehr hat, ergibt sich von selbst. Selbst können Eltern dazu beitragen, dies zu vermeiden, indem sie den „Verlockungen des Kühlschranks" – zumindest in Anwesenheit der Kinder – widerstehen.

Spezielle (Lieblings-) Speisen für Kinder

Manche Speisen mögen fast alle Kinder, z. B. Hamburger, Pizza, Pommes Frites, Spaghetti und vieles mehr. Hier kann man von (kleinen) Kindern nicht die gleichen Maßstäbe erwarten wie von Erwachsenen. Während Hamburger stets mit den Händen gegessen werden, stellt man bei Pommes Frites auf das Alter der Kinder ab. Kleinere Kinder dürfen sie mit den Fingern essen. Ab sechs Jahren sollten die Kinder jedoch die Gabel verwenden. Erwachsene tunken die Soße nicht mit Brot auf. Kinder durchaus. Sie brechen Brotstückchen ab, saugen die Soße damit auf und führen sie zum Mund. Bei Kindern ist dies absolut akzeptabel. Bei Spaghetti dürfen Kinder durchaus mit dem Löffel nachhelfen. Dieser wird in die linke Hand genommen. Mit der rechten Hand hält man die Gabel, nimmt zwei bis drei der Nudeln auf und dreht sie gegen den Löffel. Schneiden ist jedoch tabu. Eines sollte aber auch hier nie fehlen, und zwar, dass man sich nach dem Essen den Mund mit der Serviette abtupft.

◼◼◼
Kinder zu Gast bei anderen Kindern

Selbstverständlich freuen sich Kinder, wenn sie zu Gast bei anderen Kindern sein dürfen. Genauso freuen sie sich, wenn Kinder, die sie selbst eingeladen haben, ihnen einen Gegenbesuch abstatten. Manchmal leider zum Missfallen der Eltern. Nicht alle Kinder erhalten im Rahmen ihrer Erziehung eine Einweisung in gutes Benehmen.

Kindern sollten gewisse „Besuchsregeln" vermittelt werden. Dazu gehört z. B., dass man nicht an der Tür des Schulfreundes klingelt und, falls dessen Mutter die Tür öffnet, ohne zu grüßen patzig fragt „Ist der Tobbi da?", oder sogar ohne jeden Gruß an der Mutter vorbei rennt in Richtung Kinderzimmer.

Das Kind sollte zunächst die Mutter (oder die Person, die die Türe öffnet)

TO-DO
- Das Kind soll beim Besuchen eines Freundes/einer Freundin dessen Eltern grüßen.
- Das Kind soll sich vorstellen.

TABU
- Einfach an der Person, die die Tür öffnet, grußlos vorbeigehen.
- Ohne Gruß lediglich fragen, ob das andere Kind da sei.

mit einem „... guten Tag Frau X ..., ich bin die ... (Name). Die Katharina (Name der Tochter) hat mich eingeladen." Dann macht die kleine Besucherin sofort einen sehr guten Eindruck auf die Mutter ihrer Freundin.

Familienfeste leicht gemacht
Konfirmation, Kommunion und Jugendweihe

Zu den bedeutendsten Familienfesten zählen die Konfirmation und die Kommunion, wobei sich auch die Jugendweihe nach wie vor großer Beliebtheit erfreut. Sie fand ihre Ursprünge Ende des 19. Jahrhunderts.

Benimmprofis privat

Im Christentum spielen Konfirmation bei evangelischen und Kommunion bei katholischen Christen eine sehr große Rolle, was ihr Glaubensbekenntnis und Glaubensverständnis anbelangt. Im evangelischen Glauben dürfen erst Konfirmierte am Abendmahl teilnehmen. Im katholischen Glauben teilt sich das Ereignis in Erstkommunion und Firmung auf. Die Planung dieser Familienfeiern ist oft sehr aufwändig.

reitungszeit haben die Kinder viel zu tun. Schließlich ist neben dem Schulunterricht und den Hausaufgaben regelmäßiger, meist wöchentlicher Konfirmationsunterricht angesagt. Dieser wiederum zeichnet sich durch aktive Mitarbeit und Hausaufgaben aus. Psalmen, Gebete und Lied-Verse werden auswendig gelernt und am Tag der Konfirmation in der Kirche vorgesprochen. Konfirmanden erhalten nach Abschluss der Feier ein Zertifikat mit einem Vers aus der Bibel. Auf dem Dokument ist der Name des Konfirmanden, sein Geburtsdatum, das Datum der Taufe und das Konfirmationsdatum mit Konfirmationsort vermerkt. Die eigentliche Konfirmation ist ein großes Familienfest, das mitunter sehr aufwendig sein kann. Während das kirchliche Zeremoniell streng geregelt ist, kann der private Teil individuell gefeiert werden. Da die Gästezahl meist sehr groß ist, bietet sich ein Lokal an.

■■■ Die Konfirmation

Die Konfirmation weist viele Gemeinsamkeiten zur Kommunion auf. Allerdings sind Konfirmanden deutlich älter. Das Durchschnittsalter beträgt 14 Jahre. Das Ereignis entspricht im übertragenen Sinn dem Übergang von der Kindheit in die Welt der Erwachsenen. In der Vorbe-

KONFIRMATION
- Bekenntnis evangelischer Christen zu Jesus Christus.
- Berechtigung zur Teilnahme am christlichen Abendmahl.
- Konfirmationsunterricht ist Aufgabe der Kirche.
- Durchschnittsalter der Konfirmanden: cirka 14 Jahre.
- Große Familienfeier nach dem Gottesdienst.

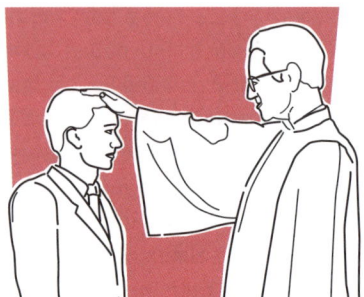

- Gute Vorbereitung auf den Konfirmati-ons-Gottesdienst.
- Gepflegte (vorzugsweise dunkle) Klei-dung des Konfirmanden.
- Schriftliche Einladung für alle Verwand-ten.
- Das Restaurant rechtzeitig aussuchen und reservieren.
- Eine konkrete Wegbeschreibung zur Kir-che und zum Lokal, insbesondere für auswärtige Gäste, sollte in der Einladung enthalten sein.
- Das Menü rechtzeitig mit dem Restaurant besprechen und den Preis aushandeln.
- Die Tischdekoration absprechen.
- Gegebenenfalls Verwandte und Freunde um eine „Kuchenspende" bitten.
- Fotos vom Konfirmanden anfertigen.
- Für Geschenke schriftlich bedanken (eventuell mit einem beiliegenden Konfir-mationsfoto zur Erinnerung).

Konfirmation und Kleidung

Schwarz und vor allem dunkelblau zählen zu den typischen Farben für Konfirmationsbekleidung. Weiße Hemden und Blusen galten früher als ein absolutes Muss. Die Blusen zeichneten sich meist durch auffälli-ge Kragen (Rüschen) oder Stickerei-en aus. Der Nachteil jedoch war, dass sie weder im Alltag noch an all-gemeinen Sonntagen getragen wer-den konnten, da sie einfach zu fest-lich wirkten. In ländlichen Gegenden

sprach der Pfarrer oder Pastor eine allgemeine Bekleidungsempfehlung aus, was auch heute vielerorts noch der Fall ist. Diese Empfehlung ten-diert meist in Richtung gediegener Anzug, Kombination, konservatives Kostüm, Kleid, oder Hosenanzug. Mittlerweile wird dies vielerorts lockerer gehandhabt, aber die Klei-dung muss auf jeden Fall sauber, ordentlich und gepflegt sein.

KONFIRMATIONS-KLEIDUNG

Konfirmationskleidung ist meist teuer und oft nicht lange tragbar, da die Konfirman-den noch wachsen. Eine gute Möglichkeit Geld zu sparen ist es daher, die Kleidung nach dem Ereignis über einen Second-Hand-Laden weiterzuverkaufen.

Benimmprofis privat

Geldgeschenke zur Konfirmation

Die Durchführung einer Feier zur Konfirmation kann mitunter sehr viel Geld kosten. Die festliche Kleidung ist oft schon sehr teuer. Hinzu kommen die Kosten für Blumenschmuck, Räumlichkeiten, Bewirtung etc. Wer also als Gast eingeladen ist, sollte bedenken, dass sein Geschenk zum einen die Kosten deckt, die er selbst verursacht, und zusätzlich noch eine Zuwendung für die Hauptperson, nämlich das Konfirmationskind, darstellt. Mit einer vergoldeten Armbanduhr oder einem versilberten Halskettchen (Geschenke, die früher zu diesem Anlass üblich waren) erweist man heutigen Konfirmanden aber nicht unbedingt eine Freude.

Um Enttäuschungen zu vermeiden, empfiehlt es sich entweder, den Gastgeber nach Erhalt der Einladung zu fragen, ob etwas ganz Spezielles zur Konfirmation gewünscht wird oder ein Geldgeschenk angebracht ist.

Restaurant rechtzeitig reservieren

Sobald der Konfirmationstermin feststeht, sollte sofort in einem wohnortnahen Lokal ein Nebenraum für eine „geschlossene Gesellschaft" reserviert werden. Meist sind die im näheren Umkreis der Kirche liegenden Speiserestaurants recht schnell ausgebucht. Man sollte dies alles bedenken, da man seinen Gästen, die oft lange Anfahrtswege zurücklegen, zusätzliche Fahrzeit ersparen möchte.

Vorab sollte man das gewünschte Lokal natürlich einmal getestet haben. Wenn Speisen und Service stimmen, dann bietet sich eine Menübesprechung an. Man regelt mit dem Restaurant seine Wünsche bezüglich des Essens und des Raums und lässt sich ein Angebot unterbreiten. Hier besteht viel Verhandlungs- und Gestaltungsspielraum. Man kann Mittagessen, Kaffee und Kuchen sowie das Abendessen komplett bestellen, aber oft auch nur Mittagessen und Kaffee. Unter den Gästen, Nachbarn und Verwandten finden sich oft viele Spender, die gerne einen Kuchen oder eine Torte mitbringen. Es ist vielerorts sogar Brauch, dass man selbst dann einen Kuchen spendiert, wenn man gar nicht zu den geladenen Gästen zählt. Im Gegenzug darf man dann natürlich mit Unterstützung für den Tag rechnen, an dem im eigenen Haus eine Konfirmation ansteht.

Alle Gäste, die man zu diesem Anlass einladen möchte, sollten eine Einladung mit genauer Wegbeschreibung sowohl zur Kirche als auch zum Lokal bekommen.

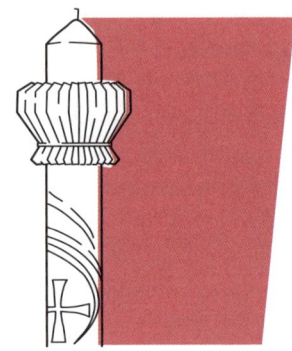

Schriftliches Dankeschön!

Nach all den Festvorbereitungen und Anstrengungen der Konfirmation darf der Konfirmand nicht vergessen, sich für die Geschenke zu bedanken. Hier ist ein kleines Schreiben angemessen, in dem man sich sowohl für den Besuch als auch für das Geschenk bedankt.

Sie sind auch oft noch nicht in der Lage, sich alleine schriftlich für ihre Geschenke und Glückwünsche zu bedanken. Daher übernehmen deren Eltern diese Aufgabe oder leisten zumindest Hilfe.

Die Kommunion selbst findet an einem Sonn- oder Feiertag statt.

■ ■ ■
Kommunion

Die Erstkommunion ähnelt der Konfirmation. Auch hier wird meist die gesamte Verwandtschaft eingeladen. Kommunionkinder sind deutlich jünger als Konfirmanden, daher können sie noch nicht so viel Verantwortung übernehmen, was den Umgang mit den Gästen anbelangt.

BEDEUTUNG UND ABLAUF DER KOMMUNION

- Bekenntnis katholischer Christen zu Jesus Christus.
- Ausführliche Vorbereitung der Kinder auf den Kommuniongottesdienst.
- Starke Einbindung der Eltern in die Vorbereitung auf den Kommuniongottesdienst.
- Typisches Symbol: Kommunionskerze.
- Meist im Rahmen einer großen Familienfeier.

Benimmprofis privat

Benimmprofis privat

Typisches Symbol für die Kommunion ist die Kommunionskerze. Jedes Kind erhält eine dieser Kerzen. Die Kirche regelt den Ablauf der Kommunion.

Ähnlich wie bei Konfirmanden geht auch der Kommunion eine umfassende Vorbereitungszeit voraus. Diese beläuft sich im Durchschnitt auf sechs Monate. Vielerorts werden die Eltern auf Elternabenden vorab über den Ablauf informiert und anschließend in die Vorbereitungsstunden für die Kinder miteinbezogen.

Kommunion und Kleidung

Ähnlich wie bei Konfirmanden gelten auch für die Kommunion gewisse Kleiderregeln. Diese beinhalten genaue Vorgaben. Mädchen tragen ein weißes Kleid und weiße Schuhe. Hinzu kommt ein kleiner weißer Blütenkranz oder ein ähnlicher Haarschmuck. Die Jungen tragen meist einen dunklen Anzug. Auch hier besteht dasselbe Problem wie bei Konfirmationskleidung: Die Kleidung ist nicht ganz billig und kann oft nur zu dieser einen Gelegenheit getragen werden.

■ ■ ■
Firmung und Firmling

Die Feier der Firmung verläuft weniger aufwendig als die der Erstkommunion. Dies zeigt sich bereits dadurch, dass sie auch an einem beliebigen Wochentag erfolgen kann. Im Vergleich zu einer Kontirmation wirkt eine Firmung eher unauffällig. Viele Familien feiern dieses Ereignis im kleinen Kreis. Größere Geschenke sind nicht üblich. Oftmals gestaltet der Firmpate zusammen mit seinem Patenkind den Firmungstag und lädt es z. B. zu einem Ausflug ein.

■■■ Jugendweihe

Die Jugendweihe ist keine Erfindung der einstigen DDR, wie viele noch immer meinen. Sie existiert bereits seit Ende des 19. Jahrhunderts. Damals galt sie als Antwort von Freidenkern und der Arbeiterbewegung auf Konfirmation und Firmung bzw. Kommunion. Zielgruppe waren die nicht konfessionell gebundenen Jugendlichen. Heute erfreut sich die Jugendweihe noch immer großer Beliebtheit. Jugendweihefeiern finden meist etwa Anfang Mai statt. Gefeiert wird der Übergang von der Kindheit zur Jugend.

> **JUGENDWEIHE**
> - Keine Erfindung der früheren DDR, sondern bereits Ende des 19. Jahrhunderts entstanden.
> - Zielgruppe: konfessionell ungebundene Jugendliche.
> - Gefeiert wird der Übergang von der Kindheit zum Jugendalter.

■■■ Feier im kleinen Kreis

Wer gerne daheim feiern möchte, sollte bedenken, dass dies mit einem hohen organisatorischen Aufwand verbunden ist. Die Hauptperson und ihre Eltern sollten dabei nicht ständig mit Kochen, Bedienen und Organisieren beschäftigt sein, sondern Zeit für die Gäste haben.

Hier bietet sich beispielsweise ein kaltes Buffet an. Es lässt sich so vorbereiten, dass am Festtag alles nur noch arrangiert und dekoriert zu werden braucht. Zudem kann man auch Gäste vorab bitten, etwas Bestimmtes mitzubringen, wie z. B. Salat, Kuchen etc.

Andere – allerdings kostspieligere – Möglichkeiten sind das Engagieren von Personal, das z. B. beim Kochen oder Bedienen hilft, oder die Beauftragung eines Party-Service.

Benimmprofis privat

In fremden Betten
Zu Gast im Hotel

Egal, ob im Inland oder im Ausland, ob Luxushotel oder Pension – gewisse Regeln gelten für alle Gäste. Diese sollten sowohl von Geschäftsreisenden als auch Urlaubern gewahrt werden. Wer zumindest die wichtigsten beachtet, wird nicht nur seitens der anderen Gäste, sondern auch vom Personal geachtet.

■■■ Wann trägt man seine Koffer selbst?

In eher vornehmen Hotels stellt man seine Koffer am Eingang ab bzw. lässt sie zunächst im eigenen Wagen, falls man mit dem PKW anreist. Sollten dem Hotel weniger als vier Sterne verliehen worden sein, dann trägt der Gast seine Koffer regelmäßig selbst. Der Portier gibt ihm den Zimmerschlüssel, erklärt ihm den Weg zu seinem Zimmer und informiert ihn, ob bzw. wo es einen Aufzug gibt. Trotzdem fragen manche Portiers den Gast aus Höflichkeit, ob ihm jemand beim Gepäck behilflich sein soll. Ein „Nein" ist durchaus normal. Falls das Angebot angenommen wird, dann erhält der Kofferträger höflicherweise ein kleines Trinkgeld.

■■■ Wer ist was?

Gerade in großen Hotels und in Ferienhotels trifft man auf viel Personal.

Benimmprofis privat

Vom Hotelmanager, den die Gäste meist selten sehen, bis zum Hausdiener, der die Koffer der An- und Abreisenden trägt. Häufig hängen im Eingangsbereich Fotos mit Bildunterschriften, aus denen hervorgeht, welche Personen welche Positionen im Hotel einnehmen. Vorwiegend ist dies pyramidenförmig angeordnet, damit der Gast die Rangordnungen auf den ersten Blick erkennt. Die Rangfolge lässt sich in etwa so einteilen, dass der Hotelpage für das Koffertragen zuständig ist und eine recht niedere Position einnimmt. Über dem Pagen steht der Portier, der Rezeptionist und der Concierge. Sie sind die zentrale Anlaufstelle für Gäste und organisieren und delegieren deren Anliegen. Dazu zählen Auskünfte aller Art (etwa Telefonnummern, Adressen, Platzreservierungen und Kartenbestellungen für Veranstaltungen, Geldwechsel etc.). Über ihnen steht der Empfangschef. Primär regelt er alles, was mit An- und Abreise der Gäste zu tun hat.

Oberkellner leiten und überwachen die Bedienung der Gäste im Restaurant. Sportchefs finden sich hauptsächlich in Fitness-Hotels oder Ferienanlagen. Dort sind sie für Sportanlagen, Schwimmbad etc. zuständig. Die Hausdame leitet die Hauswirtschaft und kontrolliert, ob die Zimmermädchen ihre Arbeit ordentlich erledigt haben. Gegebenenfalls muss sie sich für deren Fehler verantworten. Je nach Hotel gibt es noch weitere Verantwortungsbereiche, aber der Küchenchef und der Hotelmanager nehmen besonders wichtige Positionen ein. Der Küchenchef leitet das ganze Küchenteam und trägt die Verantwortung für das Essen. Dazu zählt unter anderem, dass er die einzelnen Köche überwacht und leitet, das Essen kontrolliert und die entsprechenden Tagesmenüs arrangiert. Die größte Aufga-

Benimmprofis privat

be hat jedoch der Hotelmanager, da er für den reibungslosen Arbeitsablauf im gesamten Hotel und das Wohl aller Gäste verantwortlich ist. Daher hängt sein Foto meist an der Spitze der Pyramide.

■■■ Allgemeines Auftreten

Manche Gäste fallen immer und überall auf – und zwar unangenehm. Dazu zählen jene, die mit Badekleidung im Frühstücksraum erscheinen, Essensräume barfuß betreten, Handtücher, Aschenbecher etc. einstecken, Essensvorräte im Restaurant einpacken, ausfällig gegenüber anderen Gästen oder dem Personal werden oder so laut reden, dass sich alle anderen Gäste gestört fühlen. Manche (Urlaubs-)Reisende bringen eigene Mikrowellengeräte, Tauchsieder, Gasbrenner, Kaffeemaschinen, Wasserkocher und Fertiggerichte mit, die sie dann im Hotelzimmer zubereiten, um Geld zu sparen. Nächtlicher Lärm durch laute Unterhaltungen, laute Musik und laute Fernsehgeräte runden das Bild ab. Auf einem Campingplatz würde dies eher toleriert. Im Hotel oder in der Pension fällt es unangenehm auf. Allerdings gibt es manche Hotels, die ihren Kunden extra kleine Wasserkocher auf dem Zimmer bereitstellen. Zudem erhalten sie ver-

schiedene Teesorten, Kakao und Instantkaffee zur Auswahl, wobei der Zimmerservice täglich alles auffüllt und kleine Süßigkeiten dazu stellt. Dies steht meist im Reiseprospekt, sodass sich Gäste schon im Vorfeld darauf einstellen und dieses Angebot nutzen können.

Die Hotelbar

Fast jedes Hotel hat eine eigene Hotelbar. Diese ist nicht nur für männliche Gäste bestimmt. Viele Geschäftsfrauen schätzen es, wenn sie in einer fremden Stadt den Abend im Hotel ausklingen lassen können. Dennoch besteht die Wahrscheinlichkeit, dass eine allein reisende Frau von männlichen Gästen angesprochen oder auf ein Getränk eingeladen wird. Früher galten Frauen, die sich allein in einer Bar oder Kneipe aufhielten entweder als unseriös oder als „auf Männersuche". Manche Männer mögen meinen, dass die Kontaktaufnahme in

Form von Fragen wie, ob man ihr einen Drink anbieten dürfe, zum guten Ton zähle. Kein männlicher Gast ist verpflichtet, das Gespräch mit der Reisenden zu suchen. Genau so wenig umgekehrt. Andererseits ist es auch keinem Gast verwehrt, einen kurzen, höflichen Small Talk zu versuchen. Der oder die Angesprochene kann darauf eingehen,

TO-DO

- Nach An- und Abreisemodalitäten fragen.
- Gegebenenfalls rechtzeitig absagen, falls Reise nicht angetreten wird.
- Falls sich Ankunft verschiebt, Hotel schnellstmöglichst informieren, um zu verhindern, dass das Zimmer anderweitig vermietet wird.
- Hoteleigene Hausordnung (meist in Schrankinnenwand oder an Zimmertür befestigt) einhalten.

TABU

- Fernbleiben ohne Absage.
- Wasserkocher, Gasbrenner, Fertiggerichte, Mikrowelle mitbringen.
- Getränke aus der Minibar konsumieren, ohne zu bezahlen.
- Unterschlagen von Handtüchern und sonstigen Gegenständen.
- Nächtlicher Lärm und Radau (laute Musik, TV etc.).
- Mit Badekleidung im Frühstücksraum erscheinen.

- Essensräume oder Bars und Kaffees innerhalb des Hotels ohne Schuhe betreten.
- Strandschuhe oder schmutzige Freizeitschuhe innerhalb von Essens- und Aufenthaltsräumen im Hotel.
- Essen oder Getränke offensichtlich vom Speiseraum ins Hotelzimmer mitnehmen. (Ausnahme: Für erkrankte Mitreisende, die auf dem Zimmer bleiben. Nach Absprache mit dem am Ausgang stehenden Empfangschef oder Oberkellner, der normalerweise Verständnis äußert und gute Besserung wünscht und darauf aufmerksam macht, dass man sich für spezielle Wünsche gerne an die Rezeption wenden kann.)
- Essen oder Getränke heimlich in mitgebrachte Behältnisse/Taschen einpacken und mitnehmen.
- Übermäßiger Alkoholkonsum.
- Beleidigungen gegenüber dem Dienstpersonal.

braucht es aber nicht. Niemand braucht eine Einladung auf ein Getränk anzunehmen und niemand muss ein solches Angebot ablehnen. Jede Person kann selbst entscheiden, ob sie ein Gespräch führen oder höflich ablehnen möchte. Schimpfen und lästern, falls eine Einladung abgelehnt wird, ist jedoch nicht nur unfair, sondern schlichtweg unverschämt. Wie überall verdienen höfliche Fragen höfliche Antworten.

Benimmprofis privat

Frühstücksraum und Restaurant

Morgens geht es in Hotels häufig hektisch zu. Gerade dann, wenn viele Geschäftsreisende frühstücken, entstehen oft räumliche Engpasssituationen, zumal viele pünktlich an bestimmten Orten sein müssen und noch rechtzeitig frühstücken möchten. Daher sollte der Gast entweder, sofern dies hotelüblich ist (siehe jeweilige Hausordnung), bereits am Vorabend ankündigen, wann er im Frühstücksraum erscheint. Dann kann er mit einem eigenen Tisch rechnen. Ansonsten geht man keinesfalls schnurstracks in den Frühstücksraum, sondern sucht zunächst den Blickkontakt zu der Person im Eingangsbereich, die für die Tischzuteilung zuständig ist. Meist erfolgt die Aufforderung, dass man sich einen beliebigen Platz aussuchen dürfe. Ansonsten sorgt das Personal dafür, dass z. B. zusätzliche Tische gedeckt werden. Eventuelle Wartezeiten lassen sich meist mit einem warmen Getränk (Kaffee oder Tee zur Frühstückszeit) oder einem kalten Getränk (mittags oder abends im Speisesaal) an der Bar innerhalb des Speiseraums überbrücken. In den USA ist es eine Selbstverständlichkeit, dass der Gast so lange wartet, bis ihn jemand an einen Tisch geleitet. Für den Fall, dass ein Besucher einfach das Restaurant betritt (Fast-Food- und Imbiss-Lokale ausgenommen) und sich an einen Tisch setzt, braucht er sich nicht zu wundern, wenn Kellner und Bedienungen einen Bogen um ihn machen bzw. wenn man ihn einfach ignoriert.

„Vorhang auf"
Besuch von Konzert, Kino, Theater, Oper, Operette, Musical und ähnlichen Veranstaltungen

Die Aura, die ein Konzertsaal oder Theater unmittelbar vor einer Aufführung ausstrahlt, deutet schon auf die Spannung hin, die sowohl die Gäste als auch die Darsteller ergreift. Letzteres entfällt zwar im Kinosaal, da die Darsteller nicht live auftreten, aber eine gespannte Neugier der Besucher ist trotzdem spürbar. Zunächst muss jeder erst mal seinen richtigen Sitzplatz finden. In abgedunkelten Räumen fällt die Suche meist schwerer. Bereits aus diesem Grund empfiehlt sich ein pünktliches Erscheinen. Da man nicht alleine der Vorstellung beiwohnt, sondern mehrere Besucherinnen und Besucher die Darbietung sehen und hören möchten, sollten alle gewisse Regeln beachten.

■■■ Der Kinobesuch

Im Vergleich zu Theater, Oper, Operette, Musical oder Konzert, wo man sich eher festlich kleidet, gibt es im Kino prinzipiell keine Kleidungsordnung. Ein besonderer Unterschied in Kinos ist außerdem, dass man nebenher auch essen und trinken kann. Oft erscheint auch noch ein Bauchladenverkäufer im Saal und bietet Eis und Konfekt an. Daher zählen raschelnde Chips- und Popcorntüten sowie klappernde Getränkebecher und Flaschen bereits zu kinotypischen Hintergrundgeräuschen. Dass Leute, die in einer Gruppe erscheinen, Filme gerne kommentieren und gemeinsam laut lachen, gehört manchmal ebenso dazu. Allerdings sollten Besucher andere Besucher durch laute Unterhaltungen und permanente Eigenkommentare nicht vom eigentlichen Film ablenken. Man sollte nie vergessen, dass man nicht der einzige Besucher im Saal ist. Bereits deshalb ist es unhöflich, seine Jacken und Mäntel einfach über den Vordersitz zu legen, wenn das Kino ausgebucht ist (kein Problem bei freien Vorder- oder Nachbarsitzplätzen) oder den Film ständig zu kommentieren. Besonders unverschämt ist es, wenn jemand einem ausländischen Gast den ganzen Film auf englisch (oder einer anderen Fremdsprache) simultan übersetzen möch-

DANKE KANN AUCH STÖREN

Paradoxerweise wird ein „danke" von demjenigen, der an den bereits sitzenden Zuschauern vorbei gehen muss, dafür, dass sie aufstehen oder ihre Beine schräg zur Seite drehen, meist störend empfunden. Es lenkt von der Darbietung (und sei es auch nur Kinowerbung oder eine Vorschau auf aktuelle Filme) ab. Daher ist ein freundliches Kopfnicken, vor allem dann, wenn die Vorführung gerade beginnt, angebrachter.

Benimmprofis privat

te. Dies mag zwar dem Fremden gegenüber nett gemeint sein, aber es ist eine Qual für alle anderen Kinobesucher. Der entsprechende Besucher muss sich vorab darüber im Klaren sein, dass er die Dialoge des Films nicht (alle) verstehen wird und sich eventuell nur auf die abgespielten Bilder konzentrieren kann.

■■■
Theater- und Konzert-besuche

Für Theater- und Konzertbesucher gelten im Wesentlichen dieselben Kriterien, allerdings verläuft alles noch etwas formeller. So ist es, im Gegensatz zum Kino, für Zuspätkommende meist nicht mehr möglich, den Raum noch vor der Pause zu betreten. Falls der Türsteher ihnen dennoch während der Vorstellung Einlass gewährt, dann gebietet es sich für den Besucher nicht, sich durch die Reihen durchzuschleichen, um seinen Platz zu erreichen. Dadurch fühlen sich alle Besucher gestört. Er kann derweil an der Seite stehen bleiben und seinen Sitzplatz nach der Pause einnehmen.

■■■
Oper, Operette und Musical

Auch für Oper und Operette bzw. Musical gelten die Regeln, die im Theater üblich sind, allerdings mit der Besonderheit, dass die Kleidung noch wesentlich festlicher ist. Als Faustregel gilt: „Je berühmter das Haus, desto vornehmer die Kleidung". Es gilt auch, dass Premieren, Uraufführungen oder gar Welturaufführungen eine festlichere Garderobe erfordern als gewöhnliche Darbietungen.

TO-DO
- Prüfen, ob Sitzplatz mit Sitzplatznummer übereinstimmt.
- Rasch setzen, damit andere freie Sicht auf Leinwand oder Bühne haben.
- Mit dem Gesicht zu den Sitzenden gewandt (eventuell freundlich nickend) an ihnen vorbei zum eigenen Platz gehen.

TABU
- Simultanübersetzung der Vorführung in Fremdsprache für Sitznachbarn.
- Laute Gespräche oder Selbstgespräche.
- Auf falschem Sitzplatz sitzen und behaupten, dass es der eigene sei.

TIPP:
Wer sich gestört fühlt, sollte dies deutlich sagen. Ein schlichtes „Psst" in Richtung Störenfriede bewirkt oft das Gegenteil dessen, was man anstrebt. Die Gruppe fühlt sich dann im Mittelpunkt stehend und besonders wichtig.

■■■
Lob und Tadel für die Künstler

Klatschen gilt stets als Lob. Allerdings kann auch hier zwischen sehr großem Lob und Lob aus reiner Höflichkeit unterschieden werden. Wenn das Publikum geradezu überwältigt ist, dann erheben sich die Leute und klatschen laut (stehende Ovationen oder auf englisch „standing ovations"). Sogar kurze „Bravorufe" sind erlaubt. Lang anhaltender und lauter Applaus lässt auf große, verhaltener Applaus auf weniger große Zustimmung schließen. Pfiffe sind aber nur bedingt angebracht. Wer durch die Finger pfeifen kann, sollte dies auf Rockkonzerten tun. Allerdings sind Pfiffe oft mit Zweifeln verbunden. Zweifel deshalb, da sie sowohl Zustimmung als auch Protest signalisieren. Ein kurzer und zwei lange Töne stehen meist für Zustimmung und ein oder zwei lange Töne eher für Ablehnung. Allerdings entscheidet das Gesamtbild, wenn abwechselnd zum Klatschen gepfiffen wird, dann ist Zustimmung gemeint. Pfei-

fen plus Buhrufe bedeutet Tadel. In einer Oper, Operette, einem klassischen Konzert, Theaterspiel etc. gilt Pfeifen allerdings als verpönt. Während einer Aufführung gibt es gelegentlich Zwischenapplaus, z. B., wenn der lang ersehnte Hauptdarsteller oder ein sonstiger (Gast-) Star, erstmals auf der Bühne erscheint. Man sollte jedoch bedenken, dass zu langes Klatschen sowohl die Künstler als auch die Zuschauer stört.

„Gute Besserung"
Gute Manieren bei Krankenbesuchen

Dass Gesundheit zu den wichtigsten Dingen im Leben zählt, wird uns meist erst dann bewusst, wenn wir selbst oder liebe Freunde oder Verwandte krank sind. Dann stellt sich oft die Frage, ob bzw. wann und wo man diese besuchen darf oder soll. Dies hängt zum Teil auch davon ab, ob die jeweiligen Personen im Krankenhaus, in einer Rehaklinik oder zu Hause sind. In den Hausordnungen von Krankenhäusern gelten oft

Benimmprofis privat

und ob Besuch erwünscht ist. Hierbei ist oft viel Fingerspitzengefühl gefragt, zumal die Angehörigen emotional meist sehr betroffen sind.

■■■
Den Umständen entsprechend …

Nach einer Operation wissen die Angehörigen oft selbst noch gar nicht Bescheid, wie es dem Patienten geht. Ärzte halten sich meistens bedeckt. Insgesamt machen sich die Angehörigen meist viele Gedanken und sorgen sich um das Wohlergehen des Patienten. Aufgrund dieser starken Anspannung ist ein taktvoller Umgang mit Angehörigen und Patienten geboten. Aufdringlichkeit z. B. in Form von wiederholtem Anrufen sollte unbedingt vermieden werden. Nach einer Operation sollten Sie unbedingt etliche Tage oder sogar eine ganze Woche verstreichen lassen, bevor Sie den Patienten besuchen.

strengere Besuchsregeln als in Rehakliniken. Dennoch gibt es wesentliche Gemeinsamkeiten, die es zu beachten gilt.

■■■
Private Krankenhausbesuche

Wer Freunde oder Bekannte im Krankenhaus besucht, der sollte ein paar wesentliche Dinge bedenken. Krankenhäuser sind nämlich eigene „Welten" mit eigenen (teilweise ungeschriebenen) Gesetzen. Man sollte nicht einfach spontan dort auftauchen, sondern zunächst bei den engsten Angehörigen anrufen und sich nach dem aktuellen Stand der Dinge erkundigen. So kann man klären, ob der Zustand des Patienten einen Besuch überhaupt zulässt

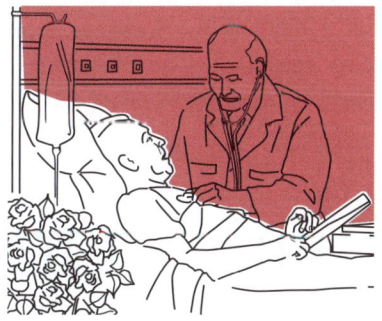

■■■ Besuch erwünscht?

Die Frage, ob Besuch erwünscht sei, ist durchaus berechtigt. In vielen Fällen fühlen sich Patienten sehr erschöpft, und selbst die kleinste Anstrengung macht ihnen zu schaffen. Besuch ist teilweise sehr belastend für sie. Sie empfangen oft am liebsten nur engste Angehörige oder Vertraute. Daher bietet es sich an, jene Personen zu fragen, ob der Patient besucht werden darf oder ob Anrufe erwünscht seien. Eine nette Geste ist es, wenn man zunächst „liebe Grüße und gute Besserung" ausrichten lässt. Gleichzeitig kann man den Angehörigen bitten, er möge einen informieren, wann man sich mit dem Kranken in Verbindung setzen dürfe.

■■■ Gute Besserung

Kolleginnen und Kollegen, aber auch Freunde können dem Kranken meist mit einer Genesungskarte eine kleine Freude machen. Dann weiß er, dass man an ihn denkt. Oft sammelt man im Kollegenkreis, um den Kran-ken mit einem Blumenstrauß oder einem schönen Buch aufzumuntern.

■■■ Bunte Blumen oder Topfpflanzen?

Als typisches Geschenk gilt der klassische Blumenstrauß. Die Blumen sollten möglichst bunt sein, um die meist triste Krankenhausatmosphäre aufzuheitern. Ein intensiver Duft mag nett gemeint sein, aber Blumen, die zu stark duften, können unangenehm auf den Patienten und seine Mitpatienten wirken und z. B. Kopfschmerzen verursachen. Daher sollte man Kranken keine Fresien, Lilien oder Levkojen schenken.

Benimmprofis privat

■■■
Der erste Besuch im Krankenhaus

Wenn ein Besuchstermin ansteht, erkundigt man sich vorab nach der Zimmernummer und nach den offiziellen Besuchszeiten etc. Letztere kann man auch an der Zentrale des entsprechenden Krankenhauses erfragen. Dort gibt es auch Informationen über Arzt-Visiten, Schlafenszeiten, Essenszeiten und Therapieter-

mine. Eine kleine Aufmerksamkeit, die über den Krankenhausaufenthalt hinwegtrösten soll, gilt als selbstverständlich. Auch wenn der Kranke meint, dass man nichts mitzubringen brauche – meist freut er sich trotzdem über eine Kleinigkeit.

■■■
Keine ungesunden Geschenke

Mit Geschenken möchte man den Kranken eine kleine Freude machen, aber es gibt Geschenke, die absolut ungeeignet sind. Alkohol beispielsweise eignet sich in keinster Weise als Krankengeschenk. Er steht als klassisches Synonym für „ungesund" und die Kranken möchten schließlich schnellstmöglichst wieder gesund werden und das Krankenhaus verlassen.

Ungesund – und damit unerwünscht – können aber auch diverse Lebensmittel sein. Für einen Kranken mit entferntem Blinddarm, der nichts essen und nichts trinken darf, ist es besonders bedauerlich, wenn vor ihm (verbotene) Süßigkeiten oder Fruchtsäfte stehen. Über neutrale Geschenke, wie z. B. Bücher oder Zeitschriften, freut sich der Kranke sicherlich. Schließlich kann man damit die Langeweile besser überbrücken. Dies gilt auch für Rätselhefte.

TO-DO

Vor-Ort sollte man folgende Punkte beachten:

- Anklopfen und auf ein „herein" warten.
- Kurzer Gruß an andere Patienten.
- Mit Patient möglichst Zimmer verlassen.
- Nach Befinden erkundigen.
- Etwas vom Alltag erzählen.
- Grüße von anderen ausrichten.
- Zimmer verlassen, wenn Patient behandelt oder untersucht wird (selbst, wenn Ärzte/Pfleger meinen, dass man ruhig bleiben könne, erst den Patienten fragen, ob man gehen oder bleiben soll.

TABU

- Lebensmittel als Mitbringsel für Patienten, die eine strenge Diät führen müssen.
- Alkohol.
- Laute Gespräche.
- Gesprächsthemen, die Kranke mental belasten.
- Handy anlassen.

benenfalls kann man die Tür vorsichtig öffnen, da der Kranke das Klopfzeichen eventuell nicht hörte. Falls sich mehrere Patienten im Zimmer befinden, dann sollte man auch die anderen Patienten kurz begrüßen. Im Zimmer selbst, aber auch außerhalb (auf den Gängen) sollte nicht zu laut oder lebhaft geredet werden. Da sich die Mitpatienten unter Umständen von den Gesprächen gestört fühlen könnten, sollte man mit dem Patienten möglichst das Krankenzimmer verlassen und einen Besucherraum aufsuchen. Vielleicht darf er auch ein paar Schritte ins Freie unternehmen. Dies empfinden Kranke meist als angenehme Abwechslung. Dennoch soll-

Sonstige Regeln für Besucher

Besucher sollten sich darüber im Klaren sein, dass ein Besuch den Kranken anstrengt, wenngleich er es sich nicht anmerken lässt. Vor Ort sollte man einige Regeln beachten. Dazu zählt zunächst, dass man anklopft und auf ein „herein" wartet, bevor man die Tür öffnet. Gege-

Benimmprofis privat

te man in der Unterhaltung unangenehme Themen unbedingt meiden. Harmlose (Alltags-)Informationen eignen sich meistens besonders gut. Zugleich kann man Grüße von anderen ausrichten und der Bitte, denjenigen ebenfalls Grüße auszurichten, nachkommen.

Als Besucher sollten Sie das Krankenzimmer immer dann verlassen, wenn ein Patient behandelt oder untersucht wird. Selbst, wenn Ärzte oder Pfleger meinen, dass man ruhig bleiben könne, gebietet es sich, erst den Patienten zu fragen, ob man gehen oder bleiben soll. (Dem Patienten ist es vielleicht peinlich, wenn Dritte persönliche Details über ihn erfahren.)

■■■
Eigener Krankenhausaufenthalt

Wer als Patient im Krankenhaus liegt, der sollte ebenfalls einige

Punkte beachten, denn auch hier erleichtert Höflichkeit das Zusammenleben:

TO-DO
- Sich bei Ärzten/Pflegern/Schwestern und Zivildienstleistenden für Hilfe bedanken.
- Zimmer möglichst verlassen, wenn Mitbewohner Besuch bekommt.
- Nachtruhe einhalten.
- Geschenk bei Entlassung für Personal (Kaffeekasse).
- Mitpatienten „gute Genesung" wünschen.

TABU
- Nachts nicht ohne Grund nach Schwester/Pfleger klingeln.
- Grundsätzlich nicht grundlos klingeln.
- Andere Patienten nicht unnötig ärgern.
- Handy benutzen.

„Herzliches Beileid"
Richtiges Verhalten im Trauerfall

Wer einen lieben Menschen verliert, egal, ob einen engsten Familienangehörigen, Verwandten oder eine(n) gute(n) Freund(in) – verfällt meist in tiefe Trauer. Aber auch in der Nachbarschaft und im Kollegenkreis herrscht neben Erschütterung und Anteilnahme Unsicherheit, wie man sich den Angehörigen gegenüber am besten verhält. Hier ist viel Feingefühl gefragt. Schließlich würde ein unangemessenes Verhalten die Trauernden noch mehr belasten. Andererseits möchten sie dem

Betroffenen gerne helfen und ihn trösten. Auch auf die engsten Angehörigen kommt viel Verantwortung zu. Im Trauerfall gilt es sehr viele Formalitäten zu erledigen, schließlich heißt das Sprichwort nicht umsonst „... von der Wiege bis zur Bahre – Formulare, Formulare ...". Zudem muss neben formellen Dingen (Totenschein ausstellen lassen, Testamentseröffnung, Notartermine, Behördentermine, Vertragskündigungen etc.) auch die Bestattung organisiert werden. Doch was sollte man als Angehöriger oder Betroffener beachten?

■ ■ ■
Formelle Faktoren

Als erstes muss ein Arzt informiert werden. Dieser bescheinigt den Tod und stellt einen Totenschein aus. Hierbei ist es unerheblich, ob ein Notarzt oder der Hausarzt das erforderliche Dokument unterzeichnet. Professionelle Bestattungsunternehmen oder private Beerdigungsinstitute organisieren die Überführung. Sie organisieren in den meisten Fällen alles, was für die Beisetzung erforderlich ist. Gleichzeitig beraten sie in Fragen, die mit Grabsteinen, Urnengräbern, Friedhöfen und Grabkosten in Zusammenhang stehen. Meist arbeiten diese auch mit Gärtnereien, Steinmetzen, Druckereien etc. zusammen. Auf diese Art bleiben den Betroffenen viele mühselige Einzelgänge erspart. Allerdings ist der Kostenaufwand meist recht hoch. Manchmal ist es für die Angehörigen eine große Erleichterung, wenn ihnen diese Arbeiten abgenommen werden, selbst, wenn dies alles mit hohen Kosten verbunden ist. Es gibt jedoch auch die Möglichkeit, bestimmte Dinge (z. B. Grabschmuck und Todesanzeigen) selbst zu organisieren und den Rest dem Bestattungsunternehmen zu überlassen.

Information des Pfarrers

Wenn der Verstorbene Mitglied in einer Kirche war, kann zusätzlich der Pfarrer der Gemeinde des Verstorbenen informiert werden. Dieser kündigt dann seinen Kondolenzbesuch an, um mit den Betroffenen zu sprechen. Die Angehörigen teilen ihm den Lebenslauf des Verstorbe-

Benimmprofis privat

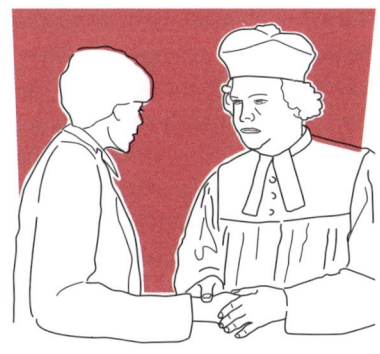

Information der engsten Angehörigen und Freunde

Den wichtigsten Freunden und engsten Angehörigen muss die traurige Nachricht so schnell wie möglich mitgeteilt werden. Falls der Tote im Verlauf einer schwierigen Operation im Krankenhaus oder einer langen Krankheit verstarb, dann sprechen viele davon, dass er nun „von seinen Leiden erlöst sei und er es besser habe". Manchmal tröstet auch die aus christlicher Sicht gesehene Schlussfolgerung, dass er jetzt wieder bei anderen Familienmitgliedern (z. B. seiner bereits vor längerer Zeit verstorbenen Frau) sei. Hierbei ist viel Fingerspitzengefühl gefragt, zumal die Angehörigen und Freunde, selbst dann, wenn sie dies nachvollziehen können und dem Gesagten im Innersten zustimmen, trotzdem emotional sehr betroffen sind. Wer das Gespräch sucht, dem sollte man zuhören und Trost spenden, wer für sich allein sein möchte, den sollte man nicht mit gut gemeinten Ratschlägen bedrängen. Viel mehr Respekt zeigt derjenige, der

nen und wichtige Stationen seines Lebens (z. B. Kindheit, Herkunft, Heirat, beruflicher Werdegang, besondere Verdienste etc.) mit. Charakterliche Eigenheiten bleiben nicht unerwähnt, wobei es sich nicht schickt, dem Toten Böses nachzusagen. Auf der anderen Seite braucht man ihn, z. B. in Grabreden oder Trauerreden, auch nicht als makellos darzustellen. Dies würde unglaubwürdig und übertrieben wirken. Jeder Mensch hat Stärken und Schwächen. Der Pfarrer allerdings geht in der Grabrede nicht auf die negativen Eigenschaften ein. Die Rede ist meist chronologisch und sachlich aufgebaut, wobei positive Eigenschaften durchaus Erwähnung finden. Mit dem Pfarrer muss auch darüber geredet werden, ob eine Feuerbestattung oder eine Beerdigung erfolgen soll. Sollte der Verstorbene Atheist gewesen sein, kann z. B. auch ein konfessionsloser Redner die Grabrede halten.

LETZTER WUNSCH DES VERSTORBENEN

Falls der Verstorbene bereits zu Lebzeiten bat, ihn gegebenenfalls nur im engsten Familienkreis zu bestatten, sollte ihm dieser Wunsch nicht verwehrt werden. Die Öffentlichkeit ist dann erst nach der Bestattung zu informieren.

Lebzeiten den Wunsch, dass die Beerdigung im engsten Familienkreis erfolgen möge. Hier sollte man dem Toten seinen letzten Wunsch erfüllen, indem man ihn im engsten Kreis beerdigt und die Öffentlichkeit über eine Todesanzeige erst nach der Beisetzung informiert.

Die Todesanzeige

Täglich veröffentlichen Zeitungen Todesanzeigen. Todesanzeigen sollten eine gewisse Form wahren. Eine zu blumige oder zu theatralische Veröffentlichung wirkt oft eher deplaziert. Einige „Eckdaten" gelten jedoch als unverzichtbar. Dazu zählen Name und Alter der verstorbenen Person und eventuelle Titel. Bei Verheirateten auch der Geburtsname. Bei Frauen steht stets der Mädchenname (Beispiel: Frau X, geborene Y) oder der Wittwenname dabei. Das Todesdatum lässt sich auch durch ein Kreuzsymbol ausdrücken. Vor allem müssen die Leser wissen, wann (Datum und Uhrzeit) und wo die Beisetzung erfolgt. (Z. B. K-Kapelle des X-Friedhofs in Y-Stadt.) Auf diese Art und Weise können auch jene Freunde und Nach-

dem Trauernden anbietet, dass er „stets ein offenes Ohr" für ihn habe, wenn ihm nach einem Gespräch zu Mute sei. Dann weiß der Trauernde, wen er anrufen und sich anvertrauen kann. Auch wenn er dies nicht beabsichtigt, so weiß er das Hilfsangebot dennoch zu schätzen.

Die Öffentlichkeit informieren

Die Öffentlichkeit wird klassischerweise über Todesanzeigen informiert. Zudem informieren Lokalzeitungen und Amtsblätter, soweit nichts anderes vereinbart wurde, in den so genannten „amtlichen Bekanntmachungen". Manchmal äußerte der Verstorbene bereits zu

Benimmprofis privat

Lebenspartner, dann die Kinder des Verstorbenen. Dessen Eltern stehen an dritter und seine Geschwister an vierter Stelle. Dann erst folgen die Namen der Schwiegereltern.

Stichwort Danksagung

Danksagungen gelten ebenfalls als üblich. Entweder persönlich oder aber über eine öffentliche Anzeige. Diese sollte nach einigen Tagen, spätestens jedoch nach fünf Wochen veröffentlicht werden. Hier gelten dieselben Regeln wie für die Trauerkarten. Die meisten Menschen zeigen sich hierbei verständnisvoll. Schließlich kann man es von den trauernden Angehörigen nicht erwarten, dass sie sich bei jedem einzelnen persönlich für deren Anteilnahme bedanken.

■ ■ ■
Herzliches Beileid oder stille Anteilnahme?

barn, Schulkameraden und Bekannte des Toten an der Beisetzung teilnehmen, die von den Angehörigen nicht hochstpersönlich informiert wurden.

Zugleich stehen auf der Anzeige, z. B. nach der Formulierung „In stiller Trauer", die Namen der Angehörigen. Auch hier gibt es Regeln, was die Reihenfolge anbelangt. An erster Stelle die Ehepartner oder Kolleginnen und Kollegen, aber auch Freunde können dem Verstorbenen mit Blumen oder einem Kranzgebinde mit einer Inschrift auf dem Trauerband die letzte Ehre erweisen. Auf den Trauerkarten wird handschriftlich nochmals Beileid ausgedrückt. Bei manchen Beerdigungen liegen Kondolenzbücher aus. Darin kann jeder Anwesende seiner Trauer in kurzen Worten Ausdruck verleihen.

Teilweise steht in Todesanzeigen die Bitte, dass die Trauergäste von Beileidsbezeugungen am Grab Abstand nehmen mögen. Daran sollte man sich unbedingt halten. Oft findet sich auch der Hinweis, dass man auf Kranz- und Blumenspenden verzichten möge und lieber eine Spende zugunsten einer bestimmten wohltätigen Einrichtung leisten möge.

TRAUERFEIER – BEISETZUNG

Die Verwandten und Angehörigen, aber auch Freunde und Bekannte erwarten gewöhnlicherweise noch eine persönliche Unterrichtung. Dies kann telefonisch, aber auch in Form von Trauerkarten erfolgen. Hierfür gibt es vorgedruckte Karten, die lediglich noch unterschrieben werden müssen, nachdem der Name des Verstorbenen eingefügt worden ist. Natürlich besteht auch die Möglichkeit, dass man eine Druckerei beauftragt bzw. über das Bestattungsinstitut beauftragen lässt. Die Briefe und Briefumschläge zeichnen sich jedoch grundsätzlich alle durch einen schwarzen Trauerrand aus. Bestattungsinstitute oder Druckereien verfügen meist über spezielle Textpassagen für Trauerkarten, die sich individuell anpassen lassen. Zusätzlich kann man einzelnen Adressaten (mit blauer Tinte) noch ein paar persönliche Worte darauf vermerken, damit alles persönlicher wirkt.

Falls der Verstorbene (langjähriges) Mitglied in einem Verein war, kümmert sich der Vereinsvorstand oder Vereinsausschuss in der Regel darum, dass ein Kranz mit einer entsprechenden Beileidsbekundung niedergelegt wird. Laute Gespräche oder offensichtliche Häme oder grelle, aufreizende Kleidung am Grab ist grob rücksichtslos. Damit drückt man keine Anteilnahme aus.

■■■
Die Blumen auf dem Grab

Die Blumen und Kränze sind jeweils mit einer Schleife oder einer Karte geschmückt, auf der auch der Name des Absenders steht. Blumengeschäfte liefern insbesondere Kränze

Benimmprofis privat

- Todesanzeigen mit übertriebenem Lob für den Verstorbenen.
- Todesanzeigen mit Tadel des Verstorbenen.
- Todesanzeigen mit Vorwürfen gegen Dritte.
- Grabreden mit übertriebenem Lob.
- Grabreden mit Tadel.
- Laute Gespräche am Grab.
- Respektloses Verhalten gegenüber Angehörigen.
- Aufreizende Kleidung bei der Beerdigungszeremonie.
- Übertriebener Schmuck.
- Umfangreiches Essen/Trinken beim Leichenschmaus.

TO-DO

- Arzt benachrichtigen.
- Pfarrer informieren.
- Freunde und Angehörige des Verstorbenen benachrichtigen.
- Beerdigungsunternehmen kontaktieren.
- Pfarrer persönliche Stationen im Leben des Verstorbenen mitteilen, damit dieser in seiner Trauerrede ein Portrait von ihm darlegen kann.
- Sterbeanzeige aufgeben.
- Versicherungen des Verstorbenen kündigen oder gegebenenfalls nach Übertragungsmöglichkeit erkundigen und weiterführen.
- Dunkle Kleidung bei Beerdigungszeremonie tragen
- Leichenschmaus organisieren.
- Notartermin (bei notariellem Testament) wahrnehmen.
- Gegebenenfalls einstige vertraute Ärzte benachrichtigen (zum einen persönlich, damit diese wissen, dass der langjährige Patient tot sei, zum anderen, damit man sie aus der Patientendatei löscht). Manche Praxen senden ihren Patienten nämlich in regelmäßigem Turnus ein Schreiben, um sie auf die nächste (Vorsorge-) Untersuchung hinzuweisen.
- Danksagung.

auf dem Friedhof ab. Besonders weiße Blumen (z. B. Nelken) gelten zwar als Friedhofsblumen, aber trotzdem brauchen Grabblumen nicht ausschließlich weiß zu sein. Es bieten sich auch Gestecke und Kränze Ton-in-Ton an. Rote Rosen bleiben als letzter Blumengruß den allernächsten Angehörigen vorbehalten. Lassen Sie sich auf jeden Fall im Blumengeschäft beraten, welche Blumen in der betreffenden Jahreszeit am besten halten.

■ ■ ■
Mit Kleidung Respekt und Trauer zeigen

Nicht nur in Deutschland gilt schwarz als Farbe der Trauer. Dunkle Kleidung (schwarz, dunkelgrau oder

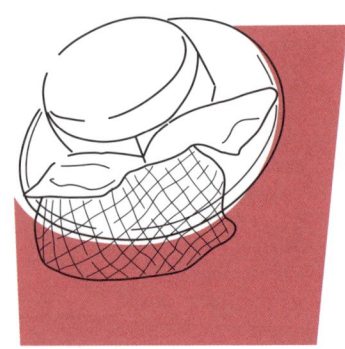

Annäherungsversuche unschicklich wären. Heute bleibt es jedem selbst überlassen, ob er sich nach der Beerdigung weiterhin für längere Zeit schwarz kleiden möchte.

■■■ Der Leichenschmaus

Es wirkt merkwürdig, dass anlässlich eines traurigen Ereignisses ein üppiges Essen mit vielen delikaten Speisen aufgetischt werden soll. Allerdings galt dies früher als Zeichen dafür, dass der Tote nun von den Leiden des irdischen Daseins erlöst und im Paradies glücklich sein darf. Es wirkt aber auf die Trauernden maßlos, wenn die Trauergäste üppig speisen. Daher genügt oft ein Imbiss, z. B. Kaffee und Kuchen.

dunkelblau) drückt Respekt vor dem Toten aus, dem man die letzte Ehre erweisen möchte. Bunte, farbenfrohe, grelle oder gar aufreizende Kleidung wäre eine große Geschmacklosigkeit gegenüber allen Anwesenden. Männer tragen eine Krawatte. Falls Frauen Schmuck tragen, dann sollte er möglichst dezent sein. Schwarz als Zeichen der Trauer trugen Witwer und Witwen in der Vergangenheit ein Jahr, zumindest jedoch ein halbes Jahr lang. Man sprach von „Volltrauer", da selbst der Kragen schwarz sein musste. Es galt als große Schande, wenn jemand keine schwarze Kleidung trug. Dadurch machte man wortlos deutlich, dass man dem Heiratsmarkt nicht zur Verfügung stand und

Benimmprofis privat

3. Kapitel

Benimm im Business

m Büroalltag treffen viele unterschiedliche Personengruppen aufeinander. Nicht immer verläuft alles spannungsfrei. Dies beginnt
bereits bei Vorstellungsgesprächen oder Meetings und Konferenzen. Manche Verhandlungssituationen sind dermaßen verzwickt,
dass einem ein „jetzt reicht es" herauszu-
rutschen droht. Geschäftsessen verraten,
ob dem Tischnachbarn Tischmanieren
wichtig oder überhaupt geläufig sind.
Eine gute Zusammenarbeit mit Kolleginnen und Kollegen, bzw. Kunden und Vorgesetzten lässt sich fördern, wenn grund
legende Benimmregeln beachtet werden.

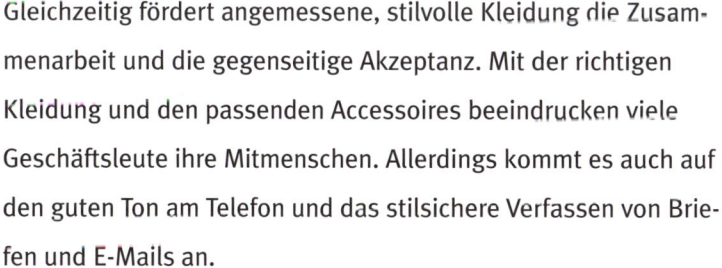

Gleichzeitig fördert angemessene, stilvolle Kleidung die Zusammenarbeit und die gegenseitige Akzeptanz. Mit der richtigen
Kleidung und den passenden Accessoires beeindrucken viele
Geschäftsleute ihre Mitmenschen. Allerdings kommt es auch auf
den guten Ton am Telefon und das stilsichere Verfassen von Briefen und E-Mails an.

„Hier kommt Ihr neuer Mitarbeiter"
Vorstellungsgespräche mit Bravour meistern

„Hier kommt Ihr(e) neue(r) Mitarbeiter(in), Herr/Frau XY" – ein Satz von dem jede(r) Jobsuchende nur träumen kann. Doch wie lässt sich ein Vorstellungsgespräch mit Bravour meistern? Ganz wichtig – und hier sind sich alle Karriere-Coaches einig – ist der erste Eindruck beim Vorstellungsgespräch. Wer eine Einladung zu einem solchen erhält, hat nämlich bereits den ersten Meilenstein überwunden. Nun kommt das Vorstellungsgespräch; bei dem es auch um die persönliche Ausstrah-

lung und das Erscheinungsbild geht. Innerhalb von Sekundenbruchteilen entscheiden sich Menschen im Unterbewusstsein, ob ihnen der andere sympathisch oder unsympathisch ist. Natürlich kann sich dieses Bild nach einiger Zeit ändern. Aber ein Vorstellungsgespräch dauert im Durchschnitt eine knappe Stunde. Angesichts dieser kurzen Zeit kann man sich keinen vermeidbaren Fauxpas leisten – und vermeidbar ist einiges. Es beginnt bereits mit dem äußeren Erscheinungsbild.

■ ■ ■
Was trägt man zum Vorstellungsgespräch?

Hier kommt es darauf an, um welchen Beruf es sich handelt. Wer sich um einen Job als Lagerarbeiter oder Springer auf einer Baustelle bemüht, braucht nicht mit Anzug und Krawatte zu erscheinen. Schlimmstenfalls könnte man ihm damit unterstellen, dass er nicht richtig „anpacken" kann.

Kreative Berufe
In kreativen Berufen herrscht hinge-

Benimm im Business

Tiefe Ausschnitte und besonders hochhackige Schuhe (Stilettos) gelten als unseriös.

Doch mit welchen Farben und Stoffen geht man auf Nummer sicher? Gedeckte Farben, unauffällige, bequeme Schnitte, schwarze Schuhe (außer Lackschuhe, diese sind für festliche Anlässe bestimmt) und qualitativ hochwertige Stoffe sorgen dafür, dass man nichts falsch macht. Polyester ist jedoch (nicht nur weil es sich öfters elektrisch auflädt) mit besonderer Vorsicht zu genießen. Es fällt anders als Seide, Baumwolle oder Wollmischungen und macht auch einen anderen Eindruck. Der Stoff darf auf keinen Fall durchsichtig sein. Dies wirkt unseriös. (Aus-

gen viel Raum für Individualität. Allerdings lässt sich dies vorab nicht mit absoluter Sicherheit einschätzen. Um auf Nummer sicher zu gehen, verdienen auch hier die Farben grau, dunkelblau oder schwarz den Vorzug.

Frauen haben mehr Auswahl

Bei Frauen herrscht hier zwar mehr Gestaltungsfreiheit, allerdings sollten grelle, knallige Farben gemieden werden. Hosenanzüge passen immer. Kleider oder Kostüme sollten mindestens bis zum Knie gehen (zumal sie beim Sitzen ohnehin noch nach oben rutschen).

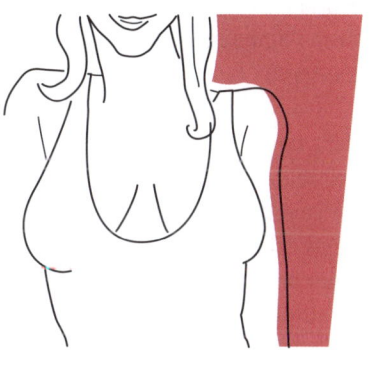

TIPP:

Egal was man trägt, ob teure Designermode, Maßanfertigungen, Markenqualität oder günstige Schnäppchenangebote – es sollte sauber und gepflegt sein. Nicht nur Schnitt und Stoffqualität sprechen ihre eigene Sprache. Selbst qualitativ hochwertigste Hemden und Blusen sind wertlos, wenn sie einen Speckkragen oder sonstige Flecken aufweisen.

kommt es auf gutes Benehmen an. Zumindest die wichtigsten Regeln sollten eingehalten werden. Darunter fällt z. B., dass man zunächst abwartet, bis der Firmenvertreter einen bittet, den Raum zu betreten. Wer diesem sofort die Hand zur Begrüßung reicht, begeht schon den ersten Fehler (siehe Kapitel 1). Reicht der Einladende ihm die Hand, dann erwidert er den Gruß per Handschlag. Bei der Begrüßung nennt der Bewerber noch einmal seinen eigenen Namen, falls er nicht bereits so angesprochen wurde.

führliche Informationen hierzu unter der Rubrik „Immer dunkelblau und zweireihig?" – Kleidung und Accessoires richtig wählen)

▪▪▪ Das Vorstellungs-gespräch

Nachdem geklärt ist, was man zum Vorstellungsgespräch trägt und mit welchen Verkehrsmitteln man den Gesprächsort am besten erreicht, stellt sich die Frage, wie man sich im Bewerbungsgespräch verhält. Gerade bei Vorstellungsgesprächen

Zulässige und unzulässige Fragen

Bei Vorstellungsgesprächen lauern sehr viele Stolpersteine und Fußangeln. Bei Bewerbungsgesprächen oder auf Personalfragebögen gestellte Fragen sind manchmal recht heikel. Rein juristisch gesehen ist der Bewerber nicht verpflichtet, auf unzulässige Fragen wahrheitsgemäß zu antworten. Wer hier nicht ganz „schwindelfrei" ist, verhält sich zumindest in arbeitsrechtlicher Hinsicht richtig. Künftige Arbeitgeber dürfen den Bewerber nämlich nicht

Benimm im Business

an Aussagen messen, die nur dadurch entstanden, dass die Fragen unzulässigerweise gestellt wurden. Zu den zulässigen Fragen zählen z. B. Auskünfte über Prüfungs- und Zeugnisnoten, berufliche Fähigkeiten und Fertigkeiten, den bisherigen Werdegang, sonstige Kenntnisse und Erfahrungen, Gewerkschaftszugehörigkeit, Heiratsabsichten, Höhe des bisherigen Gehalts, aktuelle Lohn- oder Gehaltspfändungen, Nebenbeschäftigungen etc. Nur bedingt zulässig sind zum Beispiel Fragen nach Religions- oder Parteizugehörigkeit, Krankheiten, Schwangerschaften, finanziellen Verhältnissen oder Vorstrafen. Die Frage, ob jemand HIV-infiziert ist, ist dann erlaubt, wenn am Arbeitsplatz eine unmittelbare Übertragungsgefahr des HIV-Virus lauert, wie beispielsweise in Heilberufen oder in der Lebensmittelverarbeitung. Auskünfte über Religions- oder Parteizugehörigkeit sind erlaubt, wenn es sich um Tendenzbetriebe handelt. Darunter fallen kirchliche Kingergärten oder parteipolitisch gebundene Einrichtungen und Institutionen und dergleichen.

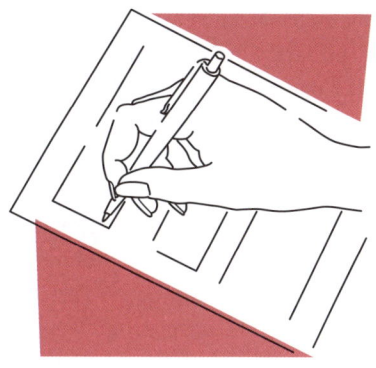

Nach früheren Krankheiten darf dann gefragt werden, wenn diese im Zusammenhang mit dem einzugehenden Arbeitsverhältnis stehen. Nur bedingt zulässig ist auch die Frage, ob eine Schwangerschaft vorliegt. Sie ist dann gestattet, wenn dies ganz objektiv dem gesundheitlichen Schutz von Mutter und Kind dient. Dies wiederum ist beispielsweise dann der Fall, wenn ein Beschäftigungsverbot für Schwangere auf dem entsprechenden Arbeitsplatz besteht, oder wenn eine Bewerberin (z. B. Fotomodelle, Tänzerinnen) dadurch nicht mehr für den Job geeignet wäre. Nach Vorstrafen darf gefragt werden, wenn

TIPP:

Im Gesprächsverlauf empfiehlt es sich, den Namen des Gegenübers möglichst oft zu nennen. Psychologische Studien gehen davon aus, dass jeder seinen eigenen Namen, vor allem dann, wenn diesem noch ein Titel voransteht, gerne hört. Zudem kann man sich den Namen des Gegenübers auch besser einprägen, wenn man ihn des Öfteren wiederholt.

die zu besetzende Arbeitsstelle dies erfordert. Ein Geldtransportfahrer darf daher nach eventuellen Vermögensdelikten, oder ein Taxifahrer nach Verkehrsdelikten gefragt werden. Die Frage, wie es um die finanziellen Verhältnisse bei leitenden Angestellten oder Arbeitnehmern, die in einem besonderen Vertrauensverhältnis beschäftigt werden sollen, steht, ist zulässig, wenn er mit Firmengeldern zu tun hat oder die Gefahr der Bestechung oder des Geheimnisverrats vorliegt.

Unabhängig davon, ob eine Frage zulässig ist, oder nicht, sollte man sich Antworten und Verhalten genau überlegen. Ein stures Beharren auf das Recht kann zum Stolperstein auf dem Weg zur neuen Arbeitsstelle werden.

Diplomatische Antworten auf heikle Fragen

Angenommen, ein angehender Agraringenieur oder Gärtner wird nach seinen Vereins- oder sonstigen Zugehörigkeiten gefragt. Dann ist es vorteilhaft, wenn er beispielsweise eine Mitgliedschaft in einem Gartenverein, bei Kleintierzüchtern oder

Natur- und Umweltschutzgruppen einräumt. Dies wird meist wohlwollend zur Kenntnis genommen. Allerdings sollten nicht zu viele Vereine genannt werden, denn sonst haftet ihm der Verdacht der „Vereinsmeierei" an. Dann denkt der Personalverantwortliche womöglich, dass der Bewerber zu viel Zeit in seinen Vereinen und Organisationen verbringt und dass er deshalb keine Zeit mehr hat, effektiv zum Wohle der Firma und mit großem Engagement zu arbeiten.

VORSICHT VOR FRAGEN NACH KIRCHENENGAGEMENT

Auf den ersten Blick klingen Fragen nach kirchlichem Engagement (egal welcher Konfession man angehört) eigentlich nicht unlauter, sondern eher höflich interessiert. Bewirbt man sich bei einer Firma, die in engem Zusammenhang mit der Kirche steht, wird es meist gern gehört, wenn man im Kirchenchor aktiv oder ehrenamtlich engagiert ist. Es deutet auf Soft Skills hin, die von Arbeitgebern oft vermisst werden. Allerdings ist dies unter Umständen eine sehr tückische Frage. Dahinter verbirgt sich oft das Vorurteil von Personalchefs, dass diese Kandidaten keine knallharten Führungsjobs übernehmen können, da ihnen das notwendige Durchsetzungsvermögen und die erforderliche Entscheidungskompetenz fehlt.

Benimm im Business

Parteibezogene Fragen

Firmen, die Projekte bestimmter Parteien oder Vereinigungen fördern, oder aus ihrer Sympathie für bestimmte Parteien keinen Hehl machen, hören es gerne, wenn jemand auf seine Tätigkeiten als Finanzreferent oder Stadtverbands-, Kreisverbands-, Bezirksverbands- oder Landesverbandsmitglied/Vorsitzender etc. hinweist. Auch (Bundestags-, Landtags- oder ähnliche) Praktika bei den entsprechenden Parteien oder in großen Firmen oder Verbänden werden wohlwollend zur Kenntnis genommen.

Richtige Selbstdarstellung

Hier ist falsche Bescheidenheit fehl am Platze, allerdings darf die Selbstdarstellung nicht in Prahlerei ausarten. Zurückhaltung ist jedoch geboten, wenn man bei Firmen eingeladen ist, die eher der „Konkurrenzpartei" zugetan sind. Dort hüllt man sich über seine Aktivitäten besser in Schweigen. Andererseits lässt sich die Aktivität als solche auch „diplomatisch verpacken". Wer beispielsweise ein Praktikum im Bundestag bei der Partei A absolviert hat und sich bei einer Einrichtung oder Firma bewirbt, die aus ihrer Zuneigung für die (Konkurrenz-)Partei B keinen Hehl macht, kann vortragen, ein Bundestagspraktikum im Bereich „Verwaltungsrecht" oder Ähnliches abgeleistet zu haben. Dies hört sich einerseits neutraler an, andererseits erweckt es den Eindruck, man könne nichts dafür, ausgerechnet einem Ressort zugeteilt worden zu sein, das in Händen der Partei A liegt.

Wo setzt man sich hin

Oft ist sich der Bewerber unsicher, was den Sitzplatz anbelangt. Normalerweise bittet einen der Einladende, Platz zu nehmen und deutet mit der Hand auf einen Stuhl. Falls nur ein einziger Stuhl vorhanden ist, fällt die Wahl leicht. Falls mehrere Stühle dort stehen, entsteht oft Unsicherheit. Allgemein wählt man dann den Stuhl, der dem Stuhl des Gesprächspartners gegenüber steht. Für den Fall, dass man vor einem Gremium (bestehend aus mehreren Firmenvertretern) sitzt, empfiehlt sich ein Platz in der Mitte. Keinesfalls sollte der Bewerber unaufgefordert vor dem Firmenvertreter Platz nehmen.

Sollte dieser ihm keinen Platz anbieten und sich einfach hinsetzen, dann kann der Bewerber unaufgefordert ihm gegenüber Platz nehmen.

Blickkontakt halten

Vielen Menschen fällt es schwer, Blickkontakt zu anderen zu halten. Dies wird beim Bewerbungsgespräch aber schnell als Schwäche ausgelegt. Zudem empfindet es der Fragende auch als unhöflich, wenn der Bewerber seinem Blick ständig ausweicht. Im Zweifel sollte der Bewerber dem Blick des Einladenden nicht ausweichen. Der Firmenvertreter blättert während des Gesprächs immer wieder in der Bewerbungsmappe. Meist fällt ihm dann noch eine Frage zum Werdegang oder zu fachlichen Kenntnissen ein. Obwohl er den Bewerber dann nicht anschauen kann, sollte dieser stets zum Firmenvertreter blicken. Dieser sieht gewöhnlich immer wieder für ein paar Sekunden zu ihm, bevor er erneut in den Unterlagen blättert.

Tipp für Bewerber: Blickkontakt möglichst permanent halten.

Tipp für Firmenvertreter: Trotz häufigem Blick in die Bewerbungsmappe nicht vergessen, den Bewerber immer wieder anzublicken, nicht nur aus Höflichkeit, sondern auch weil Sie dann einen viel genaueren Eindruck bekommen.

Welche Fragen sollten Bewerber (nicht) stellen?

Grundsätzlich dürfen Bewerber alle Fragen stellen, die sie interessieren, sofern sie höflich formuliert und nicht indiskret sind. Manche Fragen erregen jedoch Skepsis, z. B. wenn jemand fragt, wie es sich verhält, wenn man krank ist. Ob man dann am selben Tag noch ein ärztliches Attest beibringen müsse oder ob man drei Tage lang „ohne Beweis" krank sein könne. Nach den üblichen Arbeitszeiten und nach den Urlaubstagen oder Betriebsferien kann man sich aber ohne Bedenken erkundigen. Zudem erkennt der Firmenvertreter, dass sich der Bewerber ernsthaft für das Unternehmen interessiert.

Nach der wirtschaftlichen Situation des Unternehmens können Sie sich nur dann erkundigen, wenn Sie sich

Benimm im Business

um eine absolute Führungsposition bewerben, in der Sie auch Verantwortung für die Bilanzen hätten.

Einen guten Eindruck macht es, wenn der Bewerber sich erkundigt, welche Kenntnisse, Fähigkeiten und Persönlichkeitsmerkmale der Wunschkandidat für die zu besetzende Stelle mitbringen sollte.

Nach Gehalt fragen

Normalerweise erübrigt sich für den Bewerber die Frage nach dem Gehalt, da der Firmenvertreter von sich aus darauf zu sprechen kommt. Hier gibt es verschiedene Möglichkeiten. Entweder der Firmenvertreter erzählt von sich aus, welcher Gehaltsrahmen (nebst anderen Vergütungsbestandteilen, wie beispielsweise Firmenwagen, Weihnachtsgeld, Urlaubsgeld, Prämien etc.) firmenüblich sei, oder er fragt den Gast nach seiner Gehaltsvorstellung. Ab der mittleren Führungsebene gibt dieser kein Monatsgehalt, sondern ein Jahresgehalt an. Das Jahresgehalt sollte auch nicht konkret, sondern so angegeben werden, dass ein Verhandlungsspielraum besteht, also von x-tausend bis y-tausend Euro. Bevor Sie in das Vorstellungsgespräch gehen, sollten Sie aber auf jeden Fall für sich ein Minimum definieren, für das Sie die Stelle antreten würden. Diese Untergrenze sollten Sie vor allem dann ins Spiel bringen, wenn sich die Gehalts-

verhandlung schwierig gestaltet. Auch wenn es Ihnen schwer fällt, an diesem Punkt beharrlich zu bleiben, sollten Sie keine falsche Zurückhaltung an den Tag legen. Völlig überzogene Forderungen sollten Sie jedoch nicht stellen, dies kann Sie die ausgeschriebene Stelle kosten und wirft auch ein schlechtes Licht auf Ihre Persönlichkeit.

Bei einem Vorstellungsgespräch stellt nicht nur der Gastgeber, sondern auch der Gast Fragen. Schließlich geht es nicht nur darum, dass sich der Bewerber dem Firmeninhaber vorstellt, sondern der Gast möchte sich auch eine Vorstellung von ihm beziehungsweise von dem Unternehmen machen. Man macht sich also nicht nur gegenseitig bekannt, sondern tauscht auch seine gegenseitigen Vorstellungen aus. Es gibt aber auch Berufe, bei denen sich die Gehaltsfrage erübrigt, da nach Tarif bezahlt wird. Gerade im Öffentlichen Dienst gibt es Tabellen, aus denen hervorgeht, in welchem Alter man welches Gehalt erhält. Die Gesetzestexte mit den Tabellen sind entweder im Buchhandel erhältlich, liegen aber auch in größeren öffentlichen Bibliotheken aus.

Eine Frage noch

Es kommt immer wieder vor, dass man ein Gespräch beendet hat, sich gerade verabschiedet und plötzlich

melden möge, falls man noch Fragen habe. Angenommen es erfolgt wochenlang keinerlei Reaktion auf die Bewerbung seitens der Firma, dann sammelt man durch einen Anruf mit einer „Frage" unter Umständen sogar Pluspunkte. Bei dem Anruf sollte man zunächst auf das Angebot vom Vorstellungsgespräch verweisen, dass man sich melden dürfe, dann die Frage formulieren und beiläufig noch nach dem Stand der Dinge in Sachen Bewerberauswahl fragen. Die Firma erkennt dann, dass der Bewerber ernsthaft an der Stelle interessiert ist.

■■■
Der erste Tag

fällt einem noch eine ganz wichtige Frage ein. Dann kann man diese gegebenenfalls kurz, beispielsweise mit „... da fällt mir gerade noch ein, dass ich Sie fragen wollte, ob ...?" einfügen. Normalerweise enden Vorstellungsgespräche aber mit der Frage an den Bewerber, ob er noch Fragen habe. Erarbeiten sie vor dem Termin auf jeden Fall eine Liste mit Fragen, die Sie dann bei dieser Gelegenheit ansprechen können.

Normalerweise bietet der Firmenvertreter auch an, dass man sich

Wenn das Vorstellungsgespräch erfolgreich verlief und der Arbeitsvertrag besiegelt wurde, dann naht der erste Tag im neuen Job. Der erste Tag entspricht dem ersten Eindruck. Neue Mitarbeiter werden meist äußerst genau und kritisch beäugt. Neue Mitarbeiter erwarten meist von den Kolleginnen und Kollegen, dass sie ihn gründlich informieren,

Benimm im Business

einarbeiten und freundlich behandeln. Die Mitarbeiter hingegen erwarten einen freundlichen Neuling, der sich anpasst und nicht sofort „alles auf den Kopf" stellen möchte. Zunächst sollte der neue Mitarbeiter darauf achten, dass er pünktlich erscheint. Daher sollte er sich rechtzeitig auf den Weg machen und eventuelle „kritische Pfade", wie z. B. Verkehrsstaus, in seinen Terminplan mit einkalkulieren. Zeitmanagement zählt! Pünktlichkeit ist hier mehr als nur eine Zier, denn sie steht auch für die Zuverlässigkeit des Neulings. Was die Vorstellung anbelangt, sollten altertümliche Floskeln gemieden werden. Dazu zählt beispielsweise die Formulierung „Gestatten" oder „Meine Wenigkeit" oder „Habe die Ehre". Zu „gestatten" gibt es nichts. Daher sollte diese Formulierung ersatzlos gestrichen werden. „Habe die Ehre" klingt übertrieben. Ein „Guten Tag" klingt viel freundlicher und aufrichtiger. „Meine Wenigkeit" assoziiert bei den gegrüßten Personen Minderwertigkeitsgefühle bei dem neuen Mitarbeiter. Ein „Ich" hingegen klingt immer echt.

„Alles mal herhören!"
Gewandt auftreten in Meetings und Konferenzen

Meetings und Konferenzen gehören im Geschäftsleben meist dazu. Etliche Besprechungen prägen den Alltag eines jeden Managers und den seiner Mitarbeiter.

Vor Publikum sprechen

Wer vor anderen Leuten steht, sollte zunächst darauf achten, dass sein Blazer, zumindest mit einem Knopf, geschlossen ist. Beim Sitzen kann ein Jackett oder Blazer geöffnet bleiben, aber beim Aufstehen sollte zumindest ein Knopf geschlossen

TIPP:

Da die Verkehrssituation je nach Tag und Uhrzeit unterschiedlich ausfällt, empfiehlt es sich, die Strecke zum neuen Arbeitsplatz an einem Werktag zur gegebenen Uhrzeit zurückzulegen, um zu testen, wie lange man voraussichtlich unterwegs sein wird. Dann kommt man automatisch entspannter an – was sich meist auch auf das Verhalten auswirkt und einem mehr Souveränität verleiht.

WENN MAN DEN ROTEN FADEN BEIM VORTRAG VERLIERT

Manchmal lässt es sich nicht vermeiden, dass man bei einem Vortrag den roten Faden verliert. Dann kommt einem die Redepause wie eine Ewigkeit vor, wenngleich es für die Zuhörer nur Sekunden sind. Dies lässt sich mit einem kleinen, völlig unauffälligen Trick regeln. Man stellt einfach ein Glas Wasser neben sich oder das Rednerpult und trinkt einen Schluck, während man über die nächsten Worte nachdenkt. Das klare Wasser sorgt im übertragenden Sinn auch für klare Gedanken. Vermutlich, weil das Gedächtnis, trotz, oder gerade wegen der kurzen Ablenkung, quasi im Hintergrund weiterarbeitet. Durch die kurze Unterbrechung finden in der Regel über 90 Prozent aller Sprecher wieder zum Thema zurück.

auf, da die Hosenbeine dabei automatisch nach oben rutschen. Schon deshalb empfiehlt es sich, Strümpfe zu tragen, die bis zur Wade reichen. Socken als solche gelten jedoch als unverzichtbar. Selbst bei der größten Hitze darf man nicht barfuss in Schuhen erscheinen. Auch Frauen müssen stets eine Feinstrumpfhose tragen – selbst bei 45 Grad im Schatten. Zudem müssen die Beine rasiert sein. Während dies in Deutschland früher nicht so streng gesehen wurde, gilt es fast weltweit, insbesondere in den USA, als Selbstverständlichkeit.

werden. Der Vortragende ist stets den Blicken der Zuhörer ausgesetzt. Diese mustern ihn, mehr oder weniger bewusst, von Kopf bis Fuß. Tragen Sie bei einem Vortrag immer Ihr Lieblings-Outfit. Dann fühlen Sie sich sicherer. Besonders an den Füßen bleibt der Blick hängen, wenn etwas Unpassendes auffällt, wie z. B. Tennissocken, zu kurze Socken, bunte Socken oder schmutzige Schuhe. Bei Männern fallen zu kurze Socken insbesondere beim Sitzen

Benimm im Business

„Ladies first" löst bei der Frage, wer beim Treppensteigen vorausgeht oft Unsicherheit aus. Früher bestanden Bedenken, ob Frauen der Vortritt gelassen werden soll, da die Gefahr bestand, dass ein Blick unter den Rock nicht auszuschließen sein könnte. Dies ist jedoch unbegründet. Herren gehen hinter der Dame die Treppe hoch und vor ihr hinunter. Rein symbolisch wollen sie dadurch eine Art „Schutzfunktion" übernehmen. Die Schutzfunktion sieht vor, dass der Mann die Frau auffangen kann, falls sie beim Treppenaufstieg stolpert. Beim Treppenabstieg läuft der Herr jedoch voraus, um, für den Fall dass die Dame stolpern sollte, sie nicht ganz abstürzt, sondern (zu ihrem eigenen Schutz) blockiert wird. Unabhängig von der Frage, ob der Frau dies recht ist, schadet es nicht, diese Regel beizubehalten. Man kann jedenfalls nichts falsch machen.

Ansprachen, Vorträge und Präsentationen

Ansprachen, (kurze oder längere) Vorträge und (z. B. Powerpoint- oder Flipchart-)Präsentationen zählen zum Alltag vieler Manager und Mitarbeiter. Manchmal vollzieht sich alles etwas mühsam, da das Publikum unmotiviert, gelangweilt und passiv ist. Kaum einer fühlt sich angesprochen. Dies lässt sich jedoch vermeiden, indem man den Zuhörern das Gefühl gibt, persönlich angesprochen und beteiligt zu sein. Zum Beispiel, indem man immer wieder Blickkontakt zu einzelnen Personen sucht. Wenn man jemanden mit Namen

kennt und zudem weiß, welche firmeninterne Funktion oder welchen Beruf er ausübt, dann kann man ihn persönlich (lobend) ansprechen, indem man beispielsweise sagt „… ein technisch denkender Mensch wie Sie, Herr Dr. Rudolph, wird sich jetzt höchstwahrscheinlich fragen, wie sich dies umsetzen lässt, ohne gegen die DIN-ISO-Richtlinie 08/15 zu verstoßen …" Dann fühlt sich der Angesprochene geehrt und das Publikum ist beeindruckt, dass sich der Redner anscheinend gut über sein Publikum informiert und damit gut auf den Vortrag vorbereitet hat.

■■■ Diskussionen in Meetings und Konferenzen

Diskutiert wird überall im Geschäftsleben. Gerade Meetings und

Konferenzen leben davon. In einer Diskussion setzen sich die Beteiligten mit verschiedenen Meinungen auseinander. Es werden neue Aspekte deutlich. Manchmal ergeben sich verblüffende Lösungen für alle Gesprächsbeteiligten. Allerdings sollte die Teilnehmerzahl überschaubar bleiben. Ansonsten besteht die Gefahr, dass manche gar nicht mehr zu Wort kommen. Oder sie tuscheln nur mit ihren Tischnachbarn und lästern über die Teilnehmer, die sich mit ihren Fragen, Behauptungen und Erzählungen in den Vordergrund stellen. Daher nimmt der Diskussionsleiter eine wichtige Rolle ein. Er wirkt wie ein Schiedsrichter und achtet darauf, dass die Etikette in der Diskussion bewahrt bleibt. Zugleich dirigiert er den Diskussionsverlauf, ohne dass sich die Beteiligten vor den Kopf gestoßen, nicht ernst genommen oder bedrängt fühlen. Eine gewisse Schlagfertigkeit zeichnet einen flexiblen Diskussionsleiter aus. Durch gezielte Fragen erreicht der Diskussionsleiter, dass die Teilnehmer lösungsorientiert diskutieren. Dies lässt sich fördern, indem gezielte Fragen gestellt, einzelne Teilnehmer angesprochen, deren Ansichten zusammengefasst und Abschweifungen vom Thema unterbunden werden. Am besten lässt sich diskutieren, wenn die Teilnehmer ringförmig sitzen, denn in einem Kreis sieht jeder den anderen und alle fühlen sich gleichrangig. Das Brainstorming in Diskussionen fördert eine schöpferisch-kreative „Wir-Atmosphäre". Dadurch traut sich der Einzelne auch eher, seine Meinung und seine Ideen vorzutragen. Missverständnisse und Zweifel lassen sich sofort erkennen und beheben.

„Guten Appetit"
Geschäftsessen sind die hohe Kunst des guten Benehmens

Dass Essen und Trinken nicht nur Leib und Seele, sondern auch die teilnehmenden Personen zusammenhält, wurde bereits in Kapitel 1 betont. Allerdings stellen Tischmanieren die gegenseitige Sympathie und Wertschätzung gerade bei Geschäftsessen auf eine harte Probe. Für gute

Benimm im Business

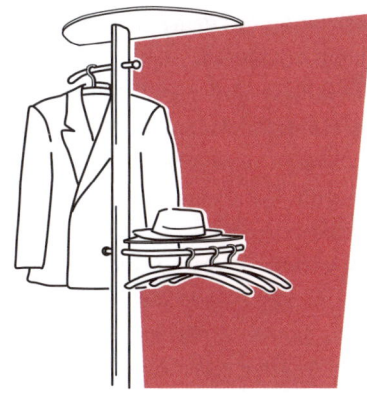

Oft treffen sich Geschäftsleute zum Essen in Restaurants. Beim Betreten des Restaurants fällt der Blick meist als erstes in Richtung Garderobe. Gerade im Business-Alltag herrscht auch an der Garderobe Gleichberechtigung, denn mittlerweile bieten auch Frauen den Herren ihre Hilfe beim Verstauen von Mänteln und Schirmen etc. an. Allerdings sind persönliche Gegenstände, wie z. B. Laptoptaschen, Handtaschen oder Aktenkoffer nach wie vor Tabu für alle Beteiligten – um diese kümmert sich jeder selbst.

Geschäftsbeziehungen sind gute Tischmanieren wertvoller als Hochglanzprospekte über die jeweilige Firma. Bei Geschäftsessen lassen sich Verträge nicht nur besiegeln, sondern auch künftige Geschäftsbeziehungen fördern. Je perfekter die Tischmanieren des Firmenvertreters, desto perfekter der Eindruck, den die Firma hinterlässt. Nicht nur im Privatleben, sondern auch im Geschäftsleben orientieren sich viele an der Faustregel „wie man isst – ist der Firmenvertreter – dessen Produkte – und das Unternehmen, das er vertritt". Der korrekte Umgang mit Messer und Gabel wird als Selbstverständlichkeit vorausgesetzt. Hier gilt auch nichts anderes, als im Privatleben (Siehe Kapitel I – Benimm-Basics). Insbesondere, dass man sich bei mehreren Bestecken stets von außen nach innen vorarbeitet und niemals mit vollem Mund spricht. Allerdings bestechen Geschäftsessen oft durch besonders vornehm gedeckte Tische in auffallend exklusiven Restaurants. Meist stehen ungewöhnlich viele (und oft auch besonders hochwertige) Gläser, Teller und glänzende Besteckteile auf dem Tisch. Hiervon sollte man sich nicht irritieren lassen, sondern das feine Arrangement als Chance nutzen, sich besonders stilvoll zu benehmen.

■ ■ ■
Noch ein Wort zu Kantine und „guten Appetit"

Wie bereits in Kapitel 1 angesprochen, ist es fast überall so, dass sich Kolleginnen und Kollegen, die sich mittags in der Kantine sehen, gegenseitig einen guten Appetit wünschen oder „Mahlzeit" sagen. Wer es nicht tut, gilt schnell als arrogant, auch wenn dies keineswegs beabsichtigt ist. Zudem ist es ja

DIE HOHE KUNST DES LÖFFELNS

Gerade bei opulenten Geschäftsessen in besonders vornehmen Ambiente liegt manchmal auf der rechten Seite neben dem Messer rechts außen noch ein Löffel. Dieser ist als „Gourmetlöffel" für Saucen bestimmt. Im Gegensatz zu Frankreich, wo Sauce mit Baguette aufgetunkt wird, gilt es in Deutschland als unfein, Brot zum Aufnehmen der Sauce zu verwenden. Nicht zu verwechseln ist der Gourmetlöffel mit dem Suppenlöffel. Dieser liegt entweder über dem Teller (der kleinere ist für den Nachtisch, der darüber liegende größere ist für die Suppe bestimmt) oder wird direkt mit der Suppe auf einem Unterteller serviert. Der Löffel wird übrigens aus Rücksicht auf die anderen Gäste und den Gastgeber stets mit der spitzen Seite und nicht breitlings zum Mund geführt. Grundregel: Man pustet das Essen nicht kalt. Die Gründe sind auch hier plausibel. Wer die breite Löffelseite zum Mund führt braucht mehr Platz am Tisch, sonst läuft sein rechter Tischnachbar Gefahr, einen Ellenbogenschlag verpasst zu bekommen. Zudem besteht das Risiko, dass das Essen vom Löffel tropft und Kleidung oder Tischdecke trifft. Kaltpusten ist nicht nur mit abstoßenden Geräuschen verbunden, sondern auch mit der Gefahr, dass die Suppe den Gegenüber oder zumindest die Tischdecke trifft. Bei Geschäftsessen lassen sich Punkte bei den anderen Firmenvertretern sammeln, wenn diese Regeln beachtet werden. Selbst wenn diese die Regeln nicht kennen, so lässt es sich immerhin vermeiden, dass man in schlechter Erinnerung bleibt, weil man gekleckert hat.

auch nicht böse gemeint, wenn man einem anderen etwas Gutes wünscht. Wird dies jedoch ohnehin nicht praktiziert, sollte man diese Gepflogenheit keinesfalls einführen.

###

Heimliche Beobachter beim Geschäftsessen

Wer im Rahmen eines Vorstellungsgesprächs oder eines Assessmentcenters zum Essen eingeladen wird, dem sollte bewusst sein, dass er genau beobachtet wird. Entweder von den am Tisch Sitzenden oder von den Personen an den Nebentischen, die ebenfalls zum Firmenteam zählen. Die Betreffenden möchten sicherstellen, dass sie den potenziellen Bewerber auch getrost mit Kunden zum Essen schicken können, ohne dass dieser ein schlechtes Licht auf ihr Unternehmen wirft.

###

Das richtige Outfit beim Geschäftsessen

Ein angemessenes Outfit drückt Höflichkeit und Achtung gegenüber den

Benimm im Business

anderen aus. Beim Geschäftsessen gilt zusätzlich die Regel, dass man besser zu formell, als zu leger gekleidet erscheint. Allerdings ist bei einer Einladung zum Grillabend oder auf das Oktoberfest kein Anzug mit Krawatte vonnöten. Allgemein gilt aber, besser overdressed, als zu leger gekleidet. Zudem kann man sich gegebenenfalls einer Krawatte oder eines Jacketts schnell entledigen, um rein optisch etwas lockerer zu erscheinen. Die Schuhe jedoch sollten auch im lässigen Ambiente immer korrekt sein. Turnschuhe etwa wirken in jedem Geschäftsumfeld deplatziert. Wenngleich es im Privaten leger wirkt, Schuhe ohne Strümpfe oder Socken zu tragen, sind sie hier unverzichtbar. Es gilt: Tennissocken gehören auf den Tennisplatz.

Gern gesehen ist bis heute die freundliche Geste, dass man den Beifahrern die Wagentür öffnet. Allerdings nicht so, dass der Fahrer vom Fahrersitz aus, also von innen, die Beifahrertür entriegelt, sondern indem er die Wagentür von außen öffnet. Hier gibt es jedoch eine klei-

Hintergrundinformation: Autotüren und Mitfahrer

Oft fahren Firmenvertreter oder Geschäftsleute gemeinsam in einem Wagen mit Kunden oder Kollegen. Dabei gilt der Beifahrersitz als Ehrenplatz. Nicht nur aus Gründen der Bequemlichkeit, sondern auch der besseren Sicht wegen. Angenommen der Firmeninhaber eines Konzerns in Ohio/USA besucht eine Tochterfirma in Deutschland und wird von einem Geschäftsführer im Auto mitgenommen, so gebührt ihm der Beifahrerplatz als Ehrenplatz.

„TOP 10-CHECKLISTE" TISCHMANIEREN

1. Besteck von außen nach innen benutzt?
2. Keine zu großen Bissen abgeschnitten?
3. Keine Unterhaltung mit vollem Mund?
4. Adäquate (Small Talk) Gesprächsthemen?
5. Ellbogen weg von Tischfläche?
6. Arme eng am Körper, um Tischnachbarn nicht einzuengen?
7. Erst gekostet, bevor nachgewürzt?
8. Besteck korrekt auf Teller abgelegt (also ohne, dass Griffe Tischfläche herühren) bei Essenspause?
9. Serviette auf Stuhlfläche, falls Tisch kurz verlassen wird?
10. Serviette links neben Teller, wenn Mahl beendet ist?

ne Feinheit: Der Fahrer sollte immer von der Frontseite aus um das Auto laufen. Früher befürchteten die Mitfahrer nämlich, dass das Dienstpersonal hinter ihrem Rücken grinsen könnte.

„Jetzt reicht es"
Schwierige Verhandlungssituationen gekonnt klären

Angesichts der Tatsache, dass man seine Kollegen – und in vielen Firmen auch die Vorgesetzten – fast täglich sieht, muss man einen angenehmen, sachlichen und kollegialen Umgang miteinander pflegen. Da alle Menschen verschieden sind, versteht es sich von selbst, dass man sich mit einigen Kollegen gut bis sehr gut versteht und mit anderen weniger gut bis schlecht. Neben grundlegenden Höflichkeitsregeln, wie Grüßen, Verabschieden sowie den Wörtern „bitte" und „danke", tragen folgende Eigenschaften zu einem guten Umgang mit Kollegen und Vorgesetzten, aber auch mit Kunden und Lieferanten bei.

■■■
Notlügen sind oft nicht nötig

Es kommt immer wieder vor, dass Situationen entstehen, in denen jede Antwort – und jedes Schweigen – Probleme aufwirft. Wenn jemand z. B. von einem Kollegen gefragt wird, ob er wisse, weshalb der Chef ihn sprechen wolle, wenngleich dieser genau weiß, dass der Vorgesetzte vorhat, ihm die Kündigung auszusprechen, möchte und kann man nicht antworten. Oder jemand wird gefragt, ob er wisse, weshalb Frau X nicht am Firmenseminar, das sie sich doch schon seit

Benimm im Business

Monaten gewünscht habe, teilnehme, obwohl man genau weiß, dass diese am besagten Tag ein Vorstellungsgespräch bei einem anderen Unternehmen führt und deshalb Urlaub eingereicht hat. Es gibt aber auch andere Situationen, in denen man sich leicht in die Ecke gedrängt fühlt. Der Ausweg: Man lenkt das Gespräch möglichst in eine andere Richtung oder (beispielsweise bei Telefonaten) sagt, dass man sich rückmelde, da man gerade keine Zeit habe. Schlimmstenfalls hat man dann „vergessen", sich rückzumelden, sodass sich die Frage von selbst erledigt hat, da der Fragende bis dahin bereits im direkten Gespräch mit der Person, über die man sich erkundigte, informiert wird. Eine Musterlösung für Notlügen gibt es aber nicht. Diesen Gewissenskonflikt muss jeder individuell lösen. Allerdings gibt es Konstellationen, in denen man einfach um Bedenkzeit (Fristverlängerung, Aufschub etc.) bitten kann. Im günstigsten Fall (z. B. bei Kundenbeschwerden über technische Mängel eines Geräts und der Befürchtung, dass eine ganze Produktserie zurückgerufen oder die Produktion eingestellt werden muss) ist bis dahin eine technische oder allgemeine Lösung gefunden worden, mit der beide Seiten zufrieden sind.

Umgang mit Kollegen

Zunächst schickt es sich nicht, über Kollegen zu lästern. Auch sollte man sich nicht bei anderen Kollegen und Vorgesetzten über einen Kollegen beschweren, bevor man die Angelegenheit nicht persönlich mit ihm besprochen und nach Lösungsmöglichkeiten gesucht hat. Positiv wirkt sich dagegen die Frage aus, ob man ihm etwas aus der Kantine, vom Bäcker etc. mitbringen soll. Dies verbessert das Arbeitsklima sehr. Zudem ist es ein recht geringes Opfer, wenn man ohnehin auf dem Weg dorthin ist.

Rücksichtnahme verbessert das Betriebsklima

Isst man in der Kantine, dann fragt man jene Kolleginnen und Kollegen, zu denen man sich setzen möchte, zunächst, ob der Platz noch frei sei.

Benimm im Business

155

Dann wünscht man noch einen „guten Appetit" und hält beim Essen die grundlegenden Tischmanieren ein. Auch wenn das Rauchen in Ihrem Bundesland in Gaststätten (noch) erlaubt ist, sollten Sie sich erkundigen, ob es andere stört, wenn sie rauchen und auf kurzfristige Änderungen der Regelung achten. Falls eine gemeinsame Mittagspause in einem Büroraum/Aufenthaltsraum erfolgt, sollte man keine stark (z. B. nach Zwiebeln oder Knoblauch) riechenden Lebensmittel mitbringen. Diese Gerüche schlagen sich meist im Büro nieder. Der Konsument merkt meist nichts davon, aber der Kollege leidet. Unter unangenehmen Gerüchen zu leiden, lässt sich jedoch vermeiden. Ein gepflegtes Auftreten (Kleidung, Körperpflege etc.) gilt als Selbstverständlichkeit. Unangenehme Gerüche entstehen aber auch durch Rauchen oder starke Parfums. Falls Rauchen im Büro erlaubt ist, schickt es sich trotzdem nicht, nichtrauchende Kollegen „einzuqualmen". Hier sollte genau geklärt werden, ob im Büro geraucht wird. Nichtraucher sollten sich auch nicht scheuen ein Veto einzulegen. Meist lassen sich gute Kompromisse schließen, z. B., dass in einer Raucherecke oder auf dem Flur geraucht werden darf. Starke Parfums (z. B. mit schweren, orientalischen Gewürznoten oder blumig süßen Akzenten) sollten nur abends verwendet werden.

■ ■ ■
Düfte bei Geschäftsterminen

Allerdings sollte man bei Düften auch an die Kunden denken. Normalerweise wirken im Geschäftsleben sportlich-frische Düfte dynamisch,

DUFT ABFRAGEN

Frauen, die einen bestimmten Duft auftragen, sollten die Version des Eau de Toilette nehmen. Dies ist nicht so „schwer" und verflüchtigt sich rascher. Zudem sollten sie ihre Kolleginnen, sofern sie ein gutes Verhältnis zu ihnen haben, fragen, wie es ihnen gefällt. Sagen diese, es wäre für sie selbst zu schwer, blumig, fruchtig, holzig, süß, würzig etc., dann ist dies ein verstecktes Signal des Nichtgefallens. Manchmal lösen entsprechende Düfte sogar Kopfschmerzen bei anderen aus. Dann sollte man es während der Arbeitszeit nicht tragen. Erzählt die Kollegin von ihren Lieblingsdüften, kann es durchaus sein, dass eine Gemeinsamkeit besteht. Diese Parfums kann man dann getrost tragen.

Benimm im Business

Um als Betroffener diplomatisch darauf hinzuweisen, dass einen das Eau de Toilette des/der Kolleg(inn)en stört, kann man auch interessiert fragen, um welchen Duft es sich handele. Auf die Antwort hin kann man dann noch, der Freundlichkeit halber, fragen, ob dieser neu auf dem Markt sei. Egal was die gefragte Person antwortet, lässt sich darauf entgegnen, dass man selbst leichtere oder herbere Düfte bevorzuge und dass einem dieser Duft zu schwer wäre. Ein rücksichtsvoller Mensch wird sich dann zurückhalten und ihn nicht mehr während der Arbeitszeit verwenden. Sollte der/die Betreffende diesen Wink nicht verstanden haben, dann hilft nur noch eine persönliche Bitte. Diese sollte dann so ausfallen, dass die betreffende Person sich nicht persönlich betroffen fühlt. Also sagt man beispielsweise, dass man wirklich gerne mit ihm/ihr zusammenarbeite und ihn/sie schätze, aber, dass das Parfum Kopfschmerzen auslöse und bittet, es nicht mehr während der Arbeitszeit aufzutragen. Allerdings darf der Hinweis nicht fehlen, dass er/sie dies nicht persönlich nehmen dürfe.

erfolgreich und sympathisch. Selbst, wenn innerhalb der Firma vom Duft her zwischen den Kollegen Einigkeit besteht, sollte die Dosis dezent bleiben. Schließlich nimmt man selbst einen Duft auch von Kollegen nicht mehr so intensiv wahr, wie dies anfänglich der Fall war. Insoweit schadet Abwechslung nicht.

■■■
Unbeliebte und beliebte Verhaltensweisen

Kollegen unnötig von ihrer Arbeit abzuhalten, schafft leicht schlechte Stimmung. Genauso sollte man nicht ohne Absprache Änderungen am Arbeitsplatz vornehmen. Etwa ohne Absprache Bilder im gemeinsamen Bürozimmer aufhängen. Es gebietet sich, gemeinsam zu beschließen, wie und wo Schreibti-sche, Drucker, Kopierer etc. stehen sollen. Routinearbeiten (Blumen gießen, Anrufbeantworter abhören, Druckerpatronen wechseln) werden fairerweise geteilt. Klingelt das Kollegen-Telefon, dann nimmt man, falls nichts anderes vereinbart ist, den Anruf entgegen, indem man zuerst den Firmennamen nennt, dann „Apparat" (Name des Kollegen nennen), hier (eigenen Namen nennen) und fragt, was man für ihn tun könne. Beispiel: „Firma F, Apparat

Corinna Schaub, hier Bruno Braschler, kann ich Frau Schaub etwas ausrichten? Oder kann ich Ihnen vielleicht weiterhelfen?" Oft ist Letzteres der Fall. Die entsprechende Kollegin wird sich bei Gelegenheit revanchieren und Ihre Anrufe ebenfalls entgegennehmen.

■ ■ ■

Typologie von Kollegen

Es gibt verschiedene Typen von Kolleginnen und Kollegen. Oft lassen sich diese unterschiedlichen Charaktere unter Begriffe wie „Besserwisser", „Jammerer", „Poser", „Intriganten", „Gnadenlose" oder „Provokateure" einordnen. Es gibt immer und überall Kolleginnen und Kollegen, mit denen man gerne oder weniger gerne zusammenarbeitet. Teamarbeit ist in vielen Berufen nicht wegzudenken. Ohne sie könnten einzelne Projekte nicht abgewickelt werden. Um sich möglichst kollegial verhalten zu können, sollte man versuchen, die einzelnen Personen typologisch einzuordnen, um auch in schwierigen Situationen angemessen reagieren zu können.

Typ Besserwisser

Besserwisser sind meist bereits seit längerer Zeit in dem Unternehmen beschäftigt und stehen stets mit klugen Ratschlägen zur Seite. Gerne mischen sie sich überall ein und kommentieren das Geschehen. Dies frustriert die Zuhörer oft, da Besserwisser eben immer alles besser wissen. Sie wollen nicht nur stets das letzte Wort, sondern auch immer Recht haben. „Ich hab es ja gleich gesagt!" oder „na also" hört man oft von ihnen.

Verhaltenstipp:
Diplomatischerweise dankt man ihm zunächst für seine interessanten Anregungen. Auf diese Art und Weise fühlt er sich geehrt. Ein Lob an passender Stelle wirkt ebenfalls wahre Wunder. Dabei sollte man aber nie vergessen, zum eigentlichen Thema zurückzukehren und den roten Faden nicht zu verlieren. Allerdings empfiehlt sich diese Taktik nur dann, wenn man von der fachlichen Kompetenz des Kollegen im Prinzip überzeugt ist. Dann klappt die Zusammenarbeit im Laufe der Zeit deutlich besser.

Benimm im Business

Typ Pessimist

Pessimisten kann man ohnehin nie etwas recht machen. „Vielleicht", „besser nicht", „man kann ja nie wissen", zählen zu ihren Standardantworten. „Das ist nicht ungefährlich", „da ist Vorsicht geboten", „so was geht meistens schief", „früher war alles besser" und Sätze wie „... ich hab ja gleich davor gewarnt, aber auf mich hört ja keiner" runden ihr pessimistisches Bild ab.

Verhaltenstipp:

Es macht meist wenig Sinn, ihnen zu viel Aufmerksamkeit zu widmen. Pessimisten jammern meist permanent und demotivieren die anderen Teammitglieder. Dennoch sollte man deren Argumente nicht komplett ignorieren, da Pessimisten manche Probleme erkennen, die andere übersehen haben.

Typ Intrigant

Intriganten gibt es immer und überall. Oft sind es jene Kolleginnen und Kollegen, die die Karriereleiter erklimmen möchten und sich geschickt mit fremden Lorbeeren schmücken. Sie behalten Wissen, das für alle direkten Kolleginnen und Kollegen wichtig und nützlich wäre, für sich und präsentieren sich nach außen äußerst freundlich. Gerne starten sie Mobbing-Aktionen und streuen Gerüchte. Gerade dieser Typ ist mit Vorsicht zu genießen.

Verhaltenstipp:

Gerüchte, die ein Intrigant in Umlauf bringt, machen meist neugierig. Manchmal erregen Intriganten bereits dadurch Aufmerksamkeit, dass sie etwas wissen, bzw. zu wissen vorgeben, das die anderen (noch) nicht wissen (können). Da es aber normalerweise nicht jeden Tag so viele Neuigkeiten gibt, hilft der Intrigant meist mit selbst erfundenen Gerüchten nach. Genau dies ist aber auch seine schwache Stelle. Wer dem vermeintlichen Intriganten (und nur diesem) nämlich eine selbst erfundene Geschichte mit der Bitte anvertraut, diese Information unbedingt für sich zu behalten (eventuell deshalb, da man dem Erzählenden versprochen habe, dies vertraulich zu behandeln und nicht zu verraten, dass man es von ihm wisse), der erkennt schnell, ob dieser geplappert hat. Wenn beispielsweise in der ganzen Firma solch ein erfundenes Gerücht (z. B., dass einer der Mitarbeiter der X-Abteilung vier Millionen Euro im Lotto gewonnen habe und nun nach Hawaii auswandere, weshalb seine Stelle neu zu besetzen sei) kursiert, dann kann es nur vom Intriganten in Umlauf gebracht worden sein. Spätestens dann ist die „undichte Stelle" in der Firma enttarnt. Wirklich wichtige Informationen sollte man jenen Kollegen nicht mehr anvertrauen.

Typ Provokateur

Oft möchten provokante Charaktere anders sein als die anderen, was sie durch Kleidung, Einstellung, Auftreten und Ansichten ausstrahlen. Regeln werden gerne ignoriert. Dadurch erzielen diese Mitarbeiter zusätzliche Aufmerksamkeit. Gerne widersprechen sie anderen, sowohl im Sport, in der Politik oder in beruflichen Themen.

Verhaltenstipp:

Am besten ist es, Provokateuren möglichst wenig Angriffsfläche zu bieten. Zu den typischen Eigenschaften jener Kollegen zählt es, ständig zu widersprechen. Egal welche Ansicht man vertritt, er lehnt sie vermutlich ab. Nicht zuletzt deshalb, weil er gerne das letzte Wort haben will. Daher muss man sachlich fundiert argumentieren. Wer sachlich stärkere und logische Argumente vorbringt und schlüssig begründet erreicht sein Ziel diplomatisch und bleibt höflich. Manchmal ist es aber ebenfalls kompliziert. Eine andere Möglichkeit bestünde darin, dass man sich der Meinung des Provokateurs (angeblich) anschließt. Dies könnte so aussehen, dass man das sachlich schwächste Argument des anderen heraussucht und mit einem „... das sehe ich auch so wie unser Kollege K, denn dann ..." anschließt. Nun gilt es, den vermeintlich wichtigen Grund so vorzutragen, als ob dies unglaublich wichtig und wertvoll sei. Wenn es dann zur Abstimmung kommt, dann hat man nach außen zwar verloren,

Benimm im Business

innerlich aber gewonnen, da man das angestrebte Ziel erreicht hat.

Typ Poser

Poser setzen sich gerne gekonnt in Szene um aufzufallen. Sie lassen kaum eine Gelegenheit aus, um sich vorteilhaft zu präsentieren. Sie reden viel, ohne etwas Konkretes von sich zu geben. Alles bleibt unverfänglich. Dennoch beeindrucken sie durch gekonnte Reden, Gespräche oder Vorträge. Sie möchten gerne immer wichtig wirken – was ihnen oft gelingt.

Verhaltenstipp:

Da Poser gerne fremde Ideen als ihre eigenen verkaufen, sollte man ihnen möglichst keine wirklich wichtigen Ideen und Gedanken verraten. Vielmehr sollte man derartige Zeitgenossen durch konsequentes, aber diplomatisches Hinterfragen enttarnen. Ein Beispiel: Die Behauptung „... wir wollen uns bei dem Projekt P unbedingt beteiligen ..." mit einem „... wer ist wir?" kontern. Mit hartnäckigem, höflichem, aber konsequentem Nachfragen lassen sich derartige Legenden schnell enttarnen. Der Poser hingegen wurde auf höflich-diplomatische Art in seine Schranken gewiesen.

Typ „Skrupellos"

Skrupellose kennen kein Mitleid. Sie verfügen meist über eine recht kräftige Stimme. Nicht selten werden sie laut. Allein die Stimme übertönt Zweifler und Bedenkenträger durch die Überzeugungskraft, die sie ausstrahlt. Bereits deshalb gehört ihnen oft das letzte Wort.

Verhaltenstipp:

Skrupellose Brüller lassen sich manchmal auf elegante Art zum Verstummen bringen. Zunächst darf man sich durch laute und kräftige Stimmen nicht einschüchtern lassen. Manche harmoniesüchtigen oder ängstlichen Menschen meiden Konflikte konsequent und geben anderen immer Recht. Dies muss nicht sein. Viele Manager halten von Mitarbeitern, die nicht ständig „ja" sagen mehr als von anderen, da diese eventuelle Fehler oder Probleme erkennen und offen ansprechen. Dieses lösungsorientierte Widersprechen muss jedoch keineswegs laut oder patzig erfolgen. Wer laut kontert, wird meist unhöflich oder ausfällig. Dies muss nicht sein. Kaum etwas bringt einen Brüller mehr aus der Ruhe, als wenn der Angebrüllte unbeeindruckt bleibt und (übertrieben) ruhig und sachlich kontert. Z. B. mit einem „... offensichtlich sind Sie anderer Meinung. Wie lautet Ihr Lösungsvorschlag?" – meist verschlägt es dem Brüller dann die Sprache.

▪▪▪ Kollegen so weit wie möglich akzeptieren

Eine gute, kollegiale Zusammenarbeit fördert den Unternehmenserfolg und die eigene Zufriedenheit. Am angenehmsten für alle ist es zu wissen, dass sich die Kollegen selbst dann fair verhalten, wenn man nicht im Büro ist. Kollegen lassen sich nicht von einem Tag auf den anderen ändern. Massive Änderungsversuche haben oft wenig Aussicht auf Erfolg. Allerdings lässt sich nicht alles tolerieren. Dazu zählt z. B. Unpünktlichkeit. Schließlich warten Kunden

ABWESENDE KOLLEGEN

Sofern der Kollege gerade abwesend sein sollte, wenn etwas aus seinem Arbeitsumfeld benötigt wird (z. B. Druckerpapier, Beamer oder Flipchart), dann sollte man es sofort beichten, wenn er wieder da ist. Bei einem „Sie waren gestern nicht erreichbar und es gab kein Flipchartpapier mehr – Sie sind sicher nicht böse, dass ich mir von Ihrem Flipchartpapiervorrat genommen habe?", hat er sicher Nachsicht. Zudem entsteht dann oft eine Art „Gewohnheitsrecht". Der Betreffende räumt meist ein, dass sich der Kollege in derartigen Situationen gerne bedienen darf und umgekehrt.

auch nicht ewig auf bestellte Produkte, sondern wechseln gegebenenfalls den Anbieter. Wer beruflich viel mit bestimmten Kollegen zu tun hat, der sollte eine gute Zusammenarbeit fördern. Vor allem dann, wenn dieser gerade abwesend ist, ist Kollegialität gefragt.

▪▪▪ Einen freundlichen Umgang pflegen

Dazu zählt, dass man sich bei dem jeweiligen Kollegen erkundigt, ob man etwas aus seinem Umfeld (z. B. seinen Rechner, Füller oder dergleichen) benutzen darf und es nicht einfach entwendet. Immer wieder kommt es vor, dass sich andere (Kollegen oder Kunden oder sogar der Chef) über den Kollegen beschweren, der momentan nicht anwesend ist. Natürlich könnte man bei Kundenbeschwerden oder Rügen von Vorgesetzten darauf verweisen, dass es sich hierbei um die Aufgabe seines Kollegen handele und dieser nicht da sei. Dass man demnach selbst nichts damit zu tun habe. Kollegialer jedoch wäre es, der Kundenbeschwerde

Benimm im Business

(soweit es sich nur um eine Kleinigkeit oder eine unproblematische Routineaufgabe, die nicht allzu viel Zeit in Anspruch nimmt, handelt) rasch abzuhelfen. Hier kann man entweder sagen, dass man sich darum kümmert, oder aber, dass eigentlich der Kollege zuständig sei, aber man der Sache nachgehen werde und sich wieder melde. Auf diese Art schützt man den Kollegen vor Rügen und kann normalerweise darauf zählen, dass dieser sich in einer ähnlichen Situation entsprechend verhält. (Dies gilt allerdings nicht, wenn es sich um Mobbingattacken handelt oder der Charakter des Kollegen zu wünschen übrig lässt und keine Besserung in Aussicht ist.)

■ ■ ■
Kranke Kollegen

Manchmal kommt es vor, dass ein Kollege erkrankt. Dann gelten dieselben Regeln wie im Privatleben. Dabei bietet es sich meist an, dass sich die Mitarbeiter, die enger mit ihm zusammenarbeiten, arrangieren und ein gemeinschaftliches Geschenk organisieren. Auf einer Karte können dann alle, die sich daran beteiligt haben, unterschreiben. Selbst wenn niemand ihn persönlich besuchen möchte, ist es ein Zeichen der Achtung und kollegialen Verbundenheit, wenn man ihm eine entsprechende Karte nebst Blumenstrauß oder Ähnlichem zustellen lässt. Auf der Karte sollten neben den Genesungswünschen noch ein paar aufmunternde Worte stehen. Z. B., dass Kollegen und Kunden ihn bereits vermissen und sich auf seine Rückkehr freuen. Wer ihn besuchen möchte, sollte seinen Besuch im Vorfeld ankündigen. Kranken ist es manchmal peinlich in ihrem geschwächten Zustand von Kollegen gesehen zu werden. (Dieses „Besuchsrecht" räumen manche nur

TIPP:

Normalerweise freuen sich Kollegen sehr, wenn man gelegentlich ohne Grund etwas für sie mitbringt, z. B. Eiskreme im Sommer. Vorgesetzte motivieren damit ihre Mitarbeiter.

ihren Familienangehörigen und engsten Freunden ein.)

▪▪▪ Umgang mit Vorgesetzten

Angestellte sollten nie außer Acht lassen, dass ihre Vorgesetzten selbst dann eine Sonderstellung mit speziellen Befugnissen haben, wenn sie sich locker geben. Es handelt sich selbst dann um ein „Über-Unterverhältnis", wenn man in einem „jungen" Unternehmen arbeitet, in dem sich alle duzen und fla-

che Hierarchien herrschen. Das „Du" hat Vor- und Nachteile. Es spricht zwar für eine entspannte Arbeitsatmosphäre, aber es fällt schwerer, dem Wunsch des anderen, ihm ausnahmsweise einen Gefallen (zusätzliche Arbeit erledigen) zu tun, zu widersprechen.

Dennoch ist der Umgang mit Vorgesetzten nicht immer einfach, insbesondere dann, wenn der Vorgesetzte launisch ist, ungerechtfertigte Kritik übt oder Untergebene beleidigt. Trotz allem sollte man hier sachlich bleiben und sich nicht provozieren lassen. Im günstigsten Fall entschuldigt sich der Chef dann. Wenn sich die Stimmung wieder gebessert hat, kann man auf den Vorfall zurückkommen und sachlich schildern, worüber man sich geärgert hat.

▪▪▪ Gespräch „unter vier Augen" mit Chef

Von regelmäßigen Mitarbeitergesprächen abgesehen gibt es immer wieder Anlass für ein Gespräch mit dem Vorgesetzten „unter vier Augen". In einem persönlichen Ge-

Benimm im Business

EXKURS: BESPRECHUNGEN

In vielen Firmen stehen wöchentliche oder sogar tägliche Besprechungen (auch Meetings genannt) auf der Tagesordnung. Diese werden meist von Vorgesetzten geführt, aber auch von Mitarbeitern (Projektleiter), die für bestimmte Projekte (z. B. Kundenwerbung, Einführung eines neuen Produkts etc.) zuständig sind. Dann ist zwar der Vorgesetzte anwesend, geleitet wird die Besprechung aber vom Mitarbeiter (Sitzungsleiter). Hier gelten folgende Regeln für beide Seiten:

- Gute Vorbereitung (Tagesordnung möglichst einige Tage vorher verteilen)
- Raum organisieren (Flipchart, PC-Anschlüsse, Getränke etc.)
- Pünktlich beginnen
- Störungen (Handyklingeln) vermeiden
- Sachliche Diskussion
- Anderen nicht ins Wort fallen
- Darauf achten, dass nicht vom Thema abgewichen wird
- Pünktlich enden
- Besprechungsprotokoll möglichst rasch erstellen (lassen) und verteilen

tritt ein. Vorgesetzte mit guten Umgangsformen reichen einem die Hand und bieten einen Sitzplatz an. Natürlich ist dies nicht immer der Fall. Manche bleiben einfach sitzen. Dies ist aber kein Grund zur Verunsicherung. Hier zählt Gelassenheit. Der Vorgesetzte sagt dann sinngemäß „treten Sie ein". Beim Betreten des Büros setzt man sich trotzdem erst, wenn die Aufforderung erfolgt Platz zu nehmen. Dann kann man sich bedanken, dass der Chef trotz seines engen Terminplans Zeit für einen gefunden hat und nennt den Grund für das erbetene Gespräch. Achtung: Dies ist kein Small-Talk, sondern eine formelle Angelegenheit. Das bedeutet, dass man das Problem direkt anspricht und sein Anliegen ohne Umschweife vor-

spräch kann der Mitarbeiter sein Anliegen vorbringen, ohne dass Kollegen direkt involviert sind. Auch wenn im Büro ein eher lockerer Umgang herrscht und sich nicht nur untereinander alle duzen, sondern auch der Chef geduzt wird, gibt es manchmal Anlass für ein ernsthaftes persönliches Gespräch. Hier sollte man ganz formell um einen Gesprächstermin bitten. Ein pünktliches Erscheinen gilt als Selbstverständlichkeit. Dann klopft man an die Tür, wartet auf das „Herein" und

ben Sie auf jeden Fall sachlich und fragen Sie nach den Gründen für die Ablehnung.

Das passende Umfeld für schwierige Besprechungen

Meetings und Konferenzen sollten in einem möglichst harmonischen Umfeld geführt werden. Zumindest was die Äußerlichkeiten anbelangt. Gerade wenn hitzige Diskussionen auf der Tagesordnung stehen, fördert eine angenehme Atmosphäre eine effektive Besprechung. Man unterscheidet Einzelbesprechungen von Teambesprechungen. Einzeltermine sollten möglichst störungsfrei verlaufen. Oft handelt es sich um vertrauliche Gespräche bzw. „Gespräche unter vier Augen". Dass der Vorgesetzte dem Gesprächspartner überlegen ist, ist normalerweise beiden bewusst. Daher fühlt sich der Mitarbeiter oft unwohl. Aus diesem Grund sollte der Gesprächspartner keine zu langen Monologe halten, wenn er das Gespräch eröffnet. Eine Moralpredigt mit erhobenem Zeige-

bringt. Handelt es sich z. B. um eine Gehaltserhöhung muss man jedoch auch dagegen gewappnet sein, dass die Forderung nicht erfüllt wird. Blei-

TIPP FÜR VORGESETZTE

Wenn Sie einem Mitarbeiter die geforderte Gehaltserhöhung verweigern, sollten Sie auch die Gründe dafür nennen. Dem Mitarbeiter gegebenenfalls sagen, dass man mit seiner Leistung (im Wesentlichen) sehr zufrieden sei, dass die betriebliche Situation jedoch eine Gehaltserhöhung zum momentanen Zeitpunkt nicht zulasse. Dass dies kein persönlicher, sondern ein rein betrieblicher Grund für die Ablehnung sei und dass man zu einem späteren Zeitpunkt (z. B. sechs Monate später) noch mal darauf zu sprechen komme.

Benimm im Business

Gesprächserfolg. Zum Schluss ist ein „guter Gesprächsabschluss" anzustreben. Die ersten und die letzten Sätze eines Gesprächs bleiben den meisten Menschen am längsten in Erinnerung.

■■■
Kritischer Faktor: Zeit

Zeit ist wertvoll. Unangemeldete Besucher sind daher oft Zeitdiebe. Man braucht sich in der Situation nicht zu scheuen, den Besucher auf die Zeitknappheit hinzuweisen und anzuregen „gleich zur Sache zu kommen". Der Besucher wird dies akzeptieren, zumal es bereits höflich ist, ihn, trotz des engen Zeitbudgets, überhaupt zu empfangen. Wer zudem seine Armbanduhr abnimmt und demonstrativ auf den Schreibtisch legt, der vermittelt auch symbolisch, dass es ihm damit Ernst ist. Man sollte allerdings nicht ständig

finger macht ebenfalls wenig Sinn, Ein Small Talk zum Gesprächsauftakt hingegen wirkt positiv.

Zudem sollte man sich Zeit nehmen für den anderen. Daher ist es äußerst unhöflich, wenn man ständig auf die Uhr blickt, nebenher Faxe versendet, SMS empfängt (oder gar versendet) oder das Telefon permanent klingelt. Stattdessen sollte man offen mit dem anderen sprechen und ihm zuhören. Dadurch gibt man dem anderen auch zu erkennen, dass einen seine Meinung grundsätzlich interessiert. Die Sitzordnung trägt ebenfalls viel zum Gesprächsverlauf bei. Eine direkte Gegenüberstellung der Sitzplätze wirkt auf den Mitarbeiter wie ein Kreuzverhör oder ein unangenehmer Arzttermin.

Wer im Gespräch erkennbar versucht, auf die Bedürfnisse des Gesprächspartners einzugehen, macht den ersten Schritt in Richtung

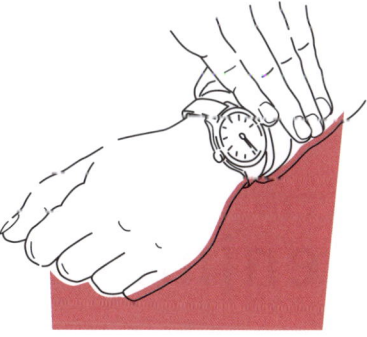

TO-DO

- Telefon umstellen, damit ständiges Klingeln keine unpersönlich-hektische Stimmung schafft.
- Gespräch freundlich beginnen.
- Angenehme Atmosphäre schaffen.
- Interesse am Anliegen des anderen zeigen.
- Gespräch freundlich beenden.

TABU

- Permanent auf die Uhr schauen. Dies signalisiert dem Gesprächspartner, dass einem die Zeit zu kostbar ist, als dass er sie unnötigerweise damit verschwendet, ihm zuzuhören.
- Nebenher etwas schreiben, skizzieren oder irgendwo eintippen (beispielsweise SMS schreiben oder Palm prüfen).
- Dem Gesprächspartner direkt (Auge in Auge) gegenüber sitzen.
- Lange Monologe zum Gesprächsauftakt halten.

auf die Uhr schauen. Wenn der Besucher aufbricht, wirkt es höflich, ihn zur Tür und zum Aufzug zu begleiten, denn der Besucher gewinnt das Gefühl, dass man ihn achtet und Freundlichkeit entgegen bringt. Dadurch drückt man indirekt Wertschätzung aus und der Besucher behält das Unternehmen, bzw. den Gesprächspartner in guter Erinnerung.

■ ■ ■
Schlagfertigkeitstechniken im Beruf

Stellen Sie sich vor, es ist Montag und Sie erscheinen mit neuer Frisur oder neuem Outfit im Büro. Während die meisten Mitarbeiter (innen) bereits höfliche Komplimente äußerten, taucht plötzlich ein(e) Nörgler(in) auf und erkundigt sich mit hinterhältigem Grinsen „... wer hat Sie denn so zugerichtet?" und verschwindet. Erst Minuten später fällt ihnen eine Antwort ein, die Sie hätten äußern können, um dem „Angreifer" Paroli zu bieten. Für viele Politiker und Personen des öffentlichen Lebens sind Schlagfertigkeitstechniken bereits Routine. Es gibt keine Musterlösung für schlagfertige Antworten. Jeder muss eine Technik herausfinden, die ihm besonders liegt. Üben lassen sich Antworten, indem man sich selbst ab und zu Fragen oder Bemerkungen und schlagfertige Antworten dazu ausdenkt. Es gibt sogar einige Techniken, mit denen sich Schlagfertigkeit trainieren lässt. Alle sind so konzipiert, dass man den „guten

Benimm im Business

Ton" insoweit wahrt, dass Beleidigungen oder persönliche Angriffe ausgeschlossen sind.

Rückfrage-Technik

Die Rückfrage-Technik basiert auf einem einfachen Prinzip. Es lautet Frage – Antwort – Gegenfrage – Gegenantwort. So lässt sich Zeit gewinnen. Manchmal fällt dem „Angreifer" überhaupt keine passende Antwort ein. Dann hat der „Angegriffene" immerhin ein „Unentschieden" erreicht.

Gerade-weil-Technik

Oft reagieren „Angreifer" perplex auf eine „gerade-weil"-Antwort. Sie klingt nämlich zunächst logisch und eignet sich insbesondere auf Vorwürfe, die mit Leistung und Kompetenzen zusammen hängen. „Gerade weil ich die Pressemeldungen so kurz formuliere, werden sie von Tageszeitungs-Redaktionen übernommen, da diesen nämlich nur wenig Platz zur Verfügung steht." So könnte eine „Gerade-weil"-Antwort überzeugen.

Besser-als-Technik

Mit einem „besser als" gibt man einem Angreifer nur bedingt Recht. Die Satzkonstruktion ähnelt jenen, die mit „zwar aber" beginnen. Das ganze soll so wirken, als ob der eigentliche Fehler beim Angreifer liegt und der Angegriffene das Opfer ist, dem man eigentlich noch dafür dankbar sein sollte, dass er die Firma vor schlimmeren Schäden bewahrt hat. Diese Technik ist aber auch bekannt in der Form „besser jetzt als nie". Dann erhält der Angegriffene ein „Lob", das sofort in einem „Tadel" erstickt wird. Das könnte aussehen wie „... gut, dass Sie dieses Problem erkannt haben, aber warum weisen Sie uns erst jetzt darauf hin?". Dadurch wird der Angreifer so dargestellt, als sei er derjenige, der an allem schuld sei.

Abgrenzungs-Technik

Es kommt immer wieder vor, dass Kollegen verbal entgleisen und andere beleidigen. Dennoch ist es unangebracht, wenn der Angegriffene mit Kraftausdrucken kontert. Die Abgrenzung kann dennoch sachlich erfolgen. Beispielsweise mit einem: „Ihr Ton missfällt mir – auf dieser Ebene führe ich keine Gespräche!"

„Ach-was-Technik"

Um Zeit zu gewinnen, genügt bereits ein erstaunt ausgesprochenes „ach was". Abgesehen davon, dass nun der verbale „Angreifer" wieder am Zuge ist, gewinnt man wertvolle Zeit, um weitere Antworten zu finden.

Hörfehler-Technik

Manchmal ist die „Hörfehler-Technik" ein Notnagel. Sie sollte jedoch nicht zu häufig angewendet werden, da dies sonst schnell unglaubwürdig wirkt. Vorwürfe können vom Angegriffenen vermeintlich „falsch verstanden" werden. Er tut also so, als ob der andere ihm etwas ganz anderes vorgeworfen habe, das aber gar keine Anhaltspunkte für einen Vorwurf bietet. Beispielsweise könnte er auf den Vorwurf, keine neuen Praktikanten eingelernt zu haben, so tun, als habe man ihm vorgeworfen keine Neukunden gewonnen zu haben. Die „Hörfehler-Antwort" könnte lauten: „Was ich gearbeitet haben soll während ihrer Abwesenheit? Im Gegensatz zu Ihnen habe ich bereits fünf Neukunden gewonnen und Sie erst einen."

Hinweis:

Die Liste der Techniken ließe sich fortsetzen, zumal ständig neue Techniken entwickelt werden. Manche Sätze passen fast immer. Wichtig jedoch ist, dass man in entsprechenden Situationen angemessen reagiert und nicht verbal entgleist. Politiker nutzen diese Techniken seit jeher. Herbert Wehner war für seine Schlagfertigkeit berühmt und gefürchtet. Franz Josef Strauß ebenfalls. Man sagt ihm nach, dass er sich vor jedem öffentlichen Auftritt verschiedene Störungskonstellationen ausgedacht habe. Wer ihn beispielsweise auslachte, der bekam von ihm ein „Indem Sie dieses ernste Thema lächerlich machen, disqualifizieren Sie sich selbst!" zu hören.

■ ■ ■
Umgang mit Kunden

„Der Kunde ist König." Wenngleich dieser Grundsatz gerade in Deutschland oft missachtet wird, sollten einige grundlegende Dinge eingehalten werden. Dies heißt nicht, dass man Kunden immer Recht

Benimm im Business

nie wieder kommt. Zumindest wenn seine Umwelt seinen schlechten Geschmack tadelt. Darüber hinaus läuft der Verkäufer Gefahr, dass Bekannte des Kunden das entsprechende Geschäft ebenfalls meiden werden. Daher empfiehlt es sich, die Wahrheit nett verpackt zu sagen, z. B. „Der blaue Anzug dort drüben scheint nur wie für Sie gemacht. Probieren Sie ihn doch einfach mal."

In anderen Bereichen sollte Kundenfreundlichkeit ebenfalls gewahrt werden. Selbst wenn der Kunde kein Vertragspartner wird, empfiehlt sich ein freundlicher Ton, egal ob schriftlich oder mündlich. Immerhin könnte er für künftige Projekte oder Geschäfte interessant sein. Eine höfliche Weihnachtskarte trägt ebenfalls dazu bei, dass man als eventueller Kooperationspartner in Erinnerung bleibt.

geben muss. Im Gegenteil. Wenn Kunden sachlich beraten werden, sind sie in der Regel eher von der Vertrauenswürdigkeit des Unternehmens überzeugt und halten ihm die Treue. Man stelle sich vor, der Kunde kauft in einer Boutique eine Hose mit Jackett, Hemd und Krawatte und die Farben, Formen und Schnitte passen weder in sich zusammen, noch stehen sie dem Kunden. Sollte der Verkäufer seine Frage „... das steht mir doch hervorragend?" bejahen, riskiert er, dass dieser Kunde

■ ■ ■
Nicht zu viel versprechen

Immer wieder ergeben sich Situationen, in denen große Versprechungen gemacht werden, die nicht eingehalten werden. Dies sorgt für Ärger und Enttäuschung bei Kunden, Kollegen, Mitarbeitern und Vorgesetzten. Allerdings geht es auch anders herum. Die beste Werbung für sich selbst lässt sich dadurch

erzielen, dass man mehr leistet, als versprochen wurde. Wer anfängliche Erwartungen eher niedrig hält und dann größeren Erfolg als prognostiziert erzielt, der wird besonders geschätzt. Die Einstellung, dass man „nichts versprechen möchte, von dem man nicht weiß, ob man es halten kann" (und daher nur drei statt vier Projekte abschließen könne) erzeugt Achtung und Vertrauen beim Auftraggeber. Künftigen Aufträgen steht nichts mehr im Wege.

■■■ Trennung von Beruf und Privatleben

Die Trennung von Beruf und Privatleben ist oft nicht einfach. In vielen Firmen haben sich „After-Work-Events" eingebürgert. Nach der Arbeit gehen die Angestellten zusammen in ein Fitnessstudio und anschließend noch etwas essen oder trinken. Oder man geht unverbindlich in Szenelokale, die „After-Work-Events" anbieten. Meist kennzeichnen diese sich dadurch, dass sie bereits relativ früh geöffnet haben und (um Kunden zu gewinnen) mit einer „Happy Hour" werben. Diese verspricht beispielsweise alle Cocktails oder Gerichte zum halben Preis, wenn sie in der Zeit von 18 bis 20 Uhr bestellt werden. A propos Cocktail. Die Frage, woher der

Benimm im Business

ACHTUNG: HAPPY-HOUR

Im Wein liegt bekanntlich Wahrheit, wie ein altes lateinisches Sprichwort (lat.: in vino veritas) prophezeit. Man sollte darauf achten, dass man nicht zu viel Alkohol konsumiert und einen „klaren Kopf" behält. Sonst besteht die Gefahr, dass man betriebsinterne Dinge verrät oder seinen guten Ruf riskiert. Dies kann das gegenseitige Vertrauen zwischen Kollegen und Vorgesetzten rasch zerstören.

rer „Hahnenkämpfe". Die Beteiligten wetteten mit Geld auf den Sieger. Der Hahn der den Kampf verlor, verlor auch seine bunten Schwanzfedern. Zur Feier erhob man das Glas aber nicht auf den Sieger, sondern „on the cock's tail". So entstand die Tradition, „bunte", also farbenfrohe Mix-Getränke bei feierlichen Anlässen zu trinken.

Dieser Trend hat durchaus sein Gutes. Man kann den Arbeitstag harmonisch ausklingen lassen. Zudem lässt sich Kritik von Kollegen in einer lockereren Situation besser ertragen, als wenn man nach hitzigen Besprechungen direkt den Heimweg antritt. So zeigt sich, dass Kritik nicht persönlich gemeint war. Oft

Begriff „Cocktail" eigentlich stammt, bietet sich als ein nettes Small-talk-Thema für einen Sektempfang, eine Happy Hour oder erst recht für eine „Cocktailparty" an.

Der Begriff stammt nämlich von dem englischen Begriff „Hahnenschwanz" ab. In den Südstaaten der USA gab es zu Zeiten der Einwande-

> **TIPP:**
> Höflichkeit und Kollegialität hat ihre Grenzen. Ausnahmsweise kann man an Wochenenden für Kollegen „einspringen" oder werktags „Überstunden" einlegen, was in vielen Firmen der Fall ist. Dies sollte jedoch nicht zum Normalfall werden. Sonst wird man leicht ausgenutzt. Dem Vorgesetzten oder Kollegen sollte dies klar signalisiert werden.

ben lässt sich auch schriftlich ausdrücken, und zwar durch eine private Visitenkarte. Wer Visitenkarten austauscht, der sollte überlegen, ob er mit der betreffenden Person nur beruflich, oder nur privat oder sowohl beruflich, als auch privat in Kontakt stehen möchte. Für alles, was mit Beruf zu tun hat, genügen die geschäftlichen Visitenkarten. Ansonsten kann man relativ günstig Visitenkarten anfertigen (lassen), die lediglich die Privatadresse und jene Informationen enthalten, die man gerne weitergibt (z. B. E-Mail-Adresse, Fax-Nummer, Telefonnummer). Somit bleiben, je nach Wunsch, Auskünfte über Beruf oder Mobil-Nummer unerwähnt. Unliebsame Anrufe während der Arbeitszeit lassen sich dadurch einfach unterbinden.

finden sich spontan und zufällig einfache Lösungsmöglichkeiten oder Ideen für betriebliche Projekte. Dennoch sollte man Grenzen setzten.

Andererseits erzählen einem Kollegen manchmal höchst vertrauliche und persönliche Dinge. Diese sollte man unbedingt – auch wenn der Betreffende einen nicht ausdrücklich um Diskretion bittet – für sich behalten. Trotzdem ist es nett, wenn die Kollegen etwas Persönliches von einem wissen. Etwas heißt jedoch nicht alles, denn man braucht kein „gläserner Kollege" zu sein.

Die Trennung von Beruf und Privatle-

■■■
Betriebsfeiern

Betriebsfeiern bieten eine gute Gelegenheit, Kolleginnen und Kollegen aus anderen Abteilungen besser kennen zu lernen. Meist richtet sich die Einladung an alle Mitarbeiter.

Benimm im Business

Üblicherweise gibt es reichlich zu essen und zu trinken. Genau Letzteres birgt Risiken, zumal meist Alkohol fließt. Dieser lockert zwar die Stimmung, aber dies kann zu heiklen Situationen und Konstellationen führen. Annäherungsversuche auf Firmenfeiern sind keine Seltenheit. Man sollte sich aber die peinlichen Konsequenzen vor Augen führen.

Man sollte bei Betriebsfeiern immer daran denken, dass es sich bei den anwesenden Gästen um Kolleginnen und Kollegen handelt, mit denen man am nächsten Tag wieder zusammenarbeiten muss. Zudem brauchen sich die Anwesenden nicht zu wundern, wenn kleinere Vergehen oder Peinlichkeiten noch Jahre nach dem besagten Fest auf Afterwork-Treffen oder bei sonstigen Anlässen immer wieder neu (à la „ ... weißt du noch, damals auf der Betriebsfeier, als der X zu dem Y sagte, dass er ... ") zum Besten gegeben werden.

Gäste und Gastgeber auf Betriebsfeiern

Meist richtet sich die Einladung zur Betriebsfeier an alle Mitarbeiterinnen und Mitarbeiter. Vom Abteilungsleiter bis zum Hausmeister, von der Prokuristin bis zum Reinigungspersonal. Eigentlich bieten diese Zusammenkünfte eine gute Gelegenheit, Kolleginnen und Kollegen aus anderen Abteilungen besser kennen zu lernen und Sympathiepunkte für sich zu verbuchen. Die Atmosphäre ist locker und die Stimmung heiter und gelöst. Allerdings fließt fast immer Alkohol. Dieser ist mit Vorsicht zu genießen. Er lockert nicht nur die Zunge, sondern kann bei manchen Menschen regelrecht enthemmend wirken. Zudem kön-

TIPP:

Erzählen Sie nicht zu viel von sich. Unverbindliche Informationen aus Reise, Urlaub, Wetter, Kunst und Kultur bieten sich an. Hinzu kommen harmlose Stärken und Schwächen, wie z. B., dass man eine Vorliebe für Schweizer Schokolade habe oder dass einem chinesisches Essen überhaupt nicht schmecke, welche Sportarten einen interessieren oder welches der Lieblingsfußballverein, -boxer oder -Formel-I-Fahrer sei.

nen sich manche Leute am nächsten Tag nicht mehr erinnern, was sie am Abend zuvor angeblich gesagt oder getan haben. Im ungünstigsten Fall sind die Karrierechancen irreparabel ruiniert. Ein beruflicher Aufstieg ist dadurch oft schnell verspielt.

Der Arbeitgeber als Gastgeber

Nicht nur Gäste sollten auf Betriebsfeiern gewisse Spielregeln einhalten. Auch für Gastgeber gibt es einiges zu beachten. Zunächst sollte man möglichst allen Mitarbeiterinnen und Mitarbeitern eine Einladung zukommen lassen. Es ist unhöflich, wenn nur bestimmte Personen einer Abteilung eine Einladung erhalten. Damit entsteht eine „Zwei-Klassen-Gesellschaft" innerhalb des Betriebs. Es macht auch wenig Sinn, wenn man die geladenen Gäste bittet, gewissen Mitarbeiterinnen und Mitarbeitern nicht zu verraten, dass man selbst zu den Gästen zählte. Sie erfahren meist doch davon und der Ausschluss erregt nur Neid und Missgunst, was sich ungünstig auf ein kollegiales betriebliches Miteinander auswirkt. Gastgeber, die

bestimmte Personen möglichst nicht unter den Gästen sehen möchten, können bei der Terminierung aber bereits feststehende Abwesenheitstermine der ungewünschten Personen (z. B. seit Monaten geplante und organisierte Weiterbildungen in einer anderen Stadt, vorgemerkter Urlaub etc.) berücksichtigen. Dann kann der unerwünschte Gast „zum großen Bedauern der Gastgeber" leider nicht erscheinen. Besser ist es aber in jedem Fall, alle Mitarbeiter einzuladen.

Essen und Trinken

Gastgeberinnen und Gastgeber sollten bei der Vorbereitung eines Festes nicht vergessen, dass einige

Benimm im Business

50-jähriges Firmenjubiläum). Allerdings gilt es als unhöflich, Gäste zu rügen, dass sie nur mit Mineralwasser statt mit Sekt anstoßen. Mittlerweile ist dies durchaus akzeptabel. Die Grundsätze für das Bereitstellen der Getränke gelten analog auch für die Speisen. Ähnlich wie man neben alkoholischen Getränken stets auch antialkoholische reichen sollte, bietet ein guter Gastgeber auch vegetarische Speisen an. Möglicherweise gibt es auch Gäste, die bestimmte

ihrer Gäste mit dem Auto da sind. Bei der Wahl der Getränke sollte dies unbedingt bedacht werden. Alkoholfreie Getränke, Wasser, Saft und vielleicht Limonade sowie Kaffee und Tee passen immer, alkoholfreies Bier insbesondere dann, wenn auch normales Bier bereitsteht. Biertrinker, die sich bereits auf den Gerstensaft gefreut haben, sind sonst enttäuscht, wenn sie nur alkoholfreies Bier entdecken. Bei Wein empfiehlt sich ebenfalls, dass man sowohl Weißwein als auch Rotwein anbietet. Sekt oder Prosecco erfreut sich meist großer Beliebtheit. Ein Gläschen „Sekt in Ehren" trinken die meisten Gäste gern, vor allem dann, wenn es etwas gibt, auf das man anstoßen kann (z. B. ein

EXKURS: DER GASTGEBER UND SEIN HAUSRECHT

Gastgebern steht ein Hausrecht zu. Auch wenn sie lediglich Mieter einer Wohnung oder der Büroräume sind, können sie unerwünschte Gäste auffordern, das Haus umgehend zu verlassen. Kommt der Gast dieser Aufforderung nicht nach, macht er sich wegen Hausfriedensbruch nach § 123 Abs. 1 Strafgesetzbuch (StGB) strafbar. Dann droht eine Freiheitsstrafe bis zu einem Jahr oder eine Geldstrafe. Allerdings wird die Tat nach § 123 Abs. 2 nur auf Antrag verfolgt. Dies gilt auch für Gartenpartys, denn der Hausgarten zählt zum befriedeten Besitztum im Sinne von Abs. 1. Der Gastgeber darf unliebsame Gäste jederzeit (grundlos) vor die Tür setzen. Dies gilt auch für Raucherzelte.

TIPP:

Alle Mitarbeiterinnen und Mitarbeiter einladen, um Neid und Missgunst zu unterbinden und ein kollegiales Miteinander zu fördern.

Fleischsorten aus gesundheitlichen oder religiösen Gründen nicht essen dürfen oder nicht essen möchten. Diese können dann immer noch auf die vegetarischen Speisen ausweichen. Für manche Menschen hört sich die Bezeichnung „vegetarische Speisen" recht dramatisch an. Dabei zählen auch allseits beliebte Gerichte wie beispielsweise Butterbrezeln, Schafskäse-Salat oder Obstkuchen dazu.

HINWEIS

Achten Sie darauf, dass für Vegetarier stets auch fleischlose Speisen bereitstehen.

Trennung von Beruf und Arbeit

Auch eine Betriebsfeier ist eine Feier und soll den Gästen Abwechslung und Spaß bringen. Dazu zählt, dass sich Mitarbeiter nicht mit betrieblichen Fragen auseinander zu setzen brauchen. Daher sollte der Gastgeber seinen Gästen tiefgründige Fragen nach betriebsinternen Projekten ersparen. Fragen wie „ ... wie kommen Sie denn voran mit dem Projekt X?" klingen noch vertretbar. Für ganz konkrete Informationen (wie

TYPISCHE SITUATION: „DU" GILT NICHT MEHR

Wenn einem vom Vorgesetzten auf einer Feier in leicht angeheitertem Zustand das „Du" angeboten wird und man dies angenommen hat, dann gilt dies nicht automatisch auch am Tag danach. Vielen ist es peinlich, von Untergebenen öffentlich geduzt zu werden. Manche können sich tatsächlich nicht mehr daran erinnern, sich mit Kollegen auf „Du" geeinigt zu haben. Daher sollte man abwarten, ob sich der andere bei der nächsten Gesprächssituation nach der Feier daran „erinnert", indem er einen duzt. Tut er das, dann kann man getrost dabei bleiben. Sollte er einen aber siezen, dann ist Vorsicht angesagt! Vielleicht hat er versehentlich automatisch „Sie" gesagt – vielleicht hat er es aber auch im Bewusstsein gesagt, dem anderen das „Du" angeboten zu haben. Dann möchte er damit seinen Willen bekunden, beim „Sie" zu bleiben. Im Zweifel sollte man Letzteres annehmen. Falsch wäre es, ihn – womöglich noch vor versammelter Belegschaft – daran zu erinnern, dass er einem doch auf der Betriebsfeier das „Du" angeboten habe. Damit brüskiert man ihn vor den anderen Mitarbeitern und gibt Anlass zu Klatsch und Tratsch.

z. B. exakte Zahlen aus Betriebsabrechnungbögen, Bilanzen oder Details aus Kundengesprächen) sollte man aber sowohl einen anderen Ort als auch einen anderen Zeitpunkt wählen. Schließlich ist am Tag nach der Feier „auch noch ein Tag". Ange-

Benimm im Business

nehme Fragen, wie beispielsweise, ob der Mitarbeiter Lust hätte, an einem Wochenendseminar zu einem Thema, das ihn bekanntermaßen sehr interessiert, teilzunehmen, sind aber durchaus erlaubt. Insbesondere dann, wenn der Seminarort attraktiv ist.

Der Arbeitnehmer als Gast

Im Gegensatz zu privaten Einladungen braucht man dem Gastgeber im Rahmen einer betrieblichen Feier kein Gastgeschenk zu überreichen.

Duzen diplomatisch ablehnen

Oft ist das angebotene „Du" aber ernst gemeint. Insbesondere unter gleichrangigen Kollegen oder Personen, die in derselben Abteilung arbeiten. Doch wie geht man diplomatisch vor, um das „Du" abzulehnen? Zunächst sollte man darauf achten, dass sich der Kollege nicht beleidigt oder „vor den Kopf gestoßen" fühlt. Die Antwort könnte lauten, dass man sich geehrt fühle über das Angebot, aber fairerweise dann allen ein „Du" anbieten müsse und deshalb lieber beim „Sie" bleiben möchte. Vielleicht auch, dass es auf die Kunden seriöser wirke, wenn man sich sieze.

TO-DO

- Zusage, da fernbleiben als arrogant gilt (ggf. triftigen Grund für Absage angeben).
- Zurückhaltung bei Alkohol.
- Tischmanieren einhalten.
- Betriebliche Themen möglichst meiden.
- Gespräch mit anderen suchen.
- Unerwünschte „Du-Angebote" diplomatisch ablehnen.
- Erwünschte „Du-Angebote" nach der Feier unauffällig auf Gültigkeit überprüfen.

TABU

- Grundlos fernbleiben.
- Kolleginnen, Kollegen und Vorgesetzte am nächsten Tag einfach duzen oder auf „Entgleisungen" oder „Peinlichkeiten" des Vorabends hinweisen.
- Übermäßig und auffällig viel essen und trinken.
- Sich in eine Ecke verkriechen und anderen ausweichen.
- Versuchen, die anderen Gäste über Privatangelegenheiten auszuhorchen.
- Versuchen, die anderen Kolleginnen und Kollegen über firmeninterne Vorgänge auszuhorchen.
- Skrupelloses Verhalten am kalten Buffet.

TIPP:

Immer auch verschiedene alkoholfreie Getränke anbieten. Betrunkenen Gästen ein Taxi rufen und Ihnen sagen, dass sie ihr Auto gerne stehen lassen und am nächsten Tag abholen dürfen.

GESPRÄCHSMÖGLICH-KEITEN NUTZEN

Oft bilden sich kleine Grüppchen unter den Gästen, und zwar so, dass Leute, die sich ohnehin kennen, zusammenstehen. Hier sollte man die Chance nutzen, auch mit Kollegen aus anderen Abteilungen ins Gespräch zu kommen. Dies erleichtert nicht nur die Zusammenarbeit, sondern trägt auch zu einer erhöhten Wertschätzung bei. Die anderen fühlen sich akzeptiert und man gewinnt Sympathien.

Immer dunkelblau und zweireihig?
Kleidung und Accessoires richtig wählen

Wie man sich kleidet, so wirkt man. Jeder kann im privaten Alltag tragen, was ihm gefällt. Egal, ob Jeans oder Military-Look, Jogginganzug oder Trachtenkostüm. Die Grenzen enden allerdings dort, wo die Gefühle anderer verletzt werden könnten. Dies wäre z. B. der Fall, wenn man im Jogginganzug auf einer Beerdigung erscheinen würde. Wer privat irgendwo eingeladen ist und nicht weiß, was er tragen soll, kann sich vorab beim Gastgeber informieren oder sich mit anderen Gästen bera-

ten. Wenn es sich beispielsweise um eine Grill-Party auf einer Berghütte handelt, dann wird er in Anzug und Krawatte overdressed, also zu vornehm gekleidet sein. Dennoch gilt generell: besser overdressed als zu leger gekleidet. Sowohl privat als auch beruflich lässt sich durch die passende Farbe die positive Wirkung der Kleidung steigern. Die Farbe assoziiert nämlich die berufliche und gesellschaftliche Position. Schwarz, dunkelblau und grau strahlen Kompetenz und Seriosität aus. Schwarz-Weiß-Kontraste wirken insbesondere bei formellen Terminen (Gerichtsverhandlungen, Staatsempfänge, Opernbesuche, Beerdigungen) ernsthaft und respektvoll.

Benimm im Business

Kleine Farb- und Stilkunde

Folgende Farben harmonieren im Allgemeinen immer miteinander:

- Schwarz mit allen anderen Farben
- Weiß mit allen anderen Farben
- Grau mit allen anderen Farben
- Blau mit den Farben Weiß oder Grau
- Braun mit Erdtönen und Beigetönen
- Rot mit den Farben Schwarz, Weiß und mit allen Grautönen

Die (Problem-)Farbe Rosa

Rosa ist eine gewagte Farbe. Gewagt deshalb, da sie verschiedene Eigenschaften assoziiert, die im Geschäftsleben als unpassend eingestuft werden. Niedlich, süß, nett, goldig, putzig, brav etc. sind nur einige davon. Früher, aber auch heute noch, kleideten Eltern weibliche Babys gerne in rosa Strampelanzüge und männliche in hellblaue. Später trugen beziehungsweise tragen (brave) Mädchen rosa Kleidchen und (mutig-tapfere) Jungs dunkelblaue Matrosenanzüge. Eigentlich ist die Farbe Rosa im Businessalltag tabu. Sie gilt als „Killerfarbe" für ambitionierte Karrierefrauen. Sie assoziiert auch Unterwürfigkeit, Naivität und Harmoniestreben um jeden Preis. Dies führt oft zu Missverständnissen oder baut Blockaden auf. Vor allem deshalb ist diese Farbe für Berufseinsteigerinnen eher problematisch. Allerdings hat dieser Farbton, wie viele andere, zwei Gesichter. Manche Geschäftsfrauen wirken extrem autoritär, treten sehr dominant auf und haben eventuell noch eine recht tiefe Stimme. Bei blassem Teint, maskulinen Gesichtszügen, kurzen oder streng hochgesteckten oder zu einem Pferdeschwanz zusammengebundenen Haaren und ernstem Blick wirkt dieser Typ Frau (beispielsweise in dunklen Hosenanzügen) besonders

KARRIEREFARBEN

Eine gängige Kleiderregel besagt „je höher die Position, desto dunkler der Anzug". Diese Regel machen sich viele Geschäftsleute zu Nutze, um ihre Karriere-Chancen zu steigern. Tatsächlich finden sich in vielen Firmen, insbesondere bei Banken, Versicherungen, in der Automobilindustrie etc. Führungskräfte, die durch besonders dunkle Anzüge auffallen. Bei Frauen entspricht dies dunklen Hosenanzügen und Kostümen. Bei eher kreativen Berufen gilt diese Regel eingeschränkt – dort besticht man eher mit geschmackvoller Individualität.

TIPP:

Verschiedene Muster nie miteinander mischen! Keinesfalls sollte man Muster (z. B. gestreifte Bluse zum geblümtem Rock oder geblümte Krawatte zu kariertem Hemd mit getupfter Weste und gestreiftem Jackett) mischen!

„bossy". Hier verleiht die Farbe Rosa vorteilhafterweise eher weichere Züge und strahlt eine gewisse Wärme aus. Rosa kann aber auch hart wirken, nämlich dann, wenn es sich um einen (aggressiven) neongrellen Pinkton handelt. Dieser wiederum gilt im Geschäftsleben (von außergewöhnlichen Kreativberufen abgesehen) eher als unpassend. Daher sollte die Farbe – unabhängig von der Tatsache, dass sie momentan absolut in ist – bei geschäftlichen Auftritten eher gemieden werden.

Die Einzelfall-Farben

Mit den oben genannten Kombinationen ist man immer auf der sicheren Seite. Dies soll aber nicht heißen, dass andere Farben, wie z. B. rot und blau, oder blau und braun nicht harmonieren. Es gibt von jeder Farbe eher warme und eher kalte Töne, z. B. apfelgrün und tannengrün. Dazwischen existieren etliche Nuancen, von neongrün über blaugrün, smaragdgrün und gelbgrün bis zu olivegrün. Diese wiederum unterscheiden sich durch weitere Farbmischverhältnisse. So kann ein Olivgrünton von einem anderen, z. B. durch dessen höheren Beigeanteil so abweichen, dass die Farben nicht harmonieren. Selbst identische Farben wirken oft anders, wenn die Stoffe unterschiedlich sind. Ein bestimmter Farbton erscheint, unter anderem durch Reflexion, optisch anders auf Baumwolle, Polyester, Viskose, Acetat, Polyacryl, Nylon,

BEI MÄNNERHEMDEN BITTE BEACHTEN:

Männerhemden sitzen richtig, wenn der Kragen zirka einen Zentimeter über den Jackettkragen reicht. Die Hemdärmel hingegen sollten zirka zwei Zentimeter unter den Jackettärmeln hervorschauen. Zudem sollten die Manschetten eng genug sein, dass sich die Hemdärmel beim Anwinkeln der Arme nicht nach hinten verschieben.

Benimm im Business

Wolle, Schurwolle, Leinen, Nicki, Cord, Mischgewebe oder Seide. Selbst auf Wildseide kann eine Farbe anders wirken als auf behandelter Seide. Das gleiche gilt übrigens für Leder und Wildleder.

■■■
Wie man sich kleidet, so wirkt man

Es gibt Anlässe und Orte, an denen Kleidung eine äußerst wichtige Rolle spielt. So legen einige Veranstalter Wert darauf, dass ihre Gäste in einem bestimmten Outfit erscheinen. Personen, die diese Regel nicht einhalten, erhalten keinen Zutritt. Wer Jeans und Hawaiihemden trägt, dem bleibt der Zutritt auch auf Urlaubsreisen in vornehmen Hotels oft verwehrt. Wer hingegen mit Anzug und Krawatte zu einem Grillfest beim Nachbarn erscheint, wird sicherlich neugierige Blicke oder sogar spöttische Bemerkungen ernten. Im Gegensatz zum vornehmen Hotel, darf er das Grundstück trotzdem betreten und mitmachen.

Was trägt man geschäftlich und was nicht?
Es gibt Kleidungsmöglichkeiten, die im Geschäftsleben gängig und akzeptiert sind, aber auch unerwünschte Konstellationen. Zu Letzteren zählen bestimmte Accessoires,

INDIVIDUELLEN FARBTYP FINDEN
Mittlerweile bieten in jeder Stadt so genannte Farb-und-Stil-Berater(innen) ihre Leistungen an. Eine individuelle Analyse kostet meist zirka 150 bis 200 Euro. Die speziell geschulten Berater(innen) analysieren mittels farbiger Tücher die individuell passende Farbskala und ermitteln, welcher „Farbtyp" der Kunde ist. Man unterscheidet den Frühjahr-, Sommer-, Herbst- und Wintertyp. Es werden jeweils jene Farben notiert, die optimal zu der Haut-, Haar- und Augenfarbe des Kunden passen. Gleichzeitig stellt sich heraus, welche Farben ihn in ein unvorteilhaftes Licht rücken. Wer z. B. zu einem eher rosigen Teint (eventuell mit Sommersprossen) neigt und rötlich-blondes Haar hat, dem steht dunkelblau meist sehr gut. Die Farbe macht ihn leicht blasser und lenkt von Rottönen ab. Wer jedoch lila, rosa, flieder, braune, orangene oder bordeauxfarbene Textilien trägt, der verstärkt Rotschattierungen und strahlt dadurch oft einen ungesunden Eindruck aus. Rot ist allerdings nicht gleich rot. Mahagonirot oder braunrot harmonieren unter Umständen gut mit flieder oder lila. Wie so oft kommt es auch hier auf den Einzelfall an. Der Kunde erhält abschließend normalerweise einen kleinen und handlichen „Farbpass" mit zirka 30 Orientierungsfarben. Wer diesen beim Einkaufen mit sich führt, kann auf die Ratschläge des (fachlich oft ungeschulten) Verkaufspersonals getrost verzichten.

vor allem, wenn jemand zu viele gleichzeitig trägt. Darunter fallen Goldkettchen, Uhren, Knöpfe, Manschettenknöpfe, Gürtelschnallen, Abzeichen, auffallend „humorvolle" Krawattennadeln (z. B. mit Motiven aus Zeichentrickfilmen oder Comics) oder extrem große Ohrringe. Auffallend große Ohrringe (z. B. Creolen mit fünf Zentimeter Durchmesser) wirken insbesondere bei Geschäftsfrauen unter Umständen „autoritätsraubend", da sie meist eine „verniedlichende" Wirkung ausstrahlen. Dies gilt nicht in kreativen Berufen (Design, Musikszene, Friseurhandwerk, Modebranche etc.), da diese ihr Handwerk gerne durch auffallende Accessoires unterstreichen. Ohrringe haben aber auch praktische Nachteile. Wer viel telefoniert, läuft Gefahr, dass der Schmuck bei Kopfbewegungen schwingt. Im ungünstigsten Fall klappern die Anhänger gegen den Telefonhörer und erzeugen beim Gesprächspartner am anderen Ende der Leitung merkwürdige Schall- und Klopfgeräusche. Bei Männern hingegen gelten Ohrringe im Berufsalltag ohnehin als unseriös. Die Ausnahme bilden jedoch auch hier die kreativen Berufe.

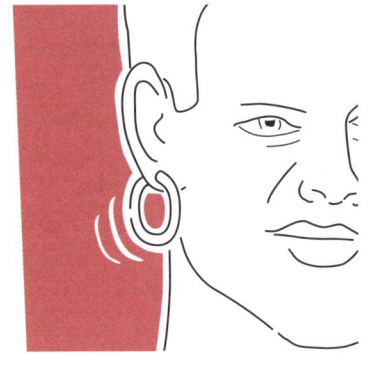

HINWEIS

Wer zu gut gekleidet ist, kann immer noch etwas ablegen, wie z. B. Krawatte oder Jackett. Umgekehrt bleibt einem unter Umständen der Zutritt zu manchen Einrichtungen (z. B. Restaurants, Spielcasinos, Oper, Theater) verwehrt.

Unverzichtbare Accessoires

Brillen sind für viele Menschen unersetzbar als Sehhilfe. Eine Brille verleiht ihrem Träger mehr als nur ein „gewisses Etwas". Sie strahlt entweder einen intellektuellen Eindruck aus oder lenkt stark vom Gesicht ab. Dies ist oft der Fall bei wuchtigen Hornbrillen oder Gestellen mit auffälligen Extras (goldfarbene Minibuchstaben, die sich am Brillengestell verschieben lassen, Miniwäscheklämmerchen, Symbole etc.). Brillen, die extrem auf der Nasenspitze aufliegen, Lesebrillen oder Halbbrillen können einen unter Umständen älter wirken lassen. Manchmal (z. B. von Berufseinstei-

Benimm im Business

gern, die erfahrener wirken möchten) ist dies aber durchaus erwünscht.

Die goldenen Zwei

Mehr als zwei Dinge sollten nicht zu Blickfängern werden. Dies könnte z. B. eine geschmackvolle Krawatte und eine elegante Uhr sein. Männer, die Goldkettchen (egal, ob am Handgelenk oder um den Hals) tragen, wirken allgemein unseriös. Bei Frauen sieht man es nicht so streng und akzeptiert mehr. Es sollte jedoch den Typ unterstreichen und nicht von der Person ablenken. Auch hier sind maximal zwei Blickfänger (beispielsweise Halskette und Armband) angebracht.

Socken und Strümpfe

Nirgendwo akzeptiert, außer auf dem Tennisplatz und in Turnschuhen, sind Tennissocken! Wer Tennissocken in anderen Schuhen trägt, gibt sich schnell der Lächerlichkeit preis. Gerade im Geschäftsleben wirkt dies äußerst peinlich. Nackte Füße in Schuhen sollten hier ebenfalls eine Ausnahme bleiben (insbesondere bei Herren). Als Faustregel sollte man stets Strümpfe tragen, die über die Wade reichen. So lässt sich vermeiden, dass nackte Haut unter der Hose hervorlugt, wenn man sich setzt. Dann rutscht das Hosenbein nämlich ganz automatisch leicht nach oben. Frauen hingegen sollten stets eine Feinstrumpfhose tragen. Diese gibt es auch in verschiedenen Beigetönen, den so genannten „Hautfarben". Dies bedeutet, dass sich die Farbe kaum oder nur ein bis zwei Nuancen dunkler von der Bräunung der Beine unterscheidet. Immerhin schützen die Strumpfhosen vor Hautaufschürfungen und die Beine werden in ein vorteilhafteres Licht gerückt. Gleichzeitig ist es auch hygienischer, da nackte Füße in Schuhen schnell

TIPP:
Im Zweifel besser keine großen Ohrringe während der Arbeitszeit oder zu geschäftlichen Anlässen tragen. Kleine Perlen- oder Diamantenstecker hingegen sind auch im Büro angebracht.

Checkliste: Formelle Kleidung für den Mann

- Anzüge in gedeckten Farben. Vorsicht Leinen (Leinen knittert zwar „edel", aber es knittert. Entweder man wählt eine knitterarme Leinenmischung oder trägt Leinen zu eher weniger formellen Anlässen – z. B. wenn „casual" angesagt ist.)
- Krawatte, die mit Hemd und Anzug harmoniert.
- Keine Polyesterkrawatte!
- Keine Lederkrawatte!
- Keine Krawatte mit Comicmotiven
- Keine Krawatte mit Sprüchen
- Keine Krawattennadel mit Comicmotiven
- Keine Krawattennadel mit Spielzeug
- Weißes, graues oder blaues Hemd
- Sauberes, gebügeltes Hemd
- Hemdkragen, der richtig sitzt
- Hemdärmel, die richtig sitzen
- Kein farbiges Hemd mit weißem Kragen
- Saubere Schuhe
- Niemals Tennissocken
- Dunkle, möglichst einfarbige Socken
- Socken möglichst ohne Muster

CASUAL FRIDAY

Sogar im Geschäftsleben gibt es Anlässe, bei denen man sich etwas legerer kleiden darf. Nicht nur in amerikanisch geprägten Unternehmen, sondern in vielen Firmen und Behörden in Deutschland hat sich der „Casual Friday" eingebürgert. „Casual" steht, frei übersetzt, für bequem/leger. Im Hinblick auf das anstehende Wochenende und auch der Option, direkt nach der Arbeit noch auf eine „After-Work-Party" zu gehen beziehungsweise sich mit Freunden oder Kollegen zu treffen, kleiden sich viele an diesen Tagen etwas legerer. Dies kann so aussehen, dass man auf die Krawatte verzichtet und in Jeans und Jackett auftritt. Leinenanzüge gelten ebenfalls als „casual".

Schweiß absondern. Natürlich gibt es auch im Geschäftsleben besondere Anlässe. Dazu zählt auch, dass man sich (allerdings nicht in allen Firmen) etwas legerer kleiden darf.

Benimm im Business

- Socken, die bis zur Wade reichen
- Schuhe, die zum Anzug passen
- Nicht zu viele Accessoires als Blickfang
- Keine Pearcings
- Keine Ohrringe

▪▪▪
Frauen erinnern sich an das Erscheinungsbild des Gesprächspartners sehr genau

Frauen erinnern sich nach einem Gespräch besser an das Erscheinungsbild ihres Gesprächspartners als Männer. Das haben Psychologen der Universität von Ohio in Tests mit Studenten herausgefunden. Der Unterschied sei zwar gering, doch er passe zu früheren Studienergebnissen, wonach Frauen häufig sensibler mit fremden Menschen umgehen. Einen schlüssigen Grund für die offensichtlich unterschiedliche Wahrnehmung des Gegenübers bei Männern und Frauen konnten die Forscher nicht darlegen. Ihre Ergebnisse deckten sich jedoch mit denen früherer Studien, die Frauen einen sensibleren Umgang mit fremden Menschen bescheinigt hatten.

HINWEIS

Schwarze Lederschuhe passen immer. Kleine Schuhputz-Pflegestifte mit einer geruchlosen Wachslösung passen in jede Aktentasche. Sie sind meist schwarz oder transparent. Damit lassen sich Schuhe kurz vor einem Firmenbesuch (wenn man z. B. zu Fuß auf einer staubig-schmutzigen oder nassen Straße unterwegs war) in ein ordentliches und gepflegtes Licht rücken.

Checkliste: Formelle Kleidung für die Frau
- Die Kleidung sollte (von vorgeschriebener Berufskleidung, wie z. B. Polizeiuniform oder Schwesterntracht abgesehen) zum Beruf passen und nicht zu figurbetont sein.

Benimm im Business

TIPP:

Egal was man trägt, es sollte sauber und gepflegt sein. Schnitt und Stoffqualität sprechen ihre eigene Sprache.

- Strümpfe/Feinstrumpfhosen müssen auch bei 40 Grad im Schatten getragen werden! (Tipp: Immer eine Ersatzstrumpfhose im Schreibtisch/in der Handtasche bereit halten. Eine Laufmasche entsteht schnell und sorgt für Unsicherheit und Unwohlsein.)
- Dezentes Make-up
- Keine durchsichtigen Blusen
- Keine durchsichtigen Röcke/Kleider
- Keine tiefen Ausschnitte
- Keine zu kurzen Röcke
- Keine hautengen Kleidungsstücke
- Niemals bauchfrei
- Hosenanzüge
- Kleider oder Kostüme, die maximal eine Hand über dem Knie enden

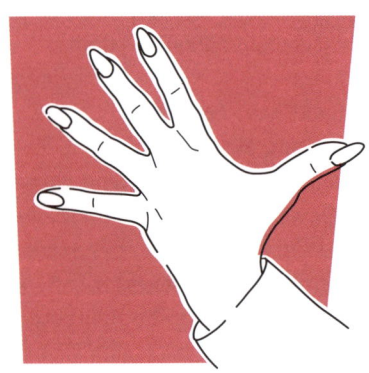

TO-DO FÜR MÄNNER
- Socken, die lang genug sind, um Blick auf Bein zu vermeiden
- Ordentliche Rasur
- Ordentliche Frisur
- Deo

TABU FÜR MÄNNER
- Tennissocken
- Schmutzige Schuhe
- Abgelaufene Schuhsohlen
- Bunte Socken mit Comicmotiven
- Krawatten mit Comic- oder sonstigen Figuren
- Sandalen
- Groß gemusterte Jacketts

- Stoffe, die gut fallen, wie z. B. Seide, Baumwolle, Schurwolle und Wollmischungen
- Keine auffallend großen Ohrringe

Was passt immer?

Gedeckte Farben, unauffällige, bequeme Schnitte, schwarze Schuhe (außer Lackschuhe, diese sind für festliche Anlässe bestimmt) und qualitativ hochwertige Stoffe. Polyester ist (nicht nur wegen dem Hang, merkwürdig zu knistern und sich elektrisch aufzuladen) mit besonderer Vorsicht zu genießen. Es

Benimm im Business

fällt anders als Seide oder Baumwolle oder Wollmischungen und wirkt anders. Wichtig: Der Stoff darf jedoch keinesfalls durchsichtig sein. Dies wirkt schnell unseriös.

„Hallo, ich bin's"
Verhalten am Telefon und Handy

■■■ Kommunikation am Telefon

Im beruflichen Alltag erfolgt die Kommunikation größtenteils per Telefon. Dabei erkennen Gesprächspartner Gefühlsschwankungen an der Stimme, obwohl sie Gestik und Mimik nicht wahrnehmen. Allgemein empfiehlt es sich, beim Telefonieren zu lächeln. Dies lässt die Stimme freundlicher und sympathischer klingen. Beim Telefongespräch empfiehlt es sich, die entsprechenden Unterlagen vor sich liegen zu haben, damit man die relevanten Fragen stellen und beantworten kann. Nichts ist lästiger, als wenn der Gesprächspartner ständig blättern und suchen

TO-DO FÜR FRAUEN
- Feinstrumpfhosen
- Nur dezentes Make-up
- Deo
- Hosenanzüge
- Kostüme
- Geschlossene Schuhe
- Gepflegte Fingernägel

TABU FÜR FRAUEN
- Durchscheinende Blusen
- Schweres Parfüm
- Miniröcke
- Aufdringliches/grelles Make-up
- Schulterfreie Kleidung
- Viel Schmuck
- Zu großes Dekolleté
- Piercing (Ausnahme: allenfalls in Kreativberufen)
- Tattoos
- Achselhaare
- Beinhaare

TIPP:
Natürlich schreckt es ab, mehrere hundert Euro für einen Anzug oder ein Kostüm zahlen zu müssen. Andererseits halten gute Kleidungsstücke jahrelang. Zeitlose Farben und Schnitte lassen sich ewig tragen. Im Vergleich dazu sind zwei günstige Anzüge in knalligen Trendfarben in der nächsten Saison bereits wieder altmodisch. Untragbar im Geschäftsleben jedoch waren sie von Anfang an und daher eine schlechte Investition.

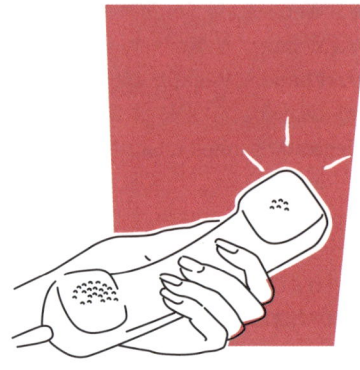

oder kann sie besser auslegen, sondern findet auch schneller eine passende Antwort.

Zwar regt Kaugummikauen die Durchblutung an und hält wach, so das Ergebnis einer wissenschaftlichen Studie aus Amerika. Sogar Vokabeln lassen sich schneller einprägen, wenn man gleichzeitig kaut. Kaugummi kauen entspricht allerdings guten Umgangsformen nur dann, wenn man dies mit geschlos-

muss oder Fragen zunächst nur mit „laut gedachten Fragezeichen" beantwortet. Im ungünstigsten Fall muss er das Gespräch unterbrechen und einen Rückruf anbieten. Es gibt allerdings auch spontane Anrufe mit Fragen, die sich nicht sofort beantworten lassen. Dann sollte man dies dem Gesprächspartner mitteilen und einen Rückruf anbieten. Dies ist oft bei Anrufen von unterwegs mit dem Mobiltelefon der Fall.

Abgesehen hiervon sollte man weder in den Apparat brüllen noch flüstern, sondern möglichst deutlich sprechen. Natürlich ist es stets empfehlenswert, wenn man hoch konzentriert telefoniert. Dann versteht man nicht nur die Frage des Gesprächspartners besser

UMSTÄNDLICHE SÄTZE VERMEIDEN

Wenngleich es nett gemeint sein mag, sollten umständliche Sätze und Floskeln am Telefon gemieden werden. Bereits ein „… dürfte ich Sie vielleicht um Ihren Namen bitten …" klingt verwirrend. Der Gesprächspartner könnte dies sogar als zynisch oder ironisch auffassen. „Sagen Sie mir bitte Ihren Namen?" hingegen lässt keine Zweifel an den korrekten Umgangsformen des Fragenden aufkommen. Sätze, die mit einem „… wäre es Ihnen vielleicht zuzumuten, mir eine Kopie der Rechnung etc. …" wirken ebenfalls arrogant – auch wenn es gar nicht so gemeint ist. „Ich würde Sie gerne nächsten Freitag anrufen – ist Ihnen das recht?", lässt höfliche Umgangsformen erkennen und wirkt zielorientierter als ein „… dürfte ich Sie unter Umständen eventuell nochmals anrufen, um mich nach dem aktuellen Stand der Dinge zu erkundigen?"

Benimm im Business

senem Mund tut – auch am Telefon. Kaugummi kauen mit laut schmatzenden Geräuschen und klapperndem Unterkiefer wirkt unangenehm auf die Mitmenschen. Deutlich zu sprechen hängt nämlich auch von den allgemeinen Nebengeräuschen der Umgebung ab. Daher schickt es sich nicht, neben dem Telefonat etwas zu essen, zu trinken oder mit Papier zu rascheln; der Gesprächspartner fühlt sich sonst Ihrer Aufmerksamkeit beraubt. Zudem verwirren diese Geräusche den Gesprächspartner meistens, auch wenn sie dem Verursacher oft gar nicht auffallen.

W – Wer?
W – Wem?
W – Wann?
W – Wo?
W – Was?
W – warum?
W – Wie?

HINWEIS

Wem es schwer fällt, souverän auf Anrufbeantworter zu sprechen, der kann sich vorab die erforderlichen Ws notieren. Dann kann er sicher sein, dass die Meldung vollständig ist. Auf diese Art lässt sich auch vermeiden, dass man wiederholt auf den AB sprechen muss, weil man „etwas vergessen" hat. Dies wirkt nämlich oft unbeholfen.

Anrufbeantworter oder Handy-Mailbox: Empfängern unnötige Fragen ersparen

Zunächst einmal gilt es als unfein, wenn man bei Anrufbeantwortern (Abkürzung: AB) einfach auflegt. Andererseits sollte der Anrufer dem Empfänger unnötiges, zeitraubendes Nachfragen ersparen. Dies geht ganz einfach, indem man ihm die „notwendigen Ws" bietet. Diese Ws stehen für:

SMS

Besonders bei den zunehmend beliebten „Short Messages" ist Kürze Trumpf. Der Vorteil der SMS: Sie erreichen den Empfänger zuverlässig, spätestens wenn er beispielsweise das Funkloch wieder verlässt.

Die Reihenfolge der W-Fragen ist dabei individuell. Beispiel:

„Bin leider erst 12 Uhr im Büro, da Zug verspätet. MfG, A. Leitner." Daraus geht hervor:

Wer? = ich

Was? = bin unpünktlich

Benimm im Business

TIPP:

Manchmal hilft es, wenn man beim Telefongespräch einen Blick auf sich selbst wirft. Am einfachsten stellt man einen kleinen Spiegel vor sich, um während des Gesprächs gelegentlich einen Kontrollblick hineinzuwerfen. So kann man überprüfen, ob man grimmig oder freundlich blickt.

bekannte Abkürzungen, wie beispielsweise „mfG" für ein „mit freundlichen Grüßen" oder individuell vereinbarte Abkürzungen an. Diese könnten „AGR" für „Arbeitsgruppe Rechnungswesen" oder ähnlich lauten. Allerdings sollte man bedenken, dass in Fachkreisen bestimmte Abkürzungen tatsächlich gängig sind, wie z. B. „AGR-Ventile" bei Ingenieuren für „Abgasrückführungsventile", „ERC" bei Medizinern für „endoskopische

Warum? = Zug hat Verspätung
Wann? = 12 Uhr
Wo? = im Büro

Dies ist kürzer als ein „Sehr geehrter Herr X, mein Zug hatte Verspätung, daher kann ich leider erst ab 12 Uhr im Büro eintreffen. Bitte entschuldigen Sie die Verspätung, Mit freundlichen Grüßen, Andrea Leitner."

Der SMS-Empfänger braucht dann auch keine umständliche Antwort zu tippen, sondern allenfalls ein „Kein Problem" – und der Fall ist erledigt.

Abkürzungen intern absprechen

Auch hier bieten sich allgemein

TO-DO
- Auf Anrufbeantworter deutlich sprechen.
- W's einhalten, um Empfänger unnötige Fragen zu ersparen.
- Lächeln beim Telefongespräch.
- Abkürzungen intern absprechen.
- In Zweifelsfällen Wörter ausschreiben.
- SMS so kurz wie möglich fassen.

TABU
- Telefonieren und gleichzeitig essen.
- Telefonieren und gleichzeitig trinken.
- Papierraschel beim telefonieren.
- Laut in den Hörer brüllen.
- In den Hörer flüstern.
- Kaugummikauend telefonieren.
- Gesprächspartner lange warten lassen, wenn man notwendige Information nicht parat hat (gegebenenfalls Rückruf anbieten).

Benimm im Business

retrograde Cholangiographie" (Röntgenkontrastdarstellung der Gallenblase) oder „GoA" bei Juristen für „Geschäftsführung ohne Auftrag". Wer also mit jemandem aus anderen Fachbereichen kommuniziert, sollte vorher darauf hinweisen, was firmenintern darunter zu verstehen ist. Wenn diese Fragen aber geklärt sind, dann steht der korrekten SMS-Kommunikation nichts mehr im Wege.

Hochachtungsvoll
Stilsichere Briefe und E-Mails

Wer Briefe schreibt, sollte bedenken, dass man den Sätzen nicht ansieht, ob sie freundlich gesprochen wurden. Worte können auf dem Papier viel härter klingen als im Gespräch. Daher sollte man bei der Wortwahl sorgfältig darauf achten, dass sich der Leser nicht brüskiert fühlt. Bei Briefen, In denen man seinen Unmut über den Empfänger beziehungsweise dessen Firma äußert, ist dennoch ein sachlicher Ton angebracht, doch dazu später mehr. Zunächst einmal gilt es die Formalien zu beachten. Dazu zählen Absender, Anschrift, Ort und Datum. In der Anschrift sollte das „Sehr geehrte Damen und Herren" nur dann stehen, wenn sich die zuständige Person nicht ermitteln lässt. Es macht immer einen besseren Eindruck, wenn der Verantwortliche ausfindig gemacht und namentlich erwähnt wird.

Der Geschäftsbrief
Geschäftsbriefe sollten immer klar, unmissverständlich und höflich formuliert sein, so sparen Sie dem Ansprechpartner Zeit und hinterlassen einen angenehmen Eindruck. Nicht nur in Briefen an Behörden ist es angebracht, ohne Umschweife auf das eigentliche Anliegen zu kommen.

Die Adresse
Die Adresse ist immer in dieser Reihenfolge aufgebaut:
Firma
(alle Titel) Ansprechpartner
Straße und Hausnummer oder Postfach
(ggf. Länderkennzeichen) Postleitzahl und Stadt

TIPP:
Missverständnisse vermeiden: Im Zweifel keine Abkürzung verwenden, um Missverständnisse zu vermelden.

MUSTERGESCHÄFTS-BRIEF

Sehr geehrte Damen und Herren,

am (Datum einfügen) habe ich bei Ihnen 100 Versandtaschen mit Fenster (Artikel Nummer einfügen) bestellt. Die Fenster für Name und Absender sind aber ohne Pergamentpapier geschützt. Dies ist ein Mangel. Bitte senden Sie mir schnellstmöglichst einwandfreie Umschläge zu.

Selbstverständlich gebe ich Ihrem Lieferanten die defekten Umschläge bei der Lieferung der neuen gerne mit.

Mit freundlichen Grüßen

Name

Sollten Sie sich nicht sicher sein, ob der Ansprechpartner noch im Unternehmen ist, können Sie den Brief auch an „Ansprechpartner oder Stv." adressieren. Stv. steht dabei für „Stellvertreter".

Die o.g. Reihenfolge in der Adresse macht deutlich, dass es sich um ein rein geschäftliches, jedoch nicht vertrauliches Schreiben handelt. Ändern Sie die Reihenfolge und nennen zuerst den Ansprechpartner und dann die Firma, leitet die Poststelle das Schreiben ungeöffnet weiter. Wenn es sich um ein sehr vertrauliches Schrei-

NEUE REGELUNGEN SEIT 2007

Seit Januar 2007 gelten im Bereich Briefe und E-Mails einige juristische Neuerungen, die sich zugleich auf die Benimmregeln auswirken.

Wer einen stilsicheren und seriösen Eindruck bei der schriftlichen und elektronischen Kommunikation hinterlassen und zudem vor rechtlichem Ärger verschont bleiben möchte, sollte die Änderungen, z.B. in den §§ 37a Handelsgesetzbuch (HGB), 125 a HGB, 35a GmbH-Gesetz und 80 Abs.1 Aktiengesetz (AktG) beachten. Diese Neuerungen sehen vor, dass „richtige Kaufleute", also sowohl Kapitalgesellschaften, wie z.B. die Gesellschaft mit beschränkter Haftung (GmbH), als auch die Kommanditgesellschaften (KG) und eingetragenen Einzelunternehmer (e.K.), bei Geschäftsbriefen gewisse Regeln beachten müssen.

Bei E-Mails von Kaufleuten an Geschäftspartner müssen sowohl die Firmenbezeichnung als auch Rechtsform, Anschrift und Handelsregisternummer angegeben werden. Diese Pflicht entfällt für Freiberufler und Einzelunternehmer.

Bei Verstoß können Abmahnungen von Konkurrenten drohen, was mit viel Geldaufwand und Ärger verbunden sein kann.

Benimm im Business

ben handelt, sollten Sie aber auf alle Fälle noch „persönlich/vertraulich" nach dem Namen des Ansprechpartners einfügen, dann können Sie sicher sein, dass das Schreiben nur vom Adressaten selbst geöffnet wird.

Früher	Heute
Anschrift: „Herrn Dr. Franz Müller und Gemahlin", „Frau Dr. Franz Müller"	Anschrift: „Herrn Dr. Franz Müller und Frau Eva Müller", „Frau Eva Müller"
Anrede: „Sehr verehrte, gnädige Frau"	Anrede: „Sehr geehrte Frau Müller" oder „Guten Tag Frau Müller"
Grußformel: „Hochachtungsvoll"	Grußformel: „Mit freundlichen Grüßen" oder „Mit heiteren (winterlichen, sonnigen etc.) Grüßen aus München"

Die Anrede

Während in der Anschrift alle Titel genannt werden („Herrn Prof. Dr. Dr. h.c. Karl Brüninghaus"), verwendet man in der Anrede nur den höchsten („Sehr geehrter Herr Professor Brüninghaus").

Kennen Sie den Namen des Zuständigen, nennen Sie diesen nicht nur in der Adresse, sondern auch in der Anrede. Sollten Sie sich nicht sicher sein, wer der Ansprechpartner ist, schreiben Sie einfach „Sehr geehrte Damen und Herren".

Der Briefaufbau

Neben der Adresse und dem Datum ist auch der Betreff In der Geschäftskorrespondenz unverzichtbar. Allerdings kündigt man diesen nicht mehr durch das Wort „Betreff" an, sondern schreibt direkt, worum es geht. Also nicht „Betreff: Ihre Anfrage vom ...", sondern „Ihre Anfrage vom ...".

Nachdem Sie Ihr Anliegen erläutert haben, gehört ein „mit freundlichen Grüßen" an das Ende des Briefes. Je nachdem, wie gut Sie den Geschäftspartner kennen bzw. wie das Klima der Geschäftsbeziehung ist, können Sie auch andere Grußformeln verwenden.

Keine Kraftausdrücke

Kraftausdrücke sind (nicht nur) in Geschäftsbriefen fehl am Platz!
Das angenehme Gegenteil: Eine ansprechende Schlussformel, z. B.: „WIr freuen uns auf eine gute Zusammenarbeit und stehen Ihnen für Rückfragen jederzeit gerne zur Verfügung" beeindruckt den Leser. Wer sich über den Briefempfänger ärgert, der kann es bei einem „Hochachtungsvoll" belassen. Dies besagt, dass man sich formell verabschieden möchte. Kreative Negativformulierungen wie „... von einer Grußformel nehme ich Abstand ..."

ZEITGEWINN DURCH ANSCHRIFT

Wer erst den Namen des Verantwortlichen und dann den Firmennamen und die Firmenadresse auf den Briefkopf schreibt, sammelt Vorteile. Die Poststelle ist grundsätzlich angewiesen, diese Poststücke direkt in dessen Fach zu legen. So erreicht die Mitteilung den Empfänger schneller. Zudem erhöht sich die Chance, dass es auch wirklich ankommt. Erfahrungsgemäß landen viele Schreiben bei der Posteingangsstelle und die jeweiligen Sachbearbeiter wissen nicht, an wen sie die Briefe weiterleiten sollen. Die Briefe werden zu Irrläufern, die den Empfänger entweder zu spät oder nie erreichen. Bei Behörden ist dies rein rechtlich nicht so schlimm, da der Eingangsstempel zählt. (Dieser zeigt an, ob die Frist gewahrt ist.) Dennoch liegt die Wahrscheinlichkeit, dass Anträge zügig bearbeitet werden, deutlich höher, wenn die Unterlagen den zuständigen Mitarbeiter ohne Umwege erreichen.

geben der Verärgerung zwar Ausdruck (und sind juristisch unbedenklich), stimmen aber mit dem guten Ton in Berufs- und Privatleben nicht überein.

Ausrufezeichen sparsam dosieren

Ausrufezeichen und Blockschrift sollte man sparsam dosieren. Ein Ausrufezeichen empfindet der Leser oft als ein „Brüllen" oder lautes Reden. Ähnlich ist dies bei Blockbuchstaben. Natürlich ist es bei seltenen Ereignissen, wie z. B. „Herzlichen Glückwunsch zur Beförderung!" oder ähnlichen Besonderheiten durchaus angebracht.

Sonderfall: Absagen

Es gibt immer auch unangenehme Themen, die andere emotional stark berühren. Dazu zählen beispielsweise Absagen auf Bewerbungen. Egal, ob bei Bewerbungen auf Lehrstellen oder Managementjobs für „Young Professionals" oder „Fach- und Führungskräfte ab 45". Dies sollten Personalverantwortliche beachten.

Benimm im Business

BEISPIEL FÜR ABSAGE AN BEWERBER(INNEN), WELCHE IN DIE ENGERE WAHL FIELEN:

Wir bedanken uns für Ihre interessante Bewerbung und die beiden angenehmen Gespräche in unserem Hause.

Die Wahl ist uns nicht leicht gefallen. Sie haben einen sehr guten Eindruck hinterlassen, dennoch müssen wir Ihnen hiermit leider absagen.

Sie waren eine(r) der Bewerber(innen), die wir in die engste Wahl gezogen haben. Auch wenn wir wissen, dass dies nur ein kleiner Trost sein kann, sind wir überzeugt, dass Sie einen Arbeitgeber finden werden, in dessen Anforderungsschema Ihre Qualifikationen und Ihre Persönlichkeitsmerkmale ohne Einschränkungen passen.

Mit nochmaligem Dank, der Bitte um Verständnis und den besten Wünschen für Ihre Zukunft verbleiben wir

mit freundlichen Grüßen
– Name der Firma –

– Name und Unterschrift der zuständigen Person –

(Anlage: Bewerbungsmappe)

Manchmal fällt es Personalverantwortlichen tatsächlich schwer, sich für einen Bewerber zu entscheiden, da zwei oder mehr Personen zur Auswahl standen, die im Bewerbungsgespräch einen gleichermaßen sympathisch-kompetenten Eindruck hinterließen. Anbei einige Beispiele für angemessene Absagen. Zunächst einmal fällt es im Allgemeinen leichter, eine Absage zu formulieren, wenn noch kein offizielles Vorstellungsgespräch erfolgte. Wer nämlich zum Vorstellungsge-

BEISPIEL FÜR ABSAGE AN BEWERBER(INNEN), WELCHE ZUM VORSTELLUNGSGESPRÄCH ERSCHIENEN

Firmenkopf
Datum

Bewerber-Anschrift

Sehr geehrter Herr/Frau X,

vielen Dank für Ihre Bewerbung, Ihr Interesse an unserem Unternehmen und das angenehme Gespräch. Unser Auswahlverfahren hat sich aufgrund der über 300 eingegangenen Bewerbungen und der 20 Vorstellungsgespräche etwas verzögert. Mittlerweile ist die Entscheidung gefallen.

Mit Bedauern müssen wir Ihnen mitteilen, dass wir uns für eine(n) andere(n) Bewerber(in) entschieden haben, der (die) uns aufgrund seiner (ihrer) z. B. spezielle Kenntnisse auf dem Gebiet der/des, seiner langjährigen Berufserfahrung etc.) für diese Stelle besonders geeignet erschien. Für Ihre weitere Stellensuche wünschen wir Ihnen viel Glück.

Mit freundlichen Grüßen und den besten Wünschen für Ihre Zukunft verbleiben wir

– Name der Firma –
– Name und Unterschrift der zuständigen Person

(Anlage: Bewerbungsmappe)

spräch eingeladen wurde, macht sich größere Hoffnungen auf ein Jobangebot, da er bereits in die engere Auswahl fiel. Dies lässt darauf schließen, dass er mit seiner Bewerbung die Neugier der Beteiligten geweckt hat. Wer wirklich in die engere Wahl fiel, also zu einem zweiten Gespräch eingeladen wurde, dessen Hoffnungen auf eine Einstellung stiegen sicherlich noch stärker. Daher ist es wirklich angebracht, noch mehr Taktgefühl bei der Absage walten zu lassen. Die drei Entwürfe zeigen Beispiele für kniggekonforme, also taktvolle Absagen.

Bewerbungsunterlagen behalten

Sollte die Firma wirklich ernsthaft daran interessiert sein, die entsprechende Person eventuell als Ersatz für den ausgesuchten Bewerber „in Reserve" zu halten, kann man die Bewerbungsmappe mit einem entsprechenden Hinweis in der Absage erstmal behalten. Der Bewerber hat in aller Regel nichts dagegen einzuwenden, wenn er im Rahmen der höflichen Absage gefragt wird, ob man die Bewerbungsmappe in Evidenz halten und gegebenenfalls auf ihn zurückkommen dürfe.

BEISPIEL FÜR ABSAGE AN BEWERBER(INNEN), DIE KEINE EINLADUNG ZUM VORSTELLUNGSGESPRÄCH ERHIELTEN

Firmenkopf

Datum

Bewerber-Anschrift

Sehr geehrter Herr/Frau X,

unsere Stellenausschreibung (Angabe der Zeitung/Zeitschrift etc. mit Datum) als (Berufsangabe) hat ein großes Echo gefunden. Auch Sie haben uns Ihre Mitarbeit angeboten. Wir danken Ihnen für das Interesse, das Sie unserer Arbeit entgegen bringen. Trotz Ihrer ansprechenden Bewerbung fiel die Wahl auf eine(n) andere(n) Mitbewerber(in). Wir bedauern, Ihnen kein Angebot zur Mitarbeit (im Name der Firma/Institution einfügen) machen zu können und reichen die uns überlassenen Unterlagen anbei zu unserer Entlastung zurück.
Für Ihren weiteren beruflichen Weg wünschen wir Ihnen alles Gute.

Mit freundlichen Grüßen

– Name der Firma –
– Name und Unterschrift der zuständigen Person –

Benimm im Business

■■■
Allgemeine Geschäftskorrespondenz

Geschriebene Texte zeichnen sich dadurch aus, dass sie vollständig ausformuliert sind, viele Nebensätze beinhalten, weniger spontan entstehen und „anonymer" wirken als Telefongespräche oder persönliche Gespräche. In persönlichen Gesprächen erkennt der Gesprächspartner schließlich Mimik, Gestik, Betonung etc. und setzt dies in Zusammenhang mit dem gesprochenen Wort. Gleichzeitig kann er zustimmend nicken oder mit dem Kopf schütteln, sodass der Sprechende sofort erkennt, ob er richtig verstanden wurde oder ob dem Empfänger nicht klar ist, was er ihm sagen möchte. Beim Schreiben fehlt dieses zeitgleiche Feedback. Manche Angelegenheiten lassen sich jedoch (aus formellen oder juristischen Gründen) nicht mündlich, sondern nur schriftlich regeln. Hier wiederum gelten bei geschäftlichen Briefen andere Maßstäbe als bei privaten. Während private Briefe nicht unbedingt logisch gegliedert sein müssen

und ein Postskriptum (P.S.) auch mehrere Sätze lang sein kann, erwarten Kunden, Kollegen und Geschäftspartner eine andere Briefgestaltung.

Internet-Benimm-Regeln: Netiquette

Im Computerjargon legt man gutes Benehmen im Internet als „Netiquette" aus. Das Wort setzt sich zusammen aus „Net" – für „Internet" und „iquette" für „Etikette". Darunter fällt zunächst, dass der Empfänger gezielt auszuwählen ist. Empfänger, die E-Mails erhalten, die sie nicht interessieren, oder die in keiner Weise relevant für ihr Unternehmen sind, ärgern sich teilweise so sehr, dass sie den entsprechenden Absender auf die Liste „unerwünschter E-Mails" setzen, sodass sie gesperrt sind. Bereits daher sollte man sich nicht an Kettenbriefen, Rundmails, Serienbriefen etc. beteiligen. Die Spams gelten als gleichermaßen unzulässig wie Massenwurfsendungen bei gewöhnlichen Briefen. Im ungünstigsten Fall löst der entsprechende Provider die E-Mail-Adresse des Absenders auf oder eine Unterlassungsklage droht. Dem

 TIPP:
Im Kollegenkreis bieten sich interne Vereinbarungen über Kürzel im Betreff an. „NZI" ließe sich für „nur zur Information" oder „FS" für „Fristsache" anwenden.

dem Befehl „senden", ist eine ganze Nachricht auf dem Weg zum Empfänger und kann nicht mehr gestoppt werden. So wie man bei Briefen manchmal besser „eine Nacht darüber schläft", um sie am nächsten Tag nochmals zu lesen und dann erst zu entscheiden, sie zur Post zu bringen oder nicht, sollte man auch mit E-Mails verfahren.

Mittlerweile verständigen sich viele nicht nur im Privatleben, sondern auch im beruflichen Alltag per E-Mail. Dies bietet bereits deshalb enorme Vorteile, da man keine Rücksicht auf Geschäftszeiten zu nehmen braucht. E-Mails sind auch vor acht oder nach 23 Uhr versend-

Empfänger einer Nachricht sollte ein gewisser Respekt entgegengebracht werden. Selbst wenn im Internet auf Anrede und Grußformel oft verzichtet wird und auch verzichtet werden kann, sollte man höflich und in ganzen Sätzen schreiben. Höflichkeit wirkt in E-Mails gerade deshalb auf den Empfänger so positiv, weil sie im World Wide Web so selten ist.

„Gesendet ist gesendet"

Da der gute Ton gerade auch in E-Mails sehr wichtig ist, darf man nie im „Affekt" schreiben, um seinem Ärger Luft zu machen. Die Situation kann schnell eskalieren. Mit einem einzigen Befehl, nämlich

PS, POSTSKRIPTUM:

Unter Postskriptum versteht man im Zusammenhang mit Briefen das „Nachgeschriebene". Zwischen dem Buchstaben P und dem Buchstaben S steht übrigens kein Punkt, wenngleich dies in vielen offiziellen Briefen der Fall ist. Interessanterweise erregt das PS meist hohe Aufmerksamkeit. Gelegentlich interessiert den Leser das PS mehr als der ganze Text. Oft steht das PS eingerückt auf dem Brief, um optisch noch mehr hervorgehoben zu werden. Zum Beispiel: „Wenn Sie die bis zum (Datum) bestellen, dann nehmen Sie automatisch an unserem Gewinnspiel teil!"

Benimm im Business

bar. Dies erfolgt schneller als per Fax. Zudem lassen sich als Anlage noch Vertragsunterlagen oder Fotos beifügen. Viele, die im Bekanntenkreis per E-Mail kommunizieren, verwenden oft Emoticons und gehen davon aus, dass sie allseits bekannt sind. Emoticons sprechen für sich. Zum Beispiel:

:) oder .-) für Freude

:(oder :-(für Enttäuschung

So kann der Empfänger zwischen den Zeilen lesen, wie ein Satz gemeint ist. Im Berufsleben sind derartige Zeichen aber unangebracht. Auch sonst sollte man sie nur dann verwenden, wenn man weiß, dass der Empfänger deren Bedeutung versteht.

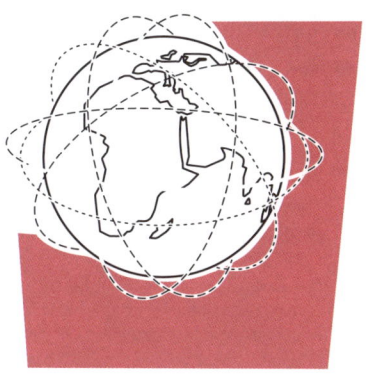

E-Mail in Kurzform

Im Businessalltag schreiben viele lediglich einen Kurzsatz in die Betreffzeile und fügen ein „nfm" oder „eom" hinzu. Ein „nfm" steht für „no further message", also „keine weitere Nachricht". Ein „eom" kündigt das „end of message", das heißt „das Ende der Nachricht" an. Gebräuchlich ist auch die Aufforderung, schnell zu reagieren:

ASAP – As soon as possible. Die Verwendung dieser Kürzel spricht für Freundlichkeit, kombiniert mit effektivem Zeitmanagement, denn weder der Leser noch der Schreiber brauchen nach dem Betreff (z. B. „Kaufvertrag") unnötige Zeit mit langwierigen „Sehr geehrter ..." und „Wie geht es Ihnen?" und „... anbei der Kaufvertrag vom ..." und „... mit freundlichen Grüßen ..." opfern, um Höflichkeit und gegenseitigen Respekt zu wahren. Es geht auch einfacher. Beispiel: „Hallo Frau Schaub, anbei der Kaufvertrag. MfG, Udo Maier (eom)". So erkennt der Empfänger, dass er sich gar keine Mühe zu machen braucht, weiterzulesen. Es genügt, den Anhang zu öff-

TIPP:

Angesichts der E-Mail-Schwemme bietet es sich an, sparsam mit CC umzugehen. Viele Mitarbeiter ärgern sich nämlich über die zeitraubende E-Mail-Flut, der sie täglich ausgesetzt sind.

nen und abzuspeichern. Leser und Schreiber sparen Zeit und Arbeit.

TO-DO

- Im Zweifel besser keine Abkürzung verwenden, um Missverständnisse (und deren Folgen) zu vermeiden.
- Unbedingt Nachricht auf Anrufbeantworter hinterlassen.
- Bei Anrufbeantwortern möglichst auch eigene Rufnummer hinterlassen, damit der Empfänger gegebenenfalls selbst zurückrufen kann.
- E-Mails möglichst innerhalb 24 Stunden beantworten.
- Automatische E-Mail-Antwort bei längerer Abwesenheit mit Empfangsbestätigung einrichten.
- Vertrauliche Informationen verschlüsselt versenden.
- Anrede und Grußformel einhalten.
- CC nur bei relevanten Personen verwenden.
- BCC sparsam verwenden.

TABU

- Wahrheitswidrig bestreiten, E-Mail erhalten zu haben.
- E-Mails an zu viele CC versenden, die nichts mit der Angelegenheit zu tun haben.
- Heikle E-Mails BCC versenden (besser extra E-Mail an Zielperson senden).
- Ständig grundlose Ausrufezeichen oder Blockschrift.
- Kraftausdrücke.
- Beteiligung an Kettenbriefen, Serienbriefen, Massenmails.
- Im Affekt E-Mails versenden.
- E-Mails mit langen Nachrichtenformaten (z. B. HTML-Anhängen) versenden.

Wer darf und wer muss E-Mails lesen?

Oft betreffen Informationen mehrere Mitarbeiter gleichzeitig. Praktischerweise sendet man die E-Mail dann gleich an mehrere Empfänger. Entweder CC (was für carbon copy steht) oder BCC (blind carbon copy). Bei CC sieht jeder Empfänger, wer noch zu dem Empfängerkreis zählt (z. B. wer alles zur Besprechung eingeladen ist). Bei BCC sieht der eigentliche Empfänger nicht, wer die Nachricht noch lesen kann. Dies hat meist interne Gründe, z. B., weil ein Geschäftsführer einem Mitarbeiter etwas mitteilt und dies gleichzeitig dem anderen Geschäftsführer zeigen will. Er handelt dabei in der Absicht, dass der Mitarbeiter vom „unsichtbaren Leser" nichts merkt. Peinlich wird dies spätestens dann, wenn der BCC-Empfänger diese E-Mail an weitere Personen sendet. Dann kann gegebenenfalls jeder sehen, was der eine dem anderen schrieb und dass er es „heimlich" an andere sendete. Wenn Sie sicher sein wollen, dass der Verteiler geheim bleibt, sollten Sie die Mail einzeln an die Empfänger senden.

Benimm im Business

Goldene Regel für E-Mail-Antworten

E-Mails sollten spätestens innerhalb von 24 Stunden beantwortet werden. Selbst wenn man die Fragen nicht beantworten kann, dann sollte man kurz den Erhalt bestätigen und ankündigen, dass sich die Fragen zum derzeitigen Stand nicht beantworten lassen, die Antwort aber in den nächsten Tagen folgt. So erkennt der Empfänger, dass er Aufmerksamkeit erfährt. Für den Fall, dass sein Rechner so programmiert ist, dass er ohnehin erkennt, ob, wann oder wie oft die E-Mail gelesen wurde, lassen sich „Ausreden" des Empfängers (z. B., dass er noch keine Zeit gehabt hätte, sie zu lesen, oder dass nichts angekommen sei) ohnehin schnell enttarnen.

Wie in Briefen sollte auch in E-Mails stets ein „Betreff" angegeben werden, zumal manche Empfänger Unmengen an E-Mails jeden Tag erhalten und Schwierigkeiten haben zu unterscheiden, ob sie wichtig sind oder eher belanglos. Unter den Optionen beim Versenden lässt sich zudem die Prioritätsstufe von „normal" bis „höchste Priorität" einge-

ben. Das rote Ausrufezeichen zeigt dem Empfänger, dass es sich um eine wichtige E-Mail handeln soll. Daher gebietet es der Anstand, nur wirklich wichtige oder dringende Nachrichten mit hoher Priorität zu senden.

Tipps und Tricks gegen E-Mail-Überbelastung

Wer beruflich viel am Computer arbeitet, erhält oft eine Unmenge an E-Mails, die nur unnötigen Stress verursachen. Dies lässt sich minimieren.

1. Ampel für VIP-E-Mails

Nicht nur im Show-Business spricht man von very important persons

TIPP:

Vorsichtshalber sollte man heikle E-Mails zunächst als Entwurf verfassen und auch als Entwurf abspeichern. Erst wenn man sich absolut sicher ist, sie in genau dieser Form an den Empfänger zu leiten, sollte der Befehl „senden" aktiviert werden.

2. Werbung verbieten

Ein Rechner lässt sich, ähnlich wie ein echter Briefkasten mit dem Vermerk „bitte keine Werbung einwerfen", ebenfalls vor unerwünschten Werbebotschaften schützen. Hiervor bewahrt der Befehl „Extras", „Absender blockieren".

3. Ordentlich ordnen

Nicht nur schriftliche Dokumente lassen sich in Ordner abheften, sondern auch E-Mails in virtuelle Ordner. Hierfür speichert man sie z. B. unter Absender, Thema, Wichtigkeit oder ähnlichen Kriterien ab, um den Posteingang zu räumen und für mehr Transparenz zu sorgen.

(VIPs). Auch im Berufsalltag gibt es wichtige und weniger wichtige Kunden und Mitarbeiter. Um Nachrichten von Vorgesetzten und wichtigen Personen sofort erkennen zu können, empfiehlt sich die Ampel-Methode. Man markiert die Post der wichtigen Absender mit rot, die der relevanten Kunden gelb und private E-Mails grün (also rot-gelb-grün wie eine Ampel). Dies erfolgt bei den meisten Rechnern über die Rubrik „Extras". Dort steht unter „Regeln" auch „E-Mail" und der Befehl „Neu". Über den Befehl „Bedingungen", „Enthält den Absender" lässt sich die passende Farbe für den entsprechenden Absender bestimmen. Auf diese Art kann man „VIP-Anfragen" bevorzugt behandeln.

■■■
Kommunikation mit Großfirmen

Viele Großfirmen sind intern derart anonym, dass die Mitarbeiter sich untereinander nicht kennen oder die eine Abteilung nicht weiß, was die andere gerade tut. Wer ein Problem mit einem Großunternehmen hat, der sollte die Chance des „Service-Telefons" nutzen. Oft helfen einem

Benimm im Business

die Mitarbeiterinnen und Mitarbeiter am Kundentelefon unkompliziert, kulant und effektiv. Missverständnisse lassen sich schneller enttarnen oder vorbeugen, denn es liegt im Interesse des Unternehmens, dass die Telefon-Mitarbeiter eine rasche, unkomplizierte und effektive Lösung finden, um die Leitung nicht unnötig zu blockieren. Sonst könnten sich andere Kunden wieder beschweren, dass der Service des Unternehmens zu wünschen übrig lasse, da das Kundentelefon ständig belegt sei. Schriftliche Beschwerden hingegen kosten nicht nur den Verfasser des Briefes Zeit, sondern auch den Empfänger (der sich zudem oft unzuständig fühlt, sodass das Schriftstück firmenintern mehrere Abteilungen durchläuft). Eine höfliche Schilderung des Problems steigert die Chancen auf eine unkomplizierte Lösung. Das Ergeb-

nis macht sich in der Regel auch für das Unternehmen bezahlt, da es die Kundentreue sichert. Wenn der Kunde und die elegante Lösung anderen, potenziellen Kunden schildert, ist dies zudem eine gute Gelegenheit der Neukundenaquise.

■ ■ ■ Exkurs: Frauen in Männer-Domänen

Nach wie vor sind viele Bereiche des gesellschaftlichen Lebens aber auch bestimmte Berufsfelder vom männlichen Geschlecht dominiert.

Typische Männerrunden
Im gesellschaftlichen Leben – das immer auch den beruflichen Erfolg mitbestimmt – sind zwar die klassischen Herrenklubs englischer Prägung, wo Männer unter sich bei Zigarren und Cognac über die Weltpolitik philosophieren, so gut wie ausgestorben. Allerdings gibt es immer noch informelle, aber geschäftlich wichtige Veranstaltungen, zu denen Frauen nur selten eingeladen werden (z. B. auf die Jagd oder zum Skat).

Wenn sich Geschäftliches und Privates mischt
Im Privatbereich ist dies kaum ein Problem: Frauen werden ohnehin nur eingeladen, wenn sie auch

erwünscht sind. Schwierigkeiten können allerdings auftreten, wenn der Kegelabend oder die Skatrunde im beruflichen Umfeld stattfindet. Für eine Frau beispielsweise, die in ihrer Firma etwas erreichen möchte, kann das Vertrauensverhältnis in einer solchen Runde, aber auch die Informationen, die dort ausgetauscht werden, durchaus wichtig und nützlich sein. Dennoch gilt generell: Man sollte nicht mit dem Holzhammer arbeiten und sich in bestehende Männergruppen hinein drängen. Dies hat oft den gegenteiligen Effekt, dass man komplett außen vor bleibt. Hier ist eher Beharrlichkeit gefragt. Frauen müssen sich darauf einstellen, dass sie sich ihren Platz in diesem Gefüge meistens erst erarbeiten müssen. Kleiner Trost: Ist dies gelungen – und etwa die weibliche Skatpartnerin erst akzeptiert – sind die männlichen Kollegen oft besonders zuvorkommend, galant und gesprächig.

Verbündete suchen

Oft hilft es, einen der männlichen Kollegen auf die eigene Seite zu ziehen und von der eigenen Integrität zu überzeugen. Wenn dieser Ansprechpartner dann seinen Kollegen meldet „Die ist keine, die alles gleich dem Chef weitererzählt", ist das Eis schon halb gebrochen.

Regeln und Rituale sind nicht nur für eingeschworene Männerrunden wichtig. Wenn man neu zu einer Gruppe kommt, muss man immer die Regeln kennenlernen und beachten. Im Beruflichen bedeutet dies jedoch keinesfalls, beim Kegelabend als Frau jede Pilsrunde mit zunehmen oder sich mit anzüglichen Witzen hervor zu tun. Auch wenn man in der Runde voll akzeptiert ist. Selbst wenn die männlichen Kollegen dies nie zugeben würden, legen sie oft in punkto Moral bei Frauen höhere Maßstäbe an als bei sich selbst.

TO-DO
- Nicht gleich aufgeben, sondern sich durchbeißen, bis man akzeptiert ist.
- Verbündete suchen.
- Regeln und Rituale respektieren.

TABU
- Beim Alkoholkonsum mit Männern mithalten.
- Anzügliche Witze erzählen.
- Übertrieben burschikoses Verhalten.

Benimm im Business

4. Kapitel

Benimm weltweit

Andere Länder, andere Sitten? Tatsächlich gelten viele Knigge-Regeln weltweit. Allerdings gibt es in Nord-, Mittel- und Südamerika, Japan, China, Südostasien, Europa sowie in arabischen Ländern oft unterschiedliche Benimm-Vorschriften. In den USA verläuft z.B. die Kontaktaufnahme im Vergleich zu Ländern wie Japan oder China relativ unkompliziert. In Südamerika wird Gastfreundschaft und Herzlichkeit großgeschrieben. Zum geschäftli-

chen Teil kommt man meist erst nach längeren persönlichen Gesprächen und gemeinsamen Geschäftsessen. In Japan achtet man auf Zeit und Chinesen erwarten, dass man ihnen einen würdevollen Rückzug aus komplizierten Situationen ermöglicht. In arabischen Ländern sollte man unbedingt den Fastenmonat Ramadan beachten. Seit dem EU-Gipfel im Juni 2007 hat sich auch in Europa einiges geändert und es lauern neue Benimm-Fallen. Sie lassen sich aber gut vermeiden, wenn man die Hintergründe kennt.

Wer beruflich oder privat einen Auslandsaufenthalt plant, sollte bedenken, dass Dinge oder Verhaltensweisen, die in manchen Ländern besonders geschätzt werden, in anderen Regionen auf Ablehnung stoßen können. Zumindest tendenziell lassen sich oft gewisse Ähnlichkeiten zwischen Ländern einer Region erkennen.

USA

Amerika gilt seit jeher als Land der unbegrenzten Möglichkeiten. Die legendäre Geschichte „vom Tellerwäscher zum Millionär" übt eine ungeahnte Faszination auf Men-

schen aus aller Welt aus, die in den Vereinigten Staaten von Amerika ihr Glück suchen.

Amerikaner gelten als kontaktfreudig, offen und unkompliziert. Small Talk wird groß geschrieben. Sprachlich gibt es kein „Sie", sondern nur „Du" (you). Dies erleichtert die alltägliche Kommunikation um einiges. „Nichts ist unmöglich", ist eine beliebte Devise. Dabei ist manches anders als in europäischen Ländern und einiges absolut unerwünscht. Während in Deutschland die höchstpersönliche Frage nach dem Einkommen oder Gehalt als eine Unverfrorenheit empfunden wird, ist dies in Amerika nichts Unübliches. Raucher, andererseits, ernten meist verwunderte oder gar böse Blicke. Grundsätzlich ist das Rauchen, im Gegensatz zu europäischen Ländern, überall verboten, wo es nicht ausdrücklich erlaubt ist. Doch es gibt noch einige andere Unterschiede.

Zeit ist bares Geld

Im Vergleich zu Ländern wie Japan, verläuft die Kontaktaufnahme in den USA auffallend einfach. So kann

Benimm weltweit

man potenzielle Vertragspartner direkt ansprechen. Man kommt bei Geschäften meist schnell zur Sache, schließlich ist Zeit bares Geld („time ist money"). Daher verhält man sich zielorientiert („let's get down to business"). Anstandshalber einen Small Talk vorab zu führen, gilt als Zeitverschwendung – und Zeit ist Amerikanern sehr wichtig. Die Frage, ob man bei einer Tätigkeit Zeit sparen, investieren oder verschwenden kann bzw. muss, beschäftigt sie fast so intensiv wie die Überlegung deutscher Geschäftsleute, wo man Geld sparen kann, investieren oder verschwenden muss. Pünktlichkeit hat daher höchste Priorität. Wer sich verspätet hat schlechte Karten, da es als Unverschämtheit empfunden wird, wenn der Gesprächspartner warten muss. Als gleichermaßen dreist empfinden es viele Amerikaner, wenn jemand eine Besprechung durch Anrufe unterbricht oder sich nebenher von Angestellten Schriftsätze vorlegen lässt und unterschreibt. Auf der anderen Seite legt man (ähnlich wie in Japan) größten Wert auf perfekte Präsentationen. Da in Amerika kein British English (das die Amerikaner als eher hölzern und arrogant empfinden), sondern American English gesprochen wird, sollten Firmenprospekte etc. tadellos „übersetzt" sein.

Dumme Fragen?

Amerikaner wissen teilweise erschreckend wenig über Deutschland. So kann es durchaus passieren, dass Leute fragen, ob Deutschland noch getrennt sei. Bei derartigen Fragen sollte man sich nicht persönlich angegriffen fühlen, sondern möglichst sensibel antworten und auf die politischen Verhältnisse und gesellschaftlichen Gegebenheiten hinweisen. Ansonsten bringen Amerikaner mit Germany häufig drei Begriffe in Zusammenhang:

1. schnelle Autos (Mercedes, Porsche, VW, BMW)
2. Autobahn
3. Oktoberfest

Diese üben eine starke Faszination aus. Zum einen ist es unvorstellbar, dass man auf einem „Highway" so schnell fahren darf wie man möchte. Zum anderen klingen Zahlen wie

TIPP:

Gegenfragen stellen, z. B., ob man Steffi Graf, Henry Kissinger, Marlene Dietrich oder Levi Strauss kenne, und darauf hinweisen, dass diese aus Deutschland stammten. Man kann auch auf bekannte Produkte (z. B. Heinz-Ketchup, Kuckucksuhren) oder Gerichte, wie beispielsweise Schwarzwälder Kirschtorte (black-forest-cake) hinweisen. Dies schafft meist Sympathiepunkte.

200 Stundenkilometer unvorstellbar groß, da sie nicht sofort in Meilen (miles per hour) umgerechnet werden. Da Alkohol in den USA in der Öffentlichkeit streng verpönt ist, aber immer wieder Bilder vom Oktoberfest im Fernsehen ausgestrahlt werden und bayerische Trachten und Bierkrüge zu sehen sind, wünschen sich viele, einmal nach Deutschland zu reisen, um die Autobahn und das Oktoberfest erleben zu können.

ACHTUNG ALKOHOL

Alkohol ist in den USA eine diffizile Angelegenheit. In Lokalen und Bars mit entsprechender Lizenz wird Alkohol zwar angeboten, generell ist Alkohol trinken jedoch eher verpönt.

dunkle Anzüge als selbstverständlich. Kombinationen sind unerwünscht. Mit gedeckten Farben bei Kostümen oder Hosenanzügen und Schuhen, deren Absätze nicht höher als vier Zentimeter sind, liegt man meist richtig. In manchen Restaurants sind Jacketts und Krawatte geboten. Wie überall gelten auch hier im Entertainmentbereich, im Sport, in der Kunstszene und in der Modeindustrie andere Regeln. Dort besteht mehr kreative Freiheit.

Geschenke und Mitbringsel

Ganz anders als beispielsweise in Japan legen Amerikaner weniger Wert auf Geschenke. Teure Geschen-

Geschäftskleidung

Wie in vielen Ländern gilt auch in den USA die Devise: „Je höher die Position, desto formeller die Kleidung." Im Geschäftsleben gelten

HINWEIS

Amerikaner schneiden das Essen zunächst mit Messer und Gabel, legen dann die linke Hand auf den Schoß und essen alles mit der Gabel. Die europäische Art wird aber akzeptiert.

Benimm weltweit

ke für Geschäftspartner erregen Misstrauen. Wer ein kleines Geschenk mit dem Logo seiner Firma überreicht, macht aber nichts falsch. In Amerika packt man Geschenke sofort nach Übergabe aus.

Do you speak English?

Amerikaner sind es meist gewohnt, dass alle englisch sprechen und dass man ihre Sprache weltweit versteht. Spanisch gilt als beliebte Fremdsprache, unter anderem wegen der Nähe zu Mexiko, Kuba oder anderen Inseln, auf denen spanisch gesprochen wird. Zumindest ein paar Wörter in der Landessprache stimmen Amerikaner freundlich.

Guten Tag:	good morning (bis 12 Uhr)
Danke:	thank you
Bitte:	please
Auf Wiedersehen:	good bye

TO-DO

- Wenn eine Dame den Raum betritt oder sich setzen möchte, steht der „Gentleman" auf.
- Allgemeiner Abstand zwischen Personen mindestens 60 bis 80 Zentimeter.
- 15 bis 20 % Trinkgeld in Restaurants.
- Sachliche Verhandlungen.
- Schuhabsätze bei Frauen maximal vier Zentimeter.
- Feinstrumpfhosen bei Frauen.
- Dezentes Make-up tagsüber.
- Auf „nonverbale Kommunikation" achten.
- Häufiger Blickkontakt (anders als beispielsweise in Japan).
- Eine Hand in der Hosentasche haben, während man mit der anderen gestikuliert, gilt nicht als unhöflich.
- Bei privaten Einladungen stets fragen, ob man etwas mitbringen soll.
- Nur Ärzte mit Doktor anreden.

TABU

- Rauchen außerhalb der besonders ausgewiesenen Raucherzonen.
- Alkoholgenuss in der Öffentlichkeit.
- Gespräche „zwischen Tür und Angel" gelten als unhöflich.
- Ständiges zustimmendes Nicken mit dem Kopf biedert andere an.
- Unpünktlichkeit (außer Cocktailpartys).
- Unrasierte Beine und Achseln bei Frauen.
- Ungepflegtes Erscheinungsbild.
- Beide Hände in den Hosentaschen verstecken.
- Hände vor dem Körper verschränken wirkt aggressiv oder ablehnend.

Exkurs: Nordamerikas Nachbarland Kanada

Kanada zählt geographisch zu Nordamerika, ist von den USA unabhängig und unterteilt sich in einen britischen (westlich) und einen französischen (östlich) Teil. An den Niagarafällen (zwischen Ontariosee und Eriesee) grenzt Kanada (Toronto) direkt an die USA (Buffalo, Staat New York). Offiziell gilt Kanada als zweisprachiges Land. Lebensmittel und Waren werden in englischer und französischer Sprache ausgezeichnet. Zirka ein Drittel der Bewohner spricht französisch als Muttersprache. Vor allem die Menschen in der Provinz Québec. Hier ließen sich im 17. und 18. Jahrhundert entlang des Sankt-Lorenz-Stromes viele französische Siedler nieder. Ansonsten aber, also in allen anderen Regionen des Landes, gilt Englisch als Hauptsprache. Kanada möchte aber nicht (in Anlehnung an die USA) als „Schmelztiegel der Nationen" gelten, sondern als vielfältig und kulturell tolerant. Neben wilden Rodeos findet man auch japanische Blütenfeste oder deutsche Volkstanzgruppen. Die Anzahl deutscher Einwanderer beträgt zirka sechs Prozent. Im Vergleich zu anderen Einwanderergruppen (Italiener zirka drei Prozent) ist dieser Anteil sehr hoch. Kanada ähnelt europäischen Ländern in vielen Bereichen, insbesondere im Geschäftsleben.

Achtung: Elch

Elchsteaks, Bärenschinken oder Wildenten dürfen landesweit nicht verkauft werden. Selten erhalten Restaurants Ausnahmegenehmigungen solche Gerichte zu servieren. Das Thema sollte besser vermieden werden.

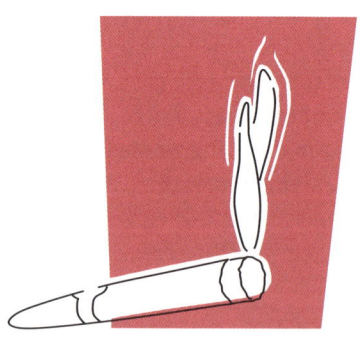

Benimm weltweit

Mittelamerika und Karibik

■■■
Kuba

Kuba liegt nur (!) 145 Kilometer von Florida entfernt, aber dazwischen liegen kulturelle, politische und wirtschaftliche Welten. Es gilt als „letzte Bastion des Kommunismus". Obwohl Fidel Castro seit 2006 seine Amtsgeschäfte krankheitsbedingt ruhen lässt, ändert sich daran zum Erstaunen der USA nichts und Kuba ist vielen Amerikanern nach wie vor ein Dorn im Auge.

TO-DO
- Vorliebe für Musik, Zigarren und Rum.
- Verehrung von Ché Guevara.
- Wissen über Ernest Hemingway.
- Interesse an Baseball und Boxen.
- Spanischkenntnisse.
- US-Dollar und starke Währungen.

TABU
- Kritik an „El Comandante" Fidel Castro.
- Kritik an marxistisch-leninistischer Idee.
- Schwärmerei für USA und Kapitalismus.
- Prahlerei mit westlichem Luxus.

■■■
Jamaika

Die Arawak-Indianer, die aus der Orinoko-Region (heute Venezuela) stammen, gründeten zirka 600 nach Christus Siedlungen auf Jamaika. Bekannt wurde es 1494, als Christoph Kolumbus während seiner zweiten Entdeckungsfahrt am 5. Mai 1494 bei der heutigen St. Ann's Bay ankerte und die Insel zu spanischem Besitz erklärte. Wirtschaftlich zählen auf Jamaika Zucker, Rum, Bananen und Kaffee zu den Hauptexportgütern. Geschäftliche Termine orientieren sich an amerikanischen Gepflogenheiten. In den USA erweckte Harry Belafonte mit seinem „Banana Boat Song" und weltweit Sean Connery in seinem auf Jamaika gedrehten James Bond Faszination für die Insel. International ist Jamaika als Heimat von Bob Marley bekannt, dem berühmten Reggae-Musiker. In manchen Hotels gibt es strenge Dress Codes, wonach Männer Jackett und Krawatte tragen müssen. Vor der Gruft des legendären Reggae-Musikers Bob Marley auf Nine Miles müssen die Schuhe ausgezogen werden. Ansonsten verläuft alles „easy".

TO-DO
- Um Preise feilschen.
- Bewunderung von Reggae-Musik.
- 10 % Trinkgeld, falls nicht im Preis inbegriffen.

TABU
- FKK (nur an wenigen Stränden erlaubt).
- Aufreizende Kleidung in Kirchen.
- Desinteresse an Nationalsport Kricket.

■■■
Mexiko

Mit seinen vielen Kulturschätzen aus der spanischen Kolonialzeit und den indianischen Hochkulturen der Maya und Azteken sowie seinen geographischen Besonderheiten ist Mexiko nicht nur für seine Nachbarn aus den USA eines der beliebtesten Reiseziele.

TO-DO
- Geschäftsmann in Anzug und Krawatte.
- Geschäftsfrau in Kostüm/Hosenanzug.
- Frau: Abendkleid bei „etiqueta rigorosa".
- Mann: Smoking bei „etiqueta rigorosa".
- Trinkgeld: 15 bis 20 Prozent.
- Kommunikation in spanischer Sprache.
- Mitbringsel aus Heimatland.
- Bewunderung Mexikanischer Kultur.

TABU
- Unpünktlichkeit bei Ausländern.
- Kritik in Anwesenheit Dritter.
- Kritik am Land.
- Diskussion über Flüchtlingsproblem.
- Gelbe oder rote Blumen als Geschenk.

Allgemeiner Tipp: Briefe in englischer Sprache

Manchmal ist schriftliche Kommunikation unerlässlich, z. B. bei Hotelzimmerreservierungen Hotelzim-merstornierungen sowie Annahme und Ablehnungen von Stellenangeboten. Dies gilt nicht nur für Mexiko, sondern international.

HOTELZIMMER-RESERVIERUNG

Beispiel für Hotelzimmerreservierung per Fax:

Message for:	The Manager, XY-Hotel
Address:	1524 East Park Road
	Grand Island
	New York 144072
From:	Max Mustermann
Date:	16 Mai 2004

Number of pages including this page: 1

ABC-Straße 133
1111 Musterstadt
Germany

Dear Sir or Madam,

I found your hotel listed in the „XY-Hotel-Magazine" (May issue) and would like to make a reservation on a double (or single) room from September 2nd to 12th (ten nights). I prefer a quiet room, if available. If you have a vacant room for this period please let me know about the price and what is included and whether you require payment in advance.

Yours faithfully,

Max Mustermann

Benimm weltweit

Dies steht sinngemäß für eine Anfrage, wonach jemand in der Mai-Ausgabe einer Zeitschrift ein Hotel entdeckte und wissen möchte, ob noch ein Doppel-(oder Einzel-)Zimmer für die Zeit vom 2. bis zum 12. September frei sei. Zudem, dass man, falls dies machbar sei, einen ruhigen Raum bevorzuge. Falls ein entsprechender Raum in diesem Zeitraum frei sei, möchte man den Preis wissen, was dieser beinhaltet und ob eine Anzahlung verlangt werde.

Dies bedeutet sinngemäß, dass man bedauerlicherweise die Buchung für die Zeit vom 2. bis zum 12. September, also für zehn Übernachtungen, stornieren muss und sehr dankbar wäre, wenn man seine Kaution in Höhe von 100 US-Dollar bei Gelegenheit zurückerhalten würde.

HOTELZIMMER-STORNIERUNG

Message for:	The Manager, XY-Hotel
Address:	1524 East Park Road
	Grand Island
	New York 144072
From:	Max Mustermann
Date:	16 Mai 2004

Number of pages including this page: 1

ABC-Straße 133
1111 Musterstadt
Germany

Dear Sir or Madam,

I am afraid that I must cancel my booking for September 2nd to 12th (ten nights). I would be very grateful if you return my US $ 100 deposit at your early convenience.

Yours faithfully,

Max Mustermann

ANNAHME EINES STELLENANGEBOTS IN ENGLISCHER SPRACHE

Absenderadresse
ABD-Straße
1111 Musterstadt
Germany
Fon: ++49(0)711-1234

Your ref: AA/77/XX

Ms Rose van der Waal
The Rose Company
2345 Valencia
Santa Ana
CA 92706
USA

Dear Ms van der Waal,

I was delighted to receive your letter offering me the post of Art Director which I hereby accept. I confirm that I will be able to start on August 30th but not, unfortunately, before that date. Can you please inform me where and when exactly I should report on that Monday? I am looking forward to becoming a member of your team.

Yours sincerely,

Max Mustermann.

Dies bedeutet sinngemäß, dass sich jemand sehr über ein Job-Angebot gefreut hat und dieses gerne annehmen möchte. Er versichert am 30. August, aber nicht vor diesem Termin, anfangen zu können. Außerdem möchte er wissen, wo und wann er sich an besagten Termin melden solle und bemerkt, dass er sich sehr darauf freue, von der Firma angestellt zu werden.

Die nebenstehende Ablehnung lautet sinngemäß, dass sich jemand über ein Job-Angebot (als Art-Direktor) gefreut hat, sich aber für ein anderes Job-Angebot entscheidet, da diese andere Firma in seiner Heimatstadt liegt und er bei seiner Familie bleiben kann. Er hofft, dass er dem Unternehmen dadurch keine allzu großen Unannehmlichkeiten bereitet hat.

ABLEHNUNG EINES STELLENANGEBOTS IN ENGLISCHER SPRACHE

Absenderadresse
ABD-Straße
1111 Musterstadt
Germany
Fon: ++49(0)711-1234

Your ref: AA/77/XX

Ms Rose van der Waal
The Rose Company
2345 Valencia
Santa Ana
CA 92706
USA

Dear Ms van der Waal,

I was delighted to receive your letter offering me the position of Art Director in your company, but I have decided to take the offer of another company in my hometown, so I can still live with my family. I apologise any inconveniences to you.

Yours sincerely,

Max Mustermann.

Südamerika

Der südamerikanische Subkontinent ist schon aufgrund seiner Größe äußerst facettenreich. Dennoch weisen die meisten der Länder gewisse Gemeinsamkeiten auf.

Ein selbstbewusstes Auftreten, elegante Businesskleidung und die Anrede mit Titel beim ersten Gespräch wird überall gerne gese-

Benimm weltweit

hen. Saubere Schuhe gelten als absolutes Muss und machen einen guten Eindruck. Keinen guten Eindruck machen Menschen, die Sandalen tragen. Diese sind, zumindest in Städten, meist sehr ungern gesehen. Im Zweifel sollte man, gerade in Städten und vor allem beim Besuch von Behörden, auch keine kurzen Hosen tragen. Viel Geduld ist in fast allen südamerikanischen Ländern erforderlich. Die Devise: „Zeit hat man zu haben", könnte als allgemeine Faustregel gewertet werden. Dies bedeutet, dass man, von Ausnahmen wie Chile abgesehen, nicht sofort zur Sache kommt, sondern erst einen ausgiebigen Small Talk führt.

Vorsicht bei Kritik

Weniger gerne gehört wird Kritik, vor allem in der Öffentlichkeit. Kritik sollte möglichst positiv formuliert werden. Wer jemanden kritisieren möchte, der sollte es zumindest nicht in der Öffentlichkeit bzw. in Anwesenheit Dritter tun. Dies gilt aber nicht nur für Südamerika, sondern für viele andere Länder ebenso. Allerdings reagiert man in Südamerika besonders sensibel.

Verhalten als Gast

Wer sich im Ausland aufhält, sollte jedoch bedenken, dass er der Gast ist und sich anpassen sollte. Er darf daher nicht davon ausgehen, dass deutsche (Geschäfts-)Gepflogenheiten weltweit gelten. Andererseits braucht er auch nicht alles perfekt zu beherrschen. Die Gastgeber schätzen es, wenn man sich anpasst, höflich und respektvoll mit ihnen umgeht und üben bei kleineren Versehen meist Nachsicht – Nachsicht als solche zählt nämlich auch zum guten Ton.

Über kleine Gastgeschenke freut sich ein jeder, wenngleich sie nicht überall erwartet werden. Blumen gelten als gern gesehene Geschenke. Es sollten jedoch zwanzig Stück sein. Man kann sie auch sehr gut über Boten zustellen lassen, damit sie frisch bleiben. Ansonsten freuen sich Südamerikaner meist über eine Flasche hochwertigen Alkohols, insbesondere Whisky. Namhafte Herstellernamen gelten als Statussymbol. Prahlerei und Übertreibung wird als negativ empfunden.

Einheimische als Indios zu bezeichnen, wird, abgesehen davon, dass es richtigerweise Indigenas heißen müsste, als beleidigend empfunden. In Südamerika gilt allgemein, dass man mit politisch brisanten Themen sensibel umgehen sollte. Aber auch religiöse Ansichten können schnell zu hitzigen Diskussionen und Streitigkeiten führen. Daher ist viel Feingefühl notwendig. Am besten meidet man diese Themen.

Gerade in Argentinien, Brasilien und Chile legt man Wert auf besonders elegante Businesskleidung im Job, Herzlichkeit und Freundlichkeit und wenn Fremde allgemeines Interesse an Land und Leuten zeigen. Gutes Aussehen spielt eine sehr große Rolle, Argentinien ist das Land mit den meisten Schönheitsoperationen. Unerwünscht in allen drei Ländern sind Gespräche über heikle Politthemen (Falkland, Pinochet) und direkte Kritik in Anwesenheit Dritter.

■ ■ ■

Argentinien

Das Verhältnis zwischen Deutschland und Argentinien ist gut und viele Argentinier wissen über Deutschland recht gut Bescheid. In Argentinien gelten ähnliche Regeln wie in vielen südeuropäischen Ländern oder wie in Brasilien. Für den Aufbau von Geschäftsbeziehungen empfiehlt sich ein zunächst formeller Umgang. Daher sollte man anderen nicht sofort das Du anbieten, sondern warten, bis diese es tun. Titel werden gerne gehört. Man spricht sie immer gerne aus. Anders als in den USA gelten Titel als besondere Ehre.

Grüßen und Begrüßen

Langes Händeschütteln ist eher selten, wobei im Alltag herzliche Umarmungen auf der Tagesordnung stehen. Ein kurzer kräftiger Händedruck gilt im Geschäftsleben als angebracht. Gerade bei der Anrede sollte man den Titel nie vergessen. Darauf wird größter Wert gelegt.

Kleidung

Argentinier achten sehr auf Kleidung und auf das äußere Erscheinungsbild. Zudem fällt der Blick oft auch auf die Schuhe. Sie sollten stets gut poliert sein und glänzen. In Argentinien gelten helle Straßenanzüge ebenfalls als Business-Kleidung. Kombiniert wird allerdings wenig. Anzüge zählen zur typischen Geschäftskleidung bei Herren, Damen tragen meist Kostüme oder Kleider in eher gedeckten Farben. Hosenanzüge eignen sich ebenfalls.

Essen und Geschäftsessen

Berufliche Einladungen finden selten in Privatwohnungen oder Privat-

Benimm weltweit

häusern, sondern fast ausschließlich in Restaurants statt.

Mit der Pünktlichkeit nimmt man es, wie in vielen südamerikanischen Ländern, nicht so genau. Mindestens ein akademisches Viertel später im Restaurant zu erscheinen ist also angebracht – auch als Gast. Gerade dieser sollte möglichst nicht vor dem Gastgeber dort sein. Einzelrechnungen sind unüblich. Daher zahlt entweder der Gastgeber, ein anderer Gast oder jeder Gast legt einen gewissen Geldbetrag auf den Tisch.

Allgemeines

In Warteschlangen sollte man sich nie vordrängeln. Dies gilt als äußerst unhöflich. Direkte Kritik vor anderen ist ebenfalls verpönt. Je diplomatischer, desto besser, also positiv formuliert und persönlich vortragen, sodass andere nichts davon erfahren oder sehen. Der Kritisierte fühlt sich sonst beleidigt.

Blumen gelten als beliebte Gastgeschenke, wobei diese meist vorab oder im Nachhinein geschickt werden.

Manche Themen sollte man besser nicht erwähnen. Dazu zählt in Argentinien vor allem der Falkland-Konflikt mit Großbritannien. Falls man dennoch in ein hitziges Gespräch zu den Falklandinseln verwickelt wird, dann sollte man sie wenigstens unter dem spanischem Namen „Islas Malvinas" anführen.

Ein paar nette Worte ...

Wie in jedem Land freut man sich in Argentinien darüber, wenn Fremde (zumindest versuchen) ein paar Brocken in der Landessprache (spa-

TO-DO
- Hinten anstellen bei Warteschlangen.
- Damen Türe aufhalten, ihnen den Vortritt lassen und sie nicht auf der Straßen-, sondern auf der Häuserseite gehen lassen (Schutzseite).

TABU
- Gespräche über Falklandinseln (wenn, dann wenigstens unter spanischem Namen „Islas Malvinas" bezeichnen).
- Ständiger Blick auf die Uhr.
- Gähnen in der Öffentlichkeit.
- Frauen, die Beine übereinander schlagen.

FRAUEN IN ARGENTINIEN

Frauen werden grundsätzlich mit auffallender Höflichkeit behandelt. Argentinische Männer geben sich gerne galant, halten die Türen auf, machen freundliche Komplimente, achten darauf, dass sie auf der Straße nicht der „gefährlichen" Straßen-, sondern der „sicheren" Häuserseite zugewandt gehen können etc. Frauen genießen, im Vergleich zu vielen anderen Ländern, auffallend viel Aufmerksamkeit und Zuvorkommenheit.

Frauen sollten jedoch darauf achten, nicht die Beine übereinander zu schlagen. Dies gilt als unseriös.

nisch) zu sprechen. Dies gilt als eine sehr höfliche Geste:

Guten Tag:	buenos dias
Auf Wiedersehen:	adiós
Danke:	gracias
Bitte:	por favor
Ich freue mich:	me alegro
Bis bald:	hasta pronto

■■■
Brasilien

Wenngleich das Land an Samba, Sonne, Karneval und Copacabana erinnert, gelten generell strenge Bekleidungsregeln. So sind beispielsweise Bermudas in Innenstädten undenkbar und der Versuch, so gekleidet eine Behörde zu betreten, ist vorab zum Scheitern verurteilt.

Grüßen und Begrüßen
Männer und Frauen grüßen und verabschieden sich per Handschlag. Der Händedruck ist fest. Männer schütteln sich die Hände länger. Daher sollte die Hand nicht rasch zurückgezogen werden. Männer sollten sich nicht wundern, wenn man ihnen auf die Schulter klopft oder mit der Hand den Unterarm berührt. Dies ist normal. Diese Gesten sollten allerdings stets vom Brasilianer ausgehen. Visitenkarten werden meist sofort ausgetauscht. Sie sollten daher stets bereitgehalten werden. Personen werden zunächst mit akademischem Grad angesprochen. Im Allgemeinen schlagen Brasilianer aber meist recht schnell vor, sich zu duzen. Dies sollte man annehmen. Es verpflichtet zu nichts, erleichtert aber die Kommunikation. Die Gesprächsdistanz braucht übrigens nicht wie in den USA mindestens 6o Zentimeter

Benimm weltweit

zu betragen. Brasilianer vermeiden zwar häufigen oder sehr langen Augenkontakt, aber sie artikulieren viel mit den Armen. Daher ist eine gelegentliche kurze Berührung des Oberarms nicht als aufdringlich zu interpretieren.

Kleidung

Im Businessalltag tragen Frauen Kleider oder Kostüme, die nicht zu tief ausgeschnitten sind oder Hosenanzüge. Allerdings dürfen Blusen und Jacken kurzärmelig sein. Männer tragen Anzug und Krawatte. Männliche Führungskräfte bevorzugen dreiteilige Anzüge, Büroangestellte zweiteilige Anzüge. In der Freizeit tragen Männer die Hemden zwar offen, aber keinesfalls mit kurzen Ärmeln. Männer in kurzen Hosen erhalten normalerweise keinen Einlass in Behörden. Behörden-Angestellte erwarten zudem stets ein freundlich-respektvolles Auftreten.

Essen und Geschäftsessen

Morgens gibt es meist nur ein kleines Frühstück (zwischen sieben und neun Uhr). Mittags zwischen zwölf und 14 Uhr ist Lunch-Time. Das Mittagessen fällt meist reichlich aus. Abendessen in Gesellschaft (Geschäftsessen) beginnen normalerweise nicht vor 21 Uhr. Bei gemischten Gruppen sieht die Tischordnung vor, dass Männer neben Männern und Frauen neben Frauen sitzen, sich Männer und Frauen aber gegenüber sitzen. Geschäftsleute sollten viel Zeit für Essen und Trinken einplanen. Geschäftliche Themen sollten aber nie vor dem cafezinho (dem abschließenden Kaffee) angesprochen werden. Generell sind die Brasilianer beim Essen verhältnismäßig schweigsam. Sie dulden auch kein Naseschnäuzen bei Tisch. Die Rechnung übernimmt entweder eine Person, oder aber der Gesamtbetrag wird, unabhängig davon, wer was gegessen und getrunken hat, durch die Anzahl der Anwesenden geteilt. Als Gesprächsthema bieten sich Small-Talk-Themen wie etwa die Schwärmerei für brasilianische Spezialitäten und allgemeines Interesse an Land und Leuten an. Wer jedoch von einem Brasilianer zu ihm nach Hause eingeladen wird, der sollte diese Einladung nicht unbedingt für bare Münze nehmen. Oft erfolgen derartige Floskeln aus purer Höflichkeit. Lediglich dann, wenn er sofort Termin und Adresse nennt oder Visitenkarten austauscht und um Ter-

VORSICHT: JA KANN NEIN SEIN

Ähnlich wie in Japan sollte man ein „Ja" skeptisch würdigen. Brasilianer gelten als konfliktscheu und harmoniefreudig. Daher sollte im Geschäftsleben eine Zusage sofort schriftlich fixiert werden.

minvorschläge bittet, ist die Einladung in der Regel ernst gemeint.

Das Thema Zeit

Zeit hat man in Brasilien zu haben, vor allem als Ausländer. Während Brasilianer weder bei privaten noch bei geschäftlichen Terminen auf Zeit achten – Verspätungen von einer Stunde sind nicht ungewöhnlich – sollten Ausländer trotzdem pünktlich erscheinen. Dies erachten Brasilianer zwar nicht als Selbstverständlichkeit, aber als Höflichkeit.

Tabuthemen

In Brasilien gelten Politik und Religion oft als heikle Themen. Wenngleich Brasilien als größtes katholisches Land der Welt gilt, gibt es viele andere Religionsformen, die ebenfalls große Tradition besitzen. Gleichzeitig sollte das Thema „Nationalsozialismus in Deutschland" gemieden bzw. sehr bedacht darüber gesprochen werden. In Brasilien leben viele jüdische Bürger, deren Wurzeln in Deutschland liegen.

Ansonsten gilt Kritik als solche ebenfalls als Tabuthema. Brasilianer nehmen Kritik manchmal persönlich.

FRAUEN IN BRASILIEN

Geschäftsfrauen, die professionell auftreten und formell gekleidet sind, haben keine großen Schwierigkeiten in dem Land, das für deutsche Verhältnisse ein „Macho-Image" hat. Ansonsten sollte unerwünschte Aufmerksamkeit von Männern freundlich, aber bestimmt ignoriert werden. Auffallend ist, dass bei alkoholischen Getränken Frauen zwar Wein, Schnaps und Likör trinken, Bier aber Männern vorbehalten bleibt.

Daher sollte ein Feedback nach Gesprächen möglichst immer positiv formuliert werden (ähnlich wie in Japan).

Allgemeines

Kleine Geschenke sind nicht obligatorisch, schaden aber nicht. Lila Blumen dürfen es aber nicht sein, da diese als typische Friedhofsblumen gelten. Im Karneval werden Geschäftstermine oft nicht eingehalten. Männer sollten die Hände nie in die Hosentaschen stecken. Wer als Gast beim Abschied die Haustür des Gastgebers selbst öffnet, begeht eine Beleidigung. Abgesehen davon sollten Gäste bei Privateinladungen nicht auf die Minute pünktlich erscheinen, um dem Gastgeber eine

Benimm weltweit

TO-DO

- Bei gemischten Gruppen sieht die Tischordnung vor, dass Männer neben Männern und Frauen neben Frauen sitzen, sich Männer und Frauen aber gegenüber sitzen.
- Abmachungen möglichst schriftlich festhalten.
- Gesprächsdistanz muss nicht unbedingt 60 Zentimeter betragen (wie beispielsweise in den USA).
- Privateinladung nur dann ernst nehmen, wenn Einladender sofort Termin vorschlägt und Telefonnummern austauschen möchte.
- Genug Zeit für Besprechungen einplanen.
- Genug Zeit für After-Work-Gespräche einplanen.
- Geschäftliche Angelegenheiten nicht beim Essen, sondern erst beim anschließenden Kaffee (cafezinho) ansprechen.
- Korrekte Business-Kleidung bei Geschäftsterminen (trotz Hitze).
- Kleine Geschenke.
- Visitenkarten bereithalten und übergeben.
- Personen zunächst jeweils mit akademischem Grad ansprechen.
- Begrüßung per Handschlag und mit kräftigem Händedruck.
- Hand kurz auf Arm des Gesprächspartners zu legen, ist nicht böse oder aufdringlich gemeint, sondern eher höflich und soll die Distanz verringern. (Allerdings sollte die Geste vom Brasilianer ausgehen.)
- Feedback nach Gesprächen immer möglichst positiv formulieren.
- Interesse an Land und Leuten zeigen.

- Bei entsprechender Gelegenheit rechter Daumen nach oben und „Tudo bem!" (alles gut!) sagen.

TABU

- Lila Blumen gelten als typische Friedhofsblumen und sind daher als Geschenk verpönt.
- Wein aus Argentinien ist ebenfalls verpönt.
- Geschäftstermin in Karneval-Zeit.
- Annahme, dass Landessprache Spanisch und nicht Portugiesisch sei.
- Zu häufiger und zu langer Augenkontakt.
- Kritik vor Dritten äußern.
- Männer mit Händen in den Hosentaschen.
- Pünktliches Erscheinen bei privaten Einladungen.
- Beim Abschied als Gast selbst die Haustür des Gastgebers öffnen.
- Das in Deutschland für okay stehende Handzeichen (Daumen und Zeige- oder Mittelfinger bilden ein o für okay) gilt in Brasilien als Zeichen für Geschlechtsverkehr.
- Kurze Hosen in der Innenstadt oder bei Behördengang.
- Heikle politische oder religiöse Themen ansprechen.

etwaige Peinlichkeit zu ersparen. Der hierzulande beliebte argentinische Wein eignet sich aufgrund lokaler Animositäten nicht unbe-

TIPP:

Wer Geschäftspartner zum Essen einladen möchte, der sollte ein gehobenes Restaurant auswählen. Ein Anruf bei dem(r) Sekretär(in) des Geschäftspartners, um dessen Lieblingsrestaurant in Erfahrung zu bringen, erweist sich meist als hilfreich.

dingt als Gastgeschenk. Edle Blumen oder eine Flasche Whisky oder Vergleichbares sind besser geeignet. Wer bei entsprechenden Gelegenheiten den rechten Daumen nach oben streckt, lächelt und „Tudo bem!" (alles gut) sagt, erntet meist ebenfalls ein strahlendes Lächeln.

Ein paar nette Worte:

Wie überall freuen sich Brasilianer, wenn Fremde ein paar Worte in ihrer Sprache sprechen. Es gilt als Zeichen der Freundlichkeit und Achtung. Viele Brasilianer fürchten, dass Fremde denken, die Landessprache sei Spanisch und nicht Portugiesisch. Daher kommen selbst ein paar einfache Worte besonders gut an. Am besten üben Sie die schwierige portugiesische Aussprache vor der Reise.

Guten Tag:	bom dia
Gute Nacht:	boa noite
Auf Wiedersehen:	adeus
Danke:	obrigado/obrigada
Bitte:	de nada/faça favor
	(als Antwort auf danke)
Bitte:	por favor
	(um etwas zu fordern)

■ ■ ■
Chile

Chile gilt als die Schweiz Lateinamerikas, daher sind deutschsprachige Gäste gerne gesehen und es herrschen rege Handelskontakte. Die Chilenen gelten eher als distanziert und zurückhaltend im Vergleich zu Brasilianern. Das Thema Militärdiktatur und Pinochet gilt als sehr heikel und sollte möglichst gemieden werden.

Grüßen/Begrüßen
Die Begrüßung (und der Abschied) erfolgt per Händedruck und Männer

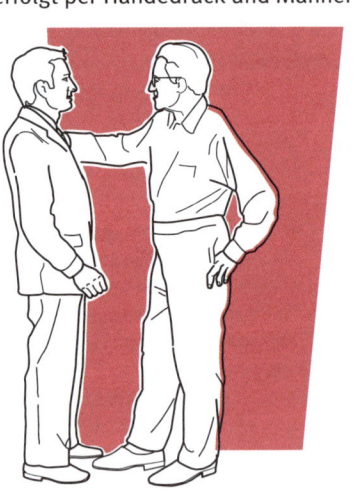

Benimm weltweit

untereinander klopfen sich gerne auf die Schulter (falls sie sich besser kennen). Ein Kuss auf die rechte Wange erhalten Frauen von Herren, die sie gut kennen und die gesellschaftlich in etwa gleichrangig sind. Damen unter sich begrüßen sich gerne mit Küsschen.

Kleidung

Die Kleidung ist eher konservativ, zurückhaltend und elegant. Männer tragen auch bei hohen Temperaturen Anzug und Krawatte.

Essen und Geschäftsessen

Bei privaten Einladungen freuen sich die Gastgeber über eine Kleinigkeit (gerne etwas „typisch" deutsches) oder Blumen. Geschäftsessen dauern oft lange und sind auch nach längeren Verhandlungen üblich.

FRAUEN IN CHILE

Frauen sind meist sehr feminin gekleidet. Frauen tragen gerne viel Schmuck und Make-up. Man sieht wenige Geschäftsfrauen oder Frauen, die in Büros arbeiten, in Hosen.

Im Gegensatz zu (Nord-)Amerika tragen Frauen auch im beruflichen Alltag eher Schuhe mit höheren Absätzen.

Allgemeines

Im Gegensatz zu Brasilianern verhalten sich Chilenen meist eher distanziert und zurückhaltend. Anders als in Brasilien kommt man in Chile bei geschäftlichen Besprechungen recht schnell auf den Punkt. Hier ähnelt prinzipiell alles den deutschen Gepflogenheiten. Pünktlichkeit, Zuverlässigkeit und strukturierte Präsentationen und Projektplanungen werden sehr geschätzt. Chilenen schätzen es auch, wenn Fremde wissen, dass z. B. Isabel Allende Chilenin ist. Auch sonst gelten die Beziehungen zu Deutschland als gut.

TO-DO
- Pünktlichkeit.
- Zunächst zurückhaltend reagieren.
- Ein paar Worte spanisch (siehe Argentinien/Spanien).
- Bewunderung für chilenischen Wein hören Chilenen gerne.
- Wissen, dass die Autorin Isabel Allende Chilenin ist.

TABU
- Pinochet/Militärdiktatur.
- Verhältnis zu Argentinien diskutieren wollen.

Weitere Länder in Südamerika

■■■
Ecuador

In Ecuador herrscht nicht nur ein anderes Klima als in Chile, es weist auch unterschiedliche regionale Gepflogenheiten auf. Die Bewohner an der Küste gelten als offen, die im Hochland lebenden Menschen als distanziert. Die Bezeichnung Indio fassen viele Bewohner als beleidigend auf, auch wenn sie nicht böse gemeint ist.

In Ecuador, als typisch lateinamerikanischem Land, ist viel Geduld bei Verhandlungen erforderlich.

Grüßen und Begrüßen

Hier gelten im Wesentlichen die gleichen Regeln wie in Chile, auch hier wird etwa Wert auf die korrekte Benutzung von Titeln gelegt.

Kleidung

An der Pazifikküste ist legerere Kleidung erlaubt, aber im Hochland empfiehlt sich ein dunkler Anzug mit Krawatte. Bedenken sollte man aber, dass nicht nur die Farbe schwarz, sondern auch weiß als Farbe der Trauer gelten kann.

Essen und Geschäftsessen

Bei geschäftlichen Einladungen empfiehlt sich ein „verspätetes Erscheinen" von dreißig Minuten, bei privaten dreißig bis sechzig Minuten. Auch hier sind Gastgeschenke (Mitbringsel aus Deutschland oder Blumen) gerne gesehen, wobei Markenartikel bzw. besonders hochwertige Geschenke bevorzugt werden. Bei Geschäftsessen kommt man nicht sofort zum eigentlichen Thema, sondern meist erst nach dem Dessert.

Allgemeines

Verspätungen bei geschäftlichen Besprechungen sind unerwünscht, insbesondere bei Ausländern. Das akademische Viertel darf jedoch genutzt werden. Deutsche sollten vorsichtshalber trotzdem ganz pünktlich erscheinen. Direkte Kritik mag man in Ecuador nicht. Daher sollte sie, ähnlich wie in Brasilien, diplomatisch übermittelt werden. Wie in jedem Land freuen sich die Einwohner, wenn Ausländer ein paar Brocken in ihrer Sprache beherr-

Benimm weltweit

schen, in diesem Fall Spanisch (siehe Spanien/Argentinien). Das Verhältnis von Ecuador zu Peru ist sehr heikel. Immer wieder gibt es Meinungsverschiedenheiten hinsichtlich des Grenzverlaufs.

TO-DO
- Pünktlichkeit.
- Zunächst zurückhaltend reagieren.
- Gastgeschenke (typische Mitbringsel aus Deutschland) oder Blumen.
- Ein paar Worte Spanisch.

TABU
- Gespräche über Grenzverlauf zu Peru.
- Direkte Kritik oder Kritik in Anwesenheit Dritter.

■ ■ ■
Paraguay

Zwischen Paraguay und Deutschland herrschen extreme Unterschiede, was die Geschäftskultur anbelangt. Schon die Vorbereitungen von Terminen nehmen viel Zeit in Anspruch, man kommt nie sofort zum eigentlichen Thema und Pünktlichkeit ist ein eher abstrakter Begriff. Verhandlungen erfordern daher nicht nur viel Geduld, sondern die Ergebnisse sollten auch unbedingt schriftlich fixiert werden.

Grüßen und Begrüßen
Fremde grüßen sich zunächst per Handschlag, ansonsten sind Umar-mungen, Schulterklopfen und Wangenküsse angesagt.
Titel hört man auch in Paraguay besonders gerne.

Kleidung
In Paraguay ist legerere Kleidung erlaubt, beim ersten Gespräch mit Verhandlungspartnern empfiehlt sich dennoch ein Anzug mit Krawatte. Gleiches gilt für Einladungen zu feierlichen Veranstaltungen oder Besuche am Abend. Allerdings erscheinen viele abends sportlich leger, allerdings werden trotzdem nur ausnahmsweise kurze Hosen getragen.

Essen und Geschäftsessen
Gerade bei privaten Einladung empfiehlt sich ein nicht überpünktliches Erscheinen. Bei Geschäftsessen sollte man allerdings pünktlich sein – selbst auf die Gefahr hin, etwas warten zu müssen. Auch hier sind Gastgeschenke (Mitbringsel aus Deutschland oder Blumen) gerne gesehen.

Allgemeines
Direkte Kritik wird auch in Paraguay nicht besonders geschätzt. Daher sollte sie, ähnlich wie in vergleichbaren Ländern, diplomatisch übermittelt werden. Wie in jedem Land freuen sich die Einwohner zwar, wenn Ausländer ein paar Brocken in

In Paraguay gibt es wenig Frauen in Führungspositionen. Darauf sollten sich Geschäftsfrauen hier einstellen und rücksichtsvoll, aber selbstbewusst auftreten.

ihrer Sprache zum besten geben, aber die Bewohner sprechen nicht alle spanisch (siehe Spanien/Argentinien), sondern Guaraní. Guaraní gilt als zweite Landessprache. Im Vergleich zu anderen südamerikanischen Ländern sind die Handelsbeziehungen zu Europa nicht stark ausgebaut.

Eine Besonderheit bei geschäftlichen Verhandlungen ist, dass jeder als Sieger hervorgehen möchte. Dies ist zwar in vielen Ländern der Fall, aber in Paraguay hat dies auch etwas mit Ehre zu tun. Das bedeutet, dass man einem Vertragsangebot nie sofort zustimmen sollte. Am besten um Bedenkzeit bitten, viele Nachfragen stellen und Einwände vorbringen. Selbst dann, wenn einem das Angebot sehr willkommen ist, würde man mit einer spontanen Zusage den Eindruck erwecken, dass der Anbietende dumm ist, da er ein zu günstiges

Angebot unterbreitet hat. Das wäre ihm wiederum peinlich. Dann bestünde die Gefahr, dass er sein Angebot wieder zurückzieht. Aus Rücksicht auf das Harmoniestreben der Einheimischen gebietet es sich für Besucher auch nicht, etwas direkt abzulehnen.

Indizien für eine Verärgerung: Der Gesprächspartner ist in den nächsten Tagen zufällig nie für einen zu sprechen, hat einen Auswärtstermin, möchte einen Termin erneut verschieben etc. Dies sollte einen bedenklich stimmen. Eine Fristsetzung mit Ablehnungsandrohung sollte vor diesem Hintergrund sehr freundlich formuliert werden.

TO-DO
- Keine offene Kritik.
- Gastgeschenke (typische Mitbringsel aus Deutschland) oder Blumen.
- Vertragsangebote nur zögerlich annehmen.

TABU
- Kurze Hosen.
- Direkte Kritik oder Kritik in Anwesenheit Dritter.
- Ein Angebot spontan annehmen.
- Ein Angebot direkt ablehnen.

Benimm weltweit

Kleidung

In Peru empfiehlt sich Kleidung nach deutschen Regeln, wobei gedeckte Farben bevorzugt werden sollten. Allerdings erscheint man abends auf gar keinen Fall sportlich leger, es sei denn, dass der Gastgeber ausdrücklich darauf hinweist.

Essen und Geschäftsessen

Bei privaten Einladungen freut man sich über ein typisches Mitbringsel aus Deutschland, Österreich oder der Schweiz. Auch Blumen sind gern gesehen.

■■■
Peru

In Peru, der Heimat der Inkas, unterscheidet sich die Mentalität der in den Anden ansässigen Peruaner, die eher als zurückhaltend und scheu gelten, zu den Einwohnern im Tiefland gewaltig.

Grüßen und Begrüßen

Fremde grüßen sich zunächst per Handschlag. Umarmungen und Wangenküsse werden erst nach längerer Bekanntschaft akzeptiert. Titel und deren korrekte Nennung sind auch in Peru wichtig.

Allgemeines

Wie in vielen südamerikanischen Ländern äußert man auch in Peru Kritik nicht offen und direkt. Sie sollte stets diplomatisch übermittelt werden. Wie überall freuen sich die Einwohner zwar, wenn Ausländer ein paar Brocken in ihrer Sprache beherrschen, aber auch hier sprechen nicht alle spanisch (siehe Spanien/Argentinien), sondern einige Bewohner sprechen das traditionelle ketschua.

Vertragsangeboten sollte man auch in Peru nie sofort zustimmen, sondern um etwas Bedenkzeit bitten. Dies lässt den Anbieter besser dastehen. Zudem zählt Qualität. Daher sollte man die Qualität und den guten Ruf deutscher Produkte in den Mittelpunkt stellen. Statt Preis-

---

> **FRAUEN IN PERU**
>
> Auch in Peru stellen Frauen in Führungspositionen die Ausnahme dar. In den meisten Fällen haben Peruaner jedoch kein Problem mit ausländischen Managerinnen, wenn diese sich an die Gepflogenheiten des Landes halten. Etwaige kleine Verunsicherungen sollte man gekonnt übergehen.

TO-DO

- Keine offene Kritik.
- Gastgeschenke (typische Mitbringsel aus Deutschland) oder Blumen.
- Vertragsangebote nur zögerlich annehmen, damit es so aussieht, als hätte der Vertragspartner einen großen Erfolg erzielt.
- Großzügige Zahlungsziele einräumen (aber nicht sofort, sondern gegen Verhandlungsende).

TABU

- Fragen zu Ecuador-Krieg.
- Direkte Kritik oder Kritik in Anwesenheit Dritter.

senkungen kann man auch einen größeren Zahlungsrahmen (Ratenzahlung, längere Fristen) vereinbaren. Dies sieht dann so aus, als ob man mit dem Preis nicht heruntergehen möchte, um den guten Ruf seiner Produkte und Leistungen zu wahren, aber dem Vertragspartner eben auf andere Art und Weise Entgegenkommen beweist. Dann steht dieser ebenfalls als „Gewinner" da. Hilfe bei der Lösung eventueller technischer Probleme wird ebenfalls sehr geschätzt. Daher macht es sich gut, wenn entsprechende Angebote erfolgen.

■ ■ ■
Bolivien

In Bolivien leben viele deutsche Einwanderer. Sie gelten als wirtschaftlich kompetent, da sie bereits einige Beiträge leisteten (z. B. gibt es eine Fluggesellschaft, die von Deutschen gegründet wurde). Daher werden sie auch als Geschäftspartner geschätzt.

Grüßen und Begrüßen

Fremde grüßen sich zunächst per Handschlag. Ansonsten sind Umarmungen und Wangenküsse erst nach längerer Bekanntschaft angebracht. Titel hört man auch in Bolivien sehr gerne. Die Anrede erfolgt per Nachnamen oder akademischem Grad plus Nachnamen.

Kleidung

In Bolivien kleidet man sich im Geschäftsleben so formell wie in Deutschland. Im privaten Bereich kann man leger und sportlich gekleidet erscheinen. Sogar kurze Hosen sind im Privatleben problemlos tragbar. Sandalen gelten aber als unseriös und verpönt.

Benimm weltweit

FRAUEN IN BOLIVIEN

Die generell unproblematische Beziehung der Bolivianer zu den Deutschen gilt auch im Umgang mit Touristinnen oder ausländischen Geschäftsfrauen.

Essen und Geschäftsessen

Bei privaten Einladungen freut man sich über ein Mitbringsel aus Deutschland, Österreich oder der Schweiz. Auch Blumen sind beliebte Gastgeschenke. Deutsche, die als Gastgeber auftreten, sollten sich darauf einstellen, dass ihre Gäste, entgegen sonstiger bolivianischer Gepflogenheiten, aus Höflichkeit pünktlich erscheinen.

Allgemeines

Auch in Bolivien freuen sich die Einwohner über ein paar Brocken Spanisch (siehe Spanien/Argentinien) seitens der Besucher.

TO-DO
- Gastgeschenke (typische Mitbringsel aus Deutschland) oder Blumen.
- Davon ausgehen, dass Gäste (aus Respekt und Höflichkeit) pünktlich erscheinen, wenn sie von Deutschen eingeladen werden.

TABU
- Fragen zu Politik.
- Diskussionen über religiöse Themen.
- Direkte Kritik oder Kritik in Anwesenheit Dritter.
- Sandalen tragen.

Ergänzend hierzu finden Sie nachfolgend Tipps zu den Besonderheiten weiterer Länder Südamerikas.

■■■
Uruguay

Geschäftlich und privat herrschen ähnliche Gepflogenheiten wie in Deutschland. Man gibt sich kosmopolitisch. Allerdings nimmt man es mit der Pünktlichkeit nicht so genau und bei privaten Einladungen werden kleine Präsente erwartet.

■■■
Kolumbien

In Kolumbien wird ein unkompliziertes Verhältnis zu Deutschland gepflegt. Wangenküsse erfolgen nur unter guten Bekannten und kurze Hosen sollten zumindest nicht in Städten getragen werden.

■■■
Venezuela

In Venezuela wird Wert auf Pünktlichkeit, Titel, gehobene Kleidung, Mitgliedschaften in angesehenen Klubs und großzügige Mitbringsel gelegt. Angedeutete Umarmungen und Wangenküsse erfolgen erst nach einiger Zeit, zunächst werden nur die Hände zur Begrüßung geschüttelt. Teurer Whisky wird sehr geschätzt und steht auch auf vielen Getränkekarten. Bei Gastgeschenken sollte dies bedacht werden. Auch in Venezuela freut man sich über ein paar Brocken spanisch. Angenehm ist zudem, dass einige Einwohner auch deutsch verstehen.

Europa

Im Gegensatz zu den USA blickt Europa auf eine viele Jahrhunderte alte Traditionen zurück. 2007 veränderte sich allein durch die neuen Mitgliedschaften der nun 27 Mitgliedsstaaten zählenden Europäischen Union (EU) einiges. Die Mitglieder sind Belgien, Bulgarien, Dänemark, Deutschland, Estland, Finnland, Frankreich, Großbritannien, Griechenland, Irland, Italien, Lettland, Litauen, Luxemburg, Malta, Niederlande, Österreich, Polen, Portugal, Rumänien, Schweden, Slowakei, Slowenien, Spanien, Tschechien, Ungarn und Zypern. Die rechtlichen Neuerungen bringen auch gesellschaftliche Änderungen mit sich – und werfen neue Benimm-Fragen auf. Was in Deutschland normal ist, gilt auswärts teilweise als

peinlich oder steht sogar unter Strafe. Manche Verfehlungen werden, wer auch immer sie begeht, mit bis zu 3.650 Euro geahndet. Wegen Touristen mit schlechten Manieren stellten einige Länder neue Benimm-Richtlinien auf und das Verhältnis zu Nachbarstaaten kühlte sich empfindlich ab. Daher sollten Besucher gewisse Fettnäpfchen tunlichst vermeiden. Umso mehr freuen sich Einheimische, wenn ein Fremder ihre Gebräuche kennt und beachtet. Egal, aus welchem Land er kommt, egal, wohin er geht.

■■■ Beneluxstaaten

Zu den Beneluxländern zählen Luxemburg, Belgien und die Niederlande. Die Benimmregeln ähneln den deutschen und französischen.

Grüßen und Begrüßen

Akademische Grade und Titel erwähnt man nur im Schriftverkehr. Leute werden mit Vor- und Nachnamen vorgestellt. Im privaten Umfeld küsst man sich dreimal (angedeutet) auf die Wange.

Benimm weltweit

Geschäftliche Besonderheiten

In Luxemburg herrscht ein Mix aus deutscher Gründlichkeit und französischer Lässigkeit.

Belgier schätzen höflich-zurückhaltende Geschäftspartner. Flache Hierarchien führen in den Niederlanden zu einem unkomplizierten Umgang mit Geschäftspartnern und raschen Entscheidungen.

Sonstiges

In Belgien stellen die Flamen und Wallonen das Gros der Bevölkerung dar. Sie sind nicht gut aufeinander zu sprechen. Daher sollte man das Thema meiden. Die Tischgepflogenheiten in Belgien ähneln den französischen, in den Niederlanden den deutschen.

Seit 2007 ist Rauchen in Luxemburg in Lokalen nur in speziellen Raucherräumen und in Belgien nur unter strengen Auflagen erlaubt. Dort drohen bei Verstößen 150 bis 1.650 Euro Bußgeld für Wirt und Gast.

■■■
Bulgarien

Bulgarien ist für Deutsche nicht nur ein sehr beliebtes Urlaubsland. Der erste bulgarische König (Alexander I.) kam sogar aus Deutschland und die Beziehungen zu Deutschland sind entsprechend gut.

Grüßen und Begrüßen

Bei festlichen Angelegenheiten gibt man gerne Handküsse, ansonsten gibt es keine großen Unterschiede zu Deutschland.

Geschäftliche Besonderheiten

Im März schenken sich sogar Geschäftsfreunde kleine, rot-weiße Talismane, genannt »Martenischki".

Bulgaren sind recht gesprächig. Russisch ist die dominierende Geschäftssprache.

Verträge sollten rasch schriftlich fixiert werden. Fragen zum Kommunismus und religiöse Themen sollte man vermeiden.

Sonstiges

In Bulgarien ist es üblich, vor dem Essen einen Schnaps zu trinken. Dazu wird Salat gegessen. Kopfnicken bedeutet „nein" und Kopfschütteln „ja". Ein Kopfschütteln kann leicht als Zustimmung verstanden werden. Fragen zum Thema Kommunismus und religiöse Themen (im Land leben orthodoxe Bulgaren, Moslems, Sinti und Roma) sollten vermieden werden.

Ein paar freundliche Worte ...

Guten Tag:	dobar den
Danke:	blagodarja
Bitte:	molja
Auf Wiedersehen:	do wischdane

TO-DO

- Verträge rasch schriftlich fixieren und so formulieren, dass keine Vertragslücken denkbar sind.
- „Martenischki" im März verschenken.

TABU

- Diskussionen über religiöse Themen.
- Diskussionen über Kommunismus.

■ ■ ■
Estland

Estland ist Mitglied der Europäischen Union. Bekannt ist vor allem die Hauptstadt Tallinn. Estland gibt sich modern. Viele Lokale bieten ihren Gästen Internetanschlüsse an und laut Gesetz steht jedem ein Internetzugang zu. Das Verhältnis zu Deutschland ist sehr gut. Auch zu Finnland unterhält Estland seit jeher gute Beziehungen, die beiden Landessprachen sind sich ähnlich.

Grüßen und Begrüßen
Die Hand wird nur bei der ersten Begegnung geschüttelt.

Geschäftliche Besonderheiten
Man erwartet, dass potenzielle Geschäftspartner zunächst eine Weile zuhören, bevor sie ihre Meinung äußern. Ungeduld, hektische Zwischenbemerkungen und aggressiv klingende Belehrungen gelten als sehr unhöflich und führen zu einem eher distanzierten Verhältnis unter den Gesprächspartnern. Zurückhaltendes, höfliches Auftreten hingegen eröffnet Vertrauen und ebnet den Weg zu Vertragsabschlüssen. Es ist üblich, geschäftliche Termine sieben bis 14 Tage vorher schriftlich zu vereinbaren bzw. zu bestätigen.

TO-DO

- Hände nur bei erstmaliger Begegnung schütteln.
- Höfliche Zurückhaltung.
- Typische Mitbringsel aus Deutschland, Österreich oder der Schweiz.
- Geschäftliche Termine vorab schriftlich (sieben bis 14 Tage) absprechen.
- Einladungen in Sauna gegebenenfalls diplomatisch (z. B. wegen angeblicher Kreislaufprobleme) ablehnen.

TABU

- Diskussionen über Russland beginnen.
- Geschichtliche Themen wie den Hitler-Stalin-Pakt ansprechen.
- Das Wort „Baltikum".

Benimm weltweit

Sonstiges

Kleine, aber typische Mitbringsel aus Deutschland, Österreich oder der Schweiz werden mit Freude entgegengenommen. Privateinladungen erfolgen meist mündlich. Ähnlich wie in Finnland sollte man darauf gefasst sein, zu einem gemeinsamen Saunabesuch eingeladen zu werden. Über ein paar Worte in der Landessprache freut man sich in Estland besonders.

Ein paar freundliche Worte...

Guten Tag:	tene päevast
Danke:	tävan
Bitte:	palun
Auf Wiedersehen:	nägemiseni

■ ■ ■

Finnland, Norwegen, Schweden und Dänemark

Grüßen und Begrüßen

Finnen duzen einen recht schnell. Norweger siezen einen, wie in Deutschland auch, und sprechen einen mit Nachnamen an. In Schweden und Dänemark ist man recht schnell beim Vornamen und beim „Du". Akademische Grade werden nur in schriftlicher Kommunikation erwähnt.
Über ein „Hyvää päivää" (guten Tag) oder ein „Kiitos" (danke) und „näke-miin" (auf Wiedersehen) freut sich jeder Finne. Finnen sind überaus höflich und bedanken sich deswegen sehr oft. Das Wort „Kiitos" fällt daher häufig.

Geschäftliche Besonderheiten

Ein großer Vorteil im wirtschaftlichen Umgang ist, dass viele Skandinavier sehr gut englisch sprechen. Die Gesprächs- und Besprechungskultur ähnelt sehr stark der deutschen. Man legt großen Wert auf Pünktlichkeit und Sachlichkeit. Vertrauen wird groß geschrieben, wobei mittlerweile Absprachen, auch aus Gründen der Rechtssicherheit, überall schriftlich festgehalten werden. In Schweden werden ungern spontane oder gar voreilige Entscheidungen getroffen. Entscheidungsdruck wirkt negativ. Alles will wohl bedacht sein. Daher ist etwas mehr Geduld erforderlich.

ZUTATEN BESTIMMEN „ECHTEN" WODKA

Laut EU-Spirituosenverordnung von 2007 darf Wodka auch dann so genannt werden, wenn er nicht aus Kartoffeln oder Getreide, sondern aus Zutaten wie z.B. Zuckerrüben, Trauben etc. hergestellt wurde. Allerdings müssen diese Zutaten dann ausdrücklich auf dem Etikett vermerkt werden. Achten Sie jedoch in Finnland, Schweden, Polen und den baltischen Staaten darauf, dass die Menschen stolz auf ihren „echten" Wodka sind, der traditionell aus Kartoffeln und Getreide hergestellt wird.

Sonstiges

Alkohol ist in Finnland, wie in vielen anderen skandinavischen Ländern ebenso, sehr teuer. Grund ist die staatliche Gesundheitspolitik. Von der Alkoholsteuer wird das Gesundheitswesen mitfinanziert. Wer bei einer skandinavischen Familie zu Gast ist, sollte sich vorher erkundigen, ob diese sich über eine Flasche Likör oder Schnaps als Mitbringsel freuen würden. Manche „erhoffen" es geradezu, andere sind zutiefst verärgert. Rauchen ist in Skandinavien vielerorts verboten. Während in Dänemark zahlreiche Ausnahmen gelten (z.B. Büro ohne Kundenkontakt), drohen Gaststättenbetreibern in Schweden und Norwegen nicht nur Bußgelder, sondern im Wiederholungsfall auch der Entzug der Schankbewilligung. Rauchenden Gästen droht derzeit allenfalls Hausverbot.

Sauna und Skandinavien

In Skandinavien ist Sauna eine ganz normale Sache. Wer eine Einladung zum Saunieren ablehnt, stößt auf wenig Verständnis, daher sollte man sich eine schlüssige Ausrede aus-

TO-DO
- Straßenschuhe ausziehen, bevor Privatwohnung betreten wird.

TABU
- Rauchen ohne vorab zu fragen.
- Geschäftliches und Privates eng vermischen.

denken. Allerdings ist „Erkältung" nicht unbedingt überzeugend, da die Gastgeber womöglich sagen, dies sei das beste Mittel gegen Erkältung. Ein angeblich ärztliches Verbot wegen (momentan) zu niedrigem (oder zu hohem) Blutdruck klingt überzeugender und beleidigt den Gastgeber nicht.

■■■
Frankreich

Egal, ob im Beruf oder im Privatleben – man sollte sich nicht dadurch irritieren lassen, dass Franzosen sehr zurückhaltend darin sind, das „Du" anzubieten.

Grüßen und Begrüßen

Bequem ist, dass man sich Namen nicht unbedingt zu merken braucht,

Benimm weltweit

da man sich meist mit „Madame" oder „Monsieur" (manchmal auch „Mademoiselle") anspricht. Beruflich sprechen sich viele mit Vornamen plus „Sie" an. Dadurch spart man Zeit und wahrt die Form. Allerdings sagt man im Alltag nicht einfach „ja" oder „nein", sondern „oui, Madame" oder „non, Monsieur". Die frankreichtypische und für Ausländer einst ungewohnte Form der Begrüßung mit angedeuteter Umarmung und Küsschen hat mittlerweile in vielen Ländern Einzug gehalten. Allerdings bleibt sie Leuten vorbehalten, die sich bereits besser kennen. Im Geschäftsleben ist dies nicht angebracht. Hier genügt ein Händedruck.

Geschäftliche Besonderheiten

In Frankreich sind detailliert geplante Tagesabläufe selten und vorgesehene Tagesordnungen für Besprechungen nur ein grober Anhaltspunkt. Improvisationsfähigkeit und Flexibilität werden sehr geschätzt. Obwohl Pünktlichkeit keine über-

BAGUETTE UND KRÜMEL

Baguette ist sehr beliebt in Frankreich. Es gilt als perfekter Saucenträger – und französische Küche ist bekannt für exquisite Saucen. Daher darf man die Sauce damit auftunken. Oft fehlt aber ein extra Brотteller. Somit ist es kein Fauxpas, wenn man das Brot einfach links neben den Teller legt. Krümel stören nicht.

triebene große Rolle spielt, sollte der Gast stets zum verabredeten Zeitpunkt erscheinen, auch wenn man davon ausgeht, dass sich der andere verspätet.

Essen wird im Land der Feinschmecker geradezu zelebriert. „Après la poire et le fromage", also

TO-DO

- Personen immer mit Monsieur, Madame oder Mademoiselle ansprechen.
- Sauce mit Baguette auftunken.

TABU

- Geschäftliche Themen schon während des Essens ansprechen.
- Ungepflegte Kleidung.

„nach dem Obst und dem Käse" gilt als ungeschriebenes Gesetz und bedeutet, dass geschäftliche Themen erst nach dem eigentlichen Essen angesprochen werden dürfen. Übrigens: Bereits nach dem Hauptgang darf am Tisch geraucht werden. Allerdings ist seit 2007 Rauchen an vielen öffentlichen Plätzen (z.B. Flughafen) und in Betrieben verboten. Ertappte müssen 68 Euro, Arbeitgeber 135 Euro zahlen.

■■■
Griechenland

Wie in fast allen Ländern der Welt ist es sehr gerne gesehen, wenn Fremde ein paar Wörter in der Landessprache beherrschen. Die Irrfahrten des Odysseus und Götter von A wie Aphrodite bis Z wie Zeus eignen sich optimal als Anknüpfungspunkte für einen Small Talk. Bei derartigen Gesprächen, vielleicht auch über das Wetter oder das Essen, steht das Signal im Vordergrund, dass man sich gerne auf das Gastland einstellt.

Grüßen und Begrüßen

Händeschütteln ist nicht selbstverständlich. Wer keine Hand entgegengestreckt bekommt, muss sich deshalb nichts dabei denken.

Solange man kein „Du" angeboten bekommt, sollte man beim „Sie" bleiben. Untereinander begrüßen sich Griechen meist sehr herzlich und mit Umarmungen und Schulterklopfen. Bei Einladungen wird ein kleines Geschenk zwar nicht erwartet, ist aber wie überall eine schöne Geste.

Geschäftliche Besonderheiten

Korrekte Kleidung auch bei Hitzerekorden ist empfehlenswert, wobei die Etikette auch mit kurzärmeligen Hemden mit Krawatte im Hochsommer gewahrt bleibt. Griechen schreiben Gastfreundschaft auch im geschäftlichen Bereich groß.

Der Zeitbegriff wird in Griechenland weniger dogmatisch ausgelegt als in Deutschland, Österreich oder der Schweiz. Das akademische Viertel kann man getrost ausnutzen und 15 Minuten später erscheinen. Bei Einladungen zum Essen sollte man allerdings auf pünktliches Erscheinen achten.

Wie in vielen mediterranen Ländern ist es im Restaurant üblich, dass man beim Bezahlen das komplette Rückgeld erhält. Bevor man geht, lässt man das Trinkgeld (zehn bis zwanzig Prozent) auf dem Teller liegen.

Sonstiges

Rauchen ist fast überall erlaubt, selbst bei Tisch und zwischen den einzelnen Gängen. Nicht erlaubt ist es jedoch in Krankenhäusern oder

TO-DO
- Pünktlichkeit bei Einladungen.
- Korrekte Kleidung.

TABU
- Über politische Situation Zyperns reden.
- Gespräch über Türkei führen.

Benimm weltweit

U-Bahn-Stationen. Nicken bedeutet übrigens Ablehnung. Kopf schütteln signalisiert Zustimmung! Dies führt oft zu Verwirrungen. Im Zweifel besser nachfragen!

Wie in den meisten Ländern gibt es Themen, bei denen man leicht ins Fettnäpfchen tritt. So ist das Verhältnis zwischen Griechen und Türken nicht gerade freundschaftlich. Entsprechende politische oder historische Themen, wie z. B. die Teilung Zyperns, sollten daher besser gemieden werden.

■ ■ ■

Großbritannien

Großbritannien umfasst nicht nur England, sondern auch Wales und Schottland. Daher kann man nichts falsch machen, wenn man einfach das Wort Großbritannien verwendet und nicht von Engländern, sondern

Briten spricht. Dies wirkt ähnlich unverfänglich wie wenn man als Deutscher von Amerikanern als Europäer bezeichnet wird.

Briten wirken oft distinguiert. Dies hat aber keinesfalls mit Arroganz zu tun.

Grüßen und Begrüßen

Das Schöne an der englischen Sprache ist, dass es nur „you" gibt. So braucht man sich keine Gedanken zu machen, ob man jemanden nun siezen oder duzen soll.

Anders, als wenn man auf ein „danke" reagieren möchte, sagt man, wenn man um etwas bittet „can you help me please". Wenn im Deutschen jemand danke zu einem sagt, weil man ihm einen Gefallen getan hat, dann sagt man bitte. Dieses „bitte" darf aber keinesfalls wörtlich mit „please" übersetzt werden! In England heißt es „you're welcome". Mit „How are you?" erkundigt man sich nach dem Befinden, beantwortet wird die Frage mit „Fine, thank you". Auf diese Art hat man mit wenigen Worten Höflichkeit und Interesse an seinem Gesprächspartner demonstriert.

Geschäftliche Besonderheiten

Pünktlichkeit wird in GB groß geschrieben. Ein gemeinsames Bier oder ein Gin-Tonic „after work" in einem Pub ist unter Kollegen sehr beliebt. „No problem" ist aber nicht immer problemlos, da Briten gerne etwas untertreiben, wenn es um Probleme geht.

Daher sollte man bei beruflichen Problemen, Unklarheiten oder Unsicherheiten hartnäckig bleiben und immer wieder nachfragen.

Tipps und Typisches

In Restaurants sollte die „cover charge" nicht vergessen werden. Dies ist manchmal verwirrend, denn nicht alle Speisekarten weisen diese „Gedeckkosten" auf. Zudem ist die „service charge" manchmal

---

TO-DO
- Pünktlich sein.
- Das Land „Großbritannien" nennen (wirkt unverfänglich).

TABU
- Auf Rinderwahnsinn zu sprechen kommen.
- Kritik am Königshaus.

---

ebenfalls unerwähnt. Diese Bedienungsgebühr beträgt 15 Prozent. 15 Prozent Trinkgeld erwartet auch der „cabbie" (Taxifahrer). Hier empfehlen sich die „black cabs". (antiquierte, große Limousinen). „Mini cabs" oder ähnliche Fahrzeuge dürfen nur auf Anruf Kunden abholen. Sie sind oft unterversichert und unzuverlässig.

Als unerhört gilt es, sich in Warteschlangen vorzudrängeln. „Sorry", „Excuse me" und „Thank you" werden gerne und oft gesprochen und gehört.

Sonstiges

Der britische Humor gilt bei vielen als schwarz und makaber. Diese „Mister-Bean-Mentalität" ist landestypisch und hat nichts mit der Person zu tun, darf also nicht persönlich genommen werden. Vorsichtshalber sollte man besser nicht auf das Thema „Rinderwahnsinn" oder „Royal Family" zu sprechen kommen. Manche Briten verstehen hier absolut keinen Spaß. Gerne gehört werden Fragen über berühmte Krimiautoren und Romanfiguren. Agatha Christie erlangte für ihre

Benimm weltweit

schrullige Detektivin „Miss Marple" oder ihren Meisterdetektiv „Hércule Poirot" Weltruhm. Sir Arthur Conan Doyle's Romanfigur „Sherlock Holmes" wurde so berühmt, dass in der Londoner Baker Street 221 B eigens ein Museum errichtet wurde. „Black Tie Dinner" bedeutet nicht, dass man mit schwarzer Krawatte, sondern im Smoking zum Abendessen erscheinen möge. Rauchen ist auf der Insel fast überall verboten. Seit Sommer 2007 drohen bei Verstoß in England Bußgelder von ca. 75 Euro bis zu 3.650 Euro. Ähnliche Verbote gelten in Schottland und Nordirland bereits seit längerer Zeit.

■■■
Island

Island weist eine starke Affinität zu Amerika auf. Die Affinität zu Amerika ist deshalb so groß, da Leifur Eiríksson (Sohn des norwegischen Wikingers Erich der Rote) als Entdecker Amerikas gilt. Während Erich der Rote 982 die Ostküste Grönlands erreichte und dort eine Siedlung entstand, entdeckte sein Sohn von dort aus um 1000 die Küste Nordamerikas („Vinland"). Dem „Son of Iceland" stifteten die USA ein Denkmal. Es steht vor der Hallgrímskirkja, der berühmtesten Kirche Islands, und trägt die Inschrift: „Son of Iceland, Discoverer of Vin-

TO-DO
- Höflich grüßen.
- Andere nur indirekt auf Fehler hinweisen, damit sie diese „selbst erkennen können".
- Bewunderung äußern über Geysire und der Tatsache, dass ein Isländer Amerika entdeckt hat.

TABU
- Persönliche Kritik.

land" (Amerika). Viele nutzen auch Geschäftsreisen zwischen den USA und Europa zu einem Zwischenstopp auf Island. Fluggesellschaften bieten interessante Zwischenaufenthalte mit Übernachtung an. 2006 verkündete die Regierung den Wunsch, noch vor 2015 der EU beitreten zu wollen.

Grüßen und Begrüßen
Hier gibt es keine Abweichungen zu skandinavischen Ländern. Isländisch zählt zu den altnordischen Sprachen und ist eng verwandt mit dem Altnorwegischen und dem Färöischen. Dennoch gilt die Sprache als kompliziert, zumal sie einige Buchstaben beinhaltet, die es in anderen Alphabeten gar nicht gibt. Englisch wird überall verstanden. Über ein paar Brocken in ihrer Landessprache (Isländisch) freuen sich jedoch alle Gesprächspartner. Z. B. über ein „Godan dag" („guten Tag") oder ein „bless" („tschüss").

Geschäftliche Besonderheiten

Kritik wird besonders schnell persönlich genommen. Daher sollten Beschwerden in äußerst diplomatischer Form geäußert werden.

Eine Formulierung wie „... könnte es eventuell sein, dass ...?" eignet sich dafür sehr gut, zumal Isländer meist davon ausgehen, alles perfekt erledigt zu haben. Wenn, dann möchten sie ihre Fehler selbst erkennen. (Selbst erkannte Fehler gelten als weniger peinlich.)

Sonstiges

Alkohol ist, ähnlich wie in skandinavischen Ländern, teuer. Alkoholische Getränke werden in 35 staatlichen Monopol-Läden (ATVR) verkauft. Allerdings nur an Käufer, die mindestens 20 Jahre alt sind. In den ATVR-Geschäften ist Alkohol zirka 25 Prozent günstiger als in Restaurants und Bars. Im Restaurant zahlt man zwischen 20 und 40 Euro für eine Flasche Tischwein. Ein Glas Bier kostet rund fünf Euro. Besonders gerne hören Isländer Lob über die Geysire (heiße Quellen), Island-Ponys, Wasserfälle, Gletscher und Vulkane und ihre weltberühmte

Blaue Lagune. Die Blaue Lagune ist ein See mit mineralreichem geothermalem Meerwasser und liegt im Südwesten der Insel. Sie liegt in Lavafeldern und wird von schwarzen Sandstränden umgeben. Die Besucher, egal ob Urlauber oder Geschäftsleute, entspannen sich an der Lagune, genießen die frische isländische Luft und lassen sich das wertvolle Quellwasser schmecken. Darüber hinaus heilt das Wasser sogar verschiedene Hauterkrankungen (Psoriasis-Erkrankungen). Es gibt dort sogar einen Konferenzraum. Viele Unternehmen nutzen das Ambiente für Geschäftstermine. Die modernen technischen Ausstattungen, die günstige Lage zwischen Flughafen Keflavík und der Inselhauptstadt Reykjavík wird daher von Geschäftsleuten geschätzt.

■ ■ ■

Italien

Im „Land wo die Zitronen blühen" gibt es ein sehr starkes „Nord-Süd-Gefälle". Während Norditalien im Geschäftsleben Deutschland sehr ähnelt, ist Süditalien vergleichswei-

Benimm weltweit

se konservativ. Frauen in Führungs-positionen sind dort eher selten vor-zufinden. Geschäftsfrauen sollten darauf eingestellt sein und dennoch selbstbewusst auftreten.

MAILÄNDER SKALA

In der Mailänder Skala herrscht seit 2007 Jackett- und Krawattenzwang, bei Premie-ren sollten Herren Schlips und dunklen Anzug tragen. Damen müssen „im Ein-klang mit dem guten Ton des Theaters" erscheinen.

Grüßen und Begrüßen

Zunächst ist eine Begrüßung per Handschlag normal. Herzlicher grüßen sich Leute, die sich schon länger kennen. In diesem Fall sind eine Umarmung und Küsschen auf die Wangen gängig. Ähnlich wie in Österreich verwenden Italiener gerne Titel (besonders „dottore" oder „professore"). Auch hier punk-tet man als Ausländer, wenn man ein paar Brocken Italienisch spricht. Der gute Wille zählt. Ein „Buon Giorno" (Aussprache: buon dschorno) für guten Tag, „Scusi" (Aussprache: skusi) für „Entschuldigen Sie bitte ..." und „Arrivederci" (Aussprache: arriwe´dertschi) für „auf Wiederse-hen" öffnet auch hier oft Tür und Tor.

Geschäftliche Besonderheiten

Rhetorik, Schnelligkeit und Flexibi-lität gehören oft zu den italieni-schen Managerqualitäten. Für Aus-länder birgt dies die Gefahr, dass man wichtige Details überhört. Daher darf man einen Geschäfts-partner ruhig unterbrechen, um auf das eigentliche Thema zurückzu-kommen oder Verständnisfragen zu stellen. Verhandlungsergebnisse sollten – wie stets im Geschäftsle-ben – unbedingt schriftlich fixiert werden. Flexibilität sollte man nicht mit überstürzten Entscheidungen verwechseln. Etwas Bedenkzeit zu erbitten empfiehlt sich manchmal durchaus.

Sonstiges

Mafia ist ein absolutes Tabu-Thema. Italiener wollen nichts davon hören, verstehen keine Witze und fühlen sich schnell auf den Schlips getre-ten. Niemand weiß genau, wie sehr die Politik und Wirtschaft von ihr unterwandert ist. Weder von Schutz-geld noch Mafia allgemein, noch von sonstigen kriminellen Vereinigun-gen, wie der Camorra (Neapel) oder der auf Entführungen spezialisierten „anonima sequestra", wollen die Italiener etwas hören.

KURZINFO: RAUCHEN

Seit dem 10. Januar 2005 ist in Italien das Rauchen in Bars, Restaurants, Geschäften und anderen öffentlichen Einrichtungen verboten. Das neue Gesetz gewährt jedoch den Lokalen die Möglichkeit, in geschlosse-nen, gut belüfteten Räumen eine Raucher-zone für Gäste einzurichten.

Italienisches Essen ist weltweit einzigartig und beliebt. Es eignet sich oft als Beginn eines wundervollen Small Talks.

Die echte Familie dagegen steht bei Italienern jedoch hoch im Kurs. Man kann sich ruhig nach dem Befinden der Familie erkundigen. Italiener sprechen normalerweise sehr gerne darüber und führen meist Familienfotos mit sich. Oft laufen Gespräche viel besser, wenn man zuerst „smalltalkt", Familienfotos vorzeigt und dann zu weiteren Vertragsverhandlungen übergeht.

■■■
Lettland

Die Bevölkerung Lettlands setzt sich aus 50 Prozent Letten, ca. 30 Prozent Russen und kleineren Gruppen von Polen und Ukrainern zusammen. Daher wird nicht nur Lettisch gesprochen und verstanden, sondern man kommt auch gut mit Russisch zurecht.

Grüßen und Begrüßen
Grüßen und Begrüßen entspricht deutschen Gepflogenheiten.

Geschäftliche Besonderheiten
Oft reagieren Letten zunächst eher zurückhaltend und geben sich skeptisch. Dies ändert sich jedoch meist nach einer gewissen Anlaufzeit. Dann erfolgen in vielen Fällen auch private Einladungen.
Egal, ob privat oder beruflich: Die Kleidung sollte qualitativ gut, aber

Benimm weltweit

eher konservativ und keinesfalls zu bunt sein. In gepflegter Kleidung und ordentlichem Schuhwerk zu erscheinen, zeigt dem Gesprächspartner Ihre Wertschätzung. Nachlässigkeiten hingegen interpretieren die Letten leicht als mangelnde Achtung.

Man schätzt Ehrlichkeit und klare Worte, Übertreibungen und Belehrungen werden in Lettland als besonders störend und unhöflich empfunden. Höfliches und bescheidenes Auftreten verspricht den größten Erfolg.

Sonstiges

Trinkgeld ist in den Preisen bereits inbegriffen und daher eher unüblich.

Ein paar freundliche Worte ...

Guten Tag:	labdien
Danke:	palideis
	(Aussprache: paldies)
Bitte:	ludzu
Auf Wiedersehen:	da swidanija

TO-DO
- Belehrungen vermeiden.
- Sachlich bleiben.
- Kleine Geschenke mitbringen.

TABU
- Abgetragene, schäbige Kleidung tragen.
- Extravagante, zu bunte Kleidung tragen.
- Von sich aus das Thema Russland ansprechen.
- Übertriebene Versprechungen.

■■■

Litauen

Litauen mit seinen 3,5 Millionen Einwohnern ist Mitglied der Europäischen Union. Seit 1990 orientiert sich das Land westlich.

Grüßen und Begrüßen

Die in Deutschland üblichen Regeln gelten entsprechend.

TO-DO
- Höfliche Zurückhaltung.
- Sensibilität in Verhandlungen.

TABU
- Gespräche über Memelgebiet, Baltendeutsche oder Hitler-Stalin-Pakt.
- Allgemeine Belehrungen.

Ein paar freundliche Worte ...

Guten Tag:	laba diena
Danke:	aciu
	(Aussprache: atschii)
Bitte:	prasan
	(Aussprache: praschan)
Auf Wiedersehen:	viso gero

Geschäftliche Besonderheiten

Grundsätzlich verhalten sich Litauer ähnlich wie ihre Nachbarn, die Letten. Zunächst ist man zurückhaltend und reagiert meist etwas distinguiert. Mit viel Sensibilität, höflichem und respektvollem Umgang lässt sich das

Eis schnell schmelzen. Geschäftsbeziehungen werden sehr ernst genommen und sind von Zuverlässigkeit, die auch vom ausländischen Geschäftspartner erwartet wird, geprägt.

■■■ Österreich und Schweiz

Diese zwei Länder haben mit Deutschland sehr viel gemeinsam. Allen voran die Sprache, wobei in der Schweiz, je nach Region, auch italienisch, rätoromanisch und französisch gesprochen wird.

Grüßen und Begrüßen

Man schüttelt die Hände beim Grüßen und Verabschieden. Die Begrüßung mit Küsschen ist mittlerweile wie in den meisten europäischen Ländern üblich. Auch in Österreich und der Schweiz beschränkt sich die Akkolade jedoch auf Personen, die man näher kennt. „Gnädige Frau" wird nur in Österreich noch als Anrede verwendet. Österreicher lieben Titel aller Art. Einen Vorteil hat dies immerhin: Wer sich Namen schlecht merken kann, der braucht

sich nur den Beruf einzuprägen: „Herr Doktor", „Herr Oberstudienrat" etc.

Geschäftliche Besonderheiten

In der Schweiz gelten wie in Deutschland zumindest im Business klare Regeln: Sachlichkeit ist oberstes Gebot, zu langer Small Talk nervt und kostet nur unnötig Zeit.
In Österreich hingegen findet man auch im Geschäftsleben immer noch Spuren der sprichwörtlichen, sympathischen Gemütlichkeit. Nicht sofort auf den Punkt zu kommen oder mit der Tür ins Haus zu fallen, gilt als höflich.
Auch lange nach Ende der K.u.K.-Monarchie lebt in der Alpenrepublik eine gewisse Achtung für Titel und Hierarchien weiter.

KURZINFO: JÄGERTEE

Im Juli 2007 wurde auf dem EU-Gipfel beschlossen, dass ausschließlich österreichische Produkte unter dem Namen „Jägertee" (gesprochen: Jagatee) verkauft werden dürfen. Deutsche Produkte ähnlicher Art können sich künftig „Hüttentee" nennen. Wer in Österreich einen Jägertee, z.B. zum Aprés-Ski bestellt, sollte ihn also auch weiterhin so nennen.

Benimm weltweit

Vorsicht bei „Schwyzrdütsch"

Wer kein „Schwyzrdütsch", also schweizerisches Deutsch, beherrscht, sollte es besser unterlassen, es nachzusprechen, da es sonst auf Einheimische wie eine Verballhornung wirken kann. Die Eidgenossen erwarten auch nicht, dass beispielsweise Deutsche alles verstehen. Immerhin sprechen die Schweizer selbst nicht nur deutsch, sondern auch italienisch, rätoromanisch oder französisch mit schweizerischem Akzent und Silbenrhythmus. Zudem hat fast jeder Kanton seinen speziellen Dialekt. So hört sich ein und dasselbe Wort, je nach Kanton, oft völlig unterschiedlich an. Außerdem gibt es Wörter, die eine ganz andere Bedeutung als in Deutschland haben. Wer fragt, wie viel „Rapport auf einem Harras" sei, möchte wissen, wie viel Pfand er für den Getränkekasten entrichten muss. Wer beispielsweise darauf hinweist, dass er eine Garage hat, der will nicht damit angeben, dass er sein Auto nicht im Freien zu parken braucht, sondern damit ausdrücken, dass er eine Kfz-Werkstätte betreibt.

Polen

Das Verhältnis zwischen Deutschland und Polen ist aufgrund der historischen Vergangenheit nach wie vor von Unsicherheit geprägt. Polen ist überwiegend katholisch.

Grüßen und Begrüßen

Es gibt kaum Unterschiede zu deutschen Gepflogenheiten. Eines fällt jedoch auf: Frauen werden äußerst galant behandelt und der Handkuss ist sehr beliebt, auch bei jungen Menschen. Der Herr neigt sich zur dargereichten Hand hinab, um den Kuss anzudeuten.

Frauen, die sich gut kennen, küssen sich drei Mal auf die Wange. Wer sich per Handschlag begrüßt, sollte dies nicht über der Türschwelle tun. Dies könnte, so fürchten viele, Unglück bringen. Darüber hinaus nennt man sich gerne beim Vornamen, bleibt aber bei der „Sie-Form". Auf Titel wird größten Wert gelegt. Nicht nur in der schriftlichen, sondern auch in der mündlichen Anrede. Hier werden nicht nur akademische Grade, sondern auch Berufe

TIPP:

In Polen sind die Toiletten für Männer mit einem Dreieck und die für Frauen mit einem Kreis gekennzeichnet.

und berufliche Positionen (z. B. Herr Direktor) genannt.

Geschäftliche Besonderheiten

Geschäftsbeziehungen werden mit besonderer Herzlichkeit gepflegt und Einladungen des Geschäftspartners in die Privatwohnung sind durchaus üblich. Gegeneinladungen werden gerne angenommen.

Damit die private Plauderei nicht den eigentlichen Zweck der Unterredung überdeckt, sollten Geschäftsleute den „roten Faden" nicht aus den Augen verlieren. Führen Sie die Verhandlungen immer wieder auf den Kern zurück und weisen Sie darauf hin, dass Sie die Einhaltung der vertraglichen Vereinbarung und der Fristen erwarten.

Sonstiges

Mitbringsel sind unverzichtbar. Mit einem Blumenstrauß kann ein Gast nichts falsch machen. Namenstage nehmen in Polen, wie in vielen katholischen Ländern einen höheren Stellenwert als Geburtstage ein. Sie können sich sehr beliebt machen, wenn Sie Ihren Geschäftspartnern zum Namenstag gratulieren.

Ein paar freundliche Worte ...

Guten Tag:	dzien dobry
	(Aussprache: dschen dobre)
Danke:	dzi'kuje
	(Aussprache: dschenkuje)
Bitte:	prosz'
	(Aussprache: prosche)
Auf Wiedersehen:	do widzenia
	(Aussprache: dowidsenja)

Portugal

Das EU-Mitglied Portugal unterhält rege wirtschaftliche Kontakte ins

---

TO-DO
- Geschäftliche und private Einladungen aussprechen und annehmen.
- Zum Namenstag gratulieren.
- Handkuss.

TABU
- Gespräch über Zweiten Weltkrieg beginnen.
- Gespräch über Vertreibung Deutscher aus den polnischen Gebieten.
- Kritik am Papst oder an der Kirche.
- Handschlag/Begrüßung direkt über Türschwelle.

Benimm weltweit

südamerikanische Brasilien. Auf dem alten Kontinent ist Deutschland der wichtigste Handelspartner.

Grüßen und Begrüßen

In Portugal gibt man sich üblicherweise beim Grüßen die Hand. Ein Kuss auf die rechte Wange ist unter Frauen üblich. Männer begrüßen Frauen nur dann per Wangenkuss, wenn sie sie näher kennen.

Geschäftliche Besonderheiten

Bei geschäftlichen Besprechungen empfiehlt sich ein kurzer Small Talk zur Einführung, bevor man auf das eigentliche Thema zu sprechen kommt. Bei Geschäftsessen sollten die geschäftlichen Themen erst nach dem letzten Gang angesprochen werden.

Ganz direkt „Nein" zu sagen gilt unter Portugiesen als unhöflich und man versucht auch im Geschäftsleben ein offenes Nein zu vermeiden. Im Zweifel gilt Schweigen nicht als Zustimmung, sondern als Ablehnung.

Gesprächspartner sollte man mit Titel ansprechen und die geschäftliche Kleidung sollte konservativ sein.

Ein paar Worte Portugiesisch ...

Portugiesen freuen sich, wenn Fremde ein paar Wörter Portugiesisch sprechen. Erst recht deshalb, da vielen Europäern Spanisch oder Italienisch geläufiger ist. Guten Tag heißt „bom dia" (Aussprache: bong dia), auf Wiedersehen „adeus", danke „obrigado/obrigada" (bei Männern/Frauen), schön „bonito/bonita" (männliche/weibliche Form) und bitte „de nada" (um auf danke zu erwidern) oder „por favor" (um Bitte/Wunsch zu äußern).

TO-DO
- Personen immer mit Titel ansprechen.
- Konservative Kleidung.

TABU
- Mit der Tür ins Haus fallen.
- Direkt Nein sagen.

■■■

Rumänien

Auch Rumänien weist einige Gemeinsamkeiten mit Deutschland auf, was Umgangsformen anbelangt.

TO-DO
- Gastgeschenke (Blumen, Süßigkeiten, Branntwein).
- Beachtung von Hierarchien.
- Titel in mündlicher und schriftlicher Anrede nennen.

TABU
- Besserwisserei.
- Ungeduld.

Grüßen und Begrüßen

Die Begrüßung entspricht den in Deutschland üblichen Regeln. Eine Ausnahme bildet der Handkuss. Während dieser in Deutschland unüblich ist, wird er hier gerne gesehen und auch angewandt. Titel sollten sowohl in der schriftlichen als auch in der mündlichen Anrede angeführt werden.

Geschäftliche Besonderheiten

Gut informiert in eine geschäftliche Verhandlung zu gehen schadet nicht, aber Besserwisserei ist absolut nicht angebracht. In rumänischen Firmen herrscht meist ein autoritärer Führungsstil. Daher ist es unerlässlich, Hierarchien und Entscheidungswege genau zu beachten. Im Gespräch und in Verhandlungen werden Offenheit und Ehrlichkeit sehr geschätzt.

Sonstiges

Geschäftsessen erfolgen zwar vorwiegend in Restaurants, aber gelegentlich werden auch private Einladungen ausgesprochen. Hier kommen Blumen, Süßigkeiten oder eine Flasche Branntwein als Mitbringsel für die Gastgeber immer gut an.

Ein paar freundliche Worte ...

Guten Tag:	buna ziua
Danke:	multumesc
Bitte:	va rog
Auf Wiedersehen:	la revedere

■■■
Russland

Seit der Perestroika und Glasnost haben sich die Geschäftsbeziehungen zwischen Deutschland und Russland verstärkt. Bilder von Ex-Bundeskanzler Helmut Kohl und Michail Gorbatschow, in legerer Kleidung und freundschaftlicher Verbundenheit am Ufer der Moscqua

Benimm weltweit

sitzend, gingen Ende 1989 um die Welt und ließen das Ansehen Deutschlands in Russland steigen. Russische Politiker zeigen sich auch heute noch gerne in freundschaftlicher Verbundenheit mit deutschen Politikern in der Öffentlichkeit.

Grüßen und Begrüßen

Begrüßen erfolgt per Handschlag. Handkuss bei Frauen ist nicht unüblich, im Geschäftsleben aber eher untunlich. Wer sich gut kennt, begrüßt sich mit Wangenküsschen und herzlicher Umarmung. Vorsichtshalber sollte man sich nicht in dem Moment grüßen, in dem man zur Tür hereinkommt. Abergläubische Russen fürchten, dass dies Unglück bringen könnte.

Geschäftliche Besonderheiten

Manchmal mangelt es an Zeitdisziplin, wenngleich öffentliche Einrichtungen und Behörden einen recht formellen und machtbewussten Stil pflegen. Unternehmen sagen Besprechungen manchmal sehr

TIPP FÜR FRAUEN

Russinnen schminken sich, auch tagsüber, auffällig. Für deutsche Gewohnheiten manchmal zu übertrieben für ein Tages-Make-up. Geschäftsfrauen sollten sich nicht irritieren lassen und ihre deutschen Gepflogenheiten (tagsüber dezentes Tages-Make-up, abends gegebenenfalls etwas mehr Glamour) beibehalten.

TO-DO

- Mitmachen bei Festen.
- Hartnäckig verhandeln (möglichst „Win-Win-Situation" erzielen).

TABU

- Gespräche über kommunistisches Manifest oder ähnliche Themen beginnen.
- Gruß an der Türschwelle.

kurzfristig ab. Eine Begründung wird nicht unbedingt als erforderlich erachtet. Wer in Verhandlungen nachgibt, wird schnell als Schwächling verdächtigt. Daher empfiehlt es sich, Nachteile möglichst als „Win-Win-Situationen" zu präsentieren, also so, dass der Geschäftspartner sieht, dass für beide Seiten ein „Gewinn" eintritt, wenn der Vertrag geschlossen wird. Kreativität, Einfühlungsvermögen und Hartnäckigkeit sind gute Voraussetzungen für geschäftliche Erfolge.

Sonstiges

Wer seinen Teller leer isst, signalisiert, dass er noch nicht satt ist, und erhält daher sofort einen Nachschlag. Legendär ist die Vorliebe der Russen für Wodka. Typischerweise trinkt man das Glas schnell und in einem Zug ganz leer. Russische Gastgeber gehen meist davon aus, dass ihre Gäste gerne mitmachen. Wenigstens das ein oder andere Glas sollte man mittrinken, sonst gilt man schnell als arrogant.

Ein paar nette Worte...

Guten Tag:	dobryi djen
Danke:	spasiba
Bitte:	paschalusta
Auf Wiedersehen:	da swidanija

■■■
Slowakei

Seit 1993 ist die Slowakei ein selbstständiger Staat. Die Bevölkerung setzt sich in etwa aus 85 % Slowaken zusammen. Es leben aber auch zirka 10 % Ungarn und zirka 1,5 % Roma in der Slowakei.

Grüßen und Begrüßen

Gerne wird zur Begrüßung ein Slivovica (Zwetschgenschnaps) gereicht. Ansonsten gibt es keine Besonderheiten. Im Schriftverkehr sollten Sie sämtliche Titel des Angeschriebenen in der Anrede verwenden.

TO-DO
- Gastgeschenke.
- Namenstage beachten.
- Anrede mit allen Titeln im Schriftverkehr.

TABU
- Innenpolitische Themen.
- Politische Vergangenheit.

Geschäftliche Besonderheiten

Gespräche erfordern viel Geduld und Durchhaltevermögen. Es kann eine Weile dauern bis man zum eigentlichen Thema oder gar zu einem Ergebnis kommt. Auch Verständigungsschwierigkeiten können auftreten. Dolmetscher sind bei Geschäftsverhandlungen aus diesem Grund unerlässlich. Skepsis hinsichtlich der versprochenen Leistungsfähigkeit und Einhaltung von Fristen schadet nicht.

Sonstiges

Kleine Geschenke erhalten auch hier die Freundschaft, insbesondere an Geburtstagen und Namenstagen. Bei Einladungen sollte man nie ohne Geschenk (beispielsweise Blumen) erscheinen. Politische Themen sollten gemieden werden. Ein paar Worte in der Landessprache schaden nie.

Ein paar freundliche Worte ...

Guten Tag:	dobr den
Danke:	d'akujem
Bitte:	prosim
	(Aussprache: proschim)
Auf Wiedersehen:	dovidenia

Benimm weltweit

■■■ Slowenien

Slowenien ist seit 1991 unabhängig. Das Land ist stark westlich orientiert, entsprechend sind die Verhaltensregeln.

Grüßen und Begrüßen
Allgemein wie in Deutschland.

Geschäftliche Besonderheiten
Deutsche Produkte und deutsche Qualität haben einen guten Ruf. Überheblichkeit sollte unbedingt vermieden werden.

Sonstiges
Das Thema Zweiter Weltkrieg sollte möglichst nicht zur Sprache kommen.

Ein paar freundliche Worte ...

Guten Tag:	dobr dan
Danke:	hvala
Bitte:	prosim
	(Aussprache: proschim)
Auf Wiedersehen:	na svidenje

> **TO-DO**
> • Kleine Mitbringsel aus Deutschland, Österreich oder der Schweiz.
>
> **TABU**
> • Diskussionen über politische Themen möglichst meiden.

■■■ Spanien

In Spanien gibt es ebenfalls wie in Italien regionalbedingte, gravierende Unterschiede. Besonders die Katalanen (Gegend um Barcelona) und Basken beharren auf ihren Traditionen und ihrer eigenen Identität. Die Katalanen gelten als besonders geschäftstüchtig. Ihre Sprache, wie auch die der Basken, unterscheidet sich vom Spanischen. Sie verstehen zwar spanisch, kommunizieren aber lieber auf katalonisch bzw. baskisch. Für Touristen mag dies zwar verwirrend sein, man kommt aber zur Not auch mit Englisch gut zurecht.

Grüßen und Begrüßen
Mit Herr, Frau oder Fräulein, Señor, Señora oder Señorita kann man nichts falsch machen, wobei Letzteres in geschäftlichen Besprechungen der Anrede Señora weichen soll-

Ähnlich wie in Italien wird auch in Spanien die Familie groß geschrieben. Die Kontaktpflege ist wichtig und man erzählt auch Geschäftsfreunden gerne von der Familie und erkundigt sich nach deren Familien. Weniger gerne spricht man über das Verhältnis zu Basken und Katalanen. Kritik am Stierkampf könnte auch schnell hitzige Diskussionen auslösen.

gedehnte Mittagsruhe. Diese Tradition ist durchaus effektiv und hat nichts mit Faulheit zu tun. In der Mittagshitze wäre die Arbeitsleistung einfach schlechter als während der kühleren Tageszeiten. Daher wird oft bis spät in den Abend hinein gearbeitet. Geschäftsessen zu später Stunde sind deshalb auch durchaus üblich.

te. Der Nachname braucht nicht unbedingt genannt zu werden – es macht sich aber besser. Über ein „Buonas dias" (Guten Tag) und „Hasta la vista" (Auf Wiedersehen) freut sich jeder Spanier.

Geschäftliche Besonderheiten

Während bei privaten Einladungen 30 Minuten Verspätung als Selbstverständlichkeit gelten, zählt im Berufsleben absolute Pünktlichkeit. Die Uhrzeiten für Besprechungen sowie Beginn und Ende des Arbeitstages unterscheiden sich jedoch deutlich von denen in Deutschland, Österreich und der Schweiz. Vor 9 Uhr beginnt normalerweise niemand mit der Arbeit. Zwischen 14 und 16 Uhr herrscht „Siesta", also eine aus-

Kleidung

Spanier legen größten Wert auf ein gepflegtes Äußeres, elegante und dennoch modische Kleidung, edles Material und schöne Schuhe. Letztere sind zudem ein Export-Schlager, sodass das spanische Schuh-Angebot auch vom Preis-Leistungsverhältnis her betrachtet, überwältigend ist. Ein (diskreter) Blick auf das Schuhwerk des Gesprächspartners ist daher keine Seltenheit.

TO-DO

- Gepflegtes Äußeres.
- Nach Familie erkundigen.

TABU

- Gespräche über Verhältnis zu Basken und Katalanen beginnen.
- Siesta missachten.

Benimm weltweit

■■■
Tschechien

Das Verhältnis zwischen Deutschland und Tschechien ist auch nach dem EU-Beitritt, vor allem bei der älteren Generation, noch immer heikel. Die Vergangenheit (Münchner Abkommen von 1938, in dem „Sudentenland" Reichsgebiet wird, Überfall 1939 mit Einverleibung von Böhmen und Mähren, 1945 Vertreibung der Deutschen aus der Tschechoslowakei) lastet noch immer auf beiden Ländern. Falls man beruflich oder privat in Tschechien ist, sollte man diese Themen möglichst nicht ansprechen.

Grüßen und Begrüßen

Händeschütteln ist nicht zwingend notwendig, wird aber bei ausländischen Gästen meist gemacht.

Geschäftliche Besonderheiten

Die korrekte Anrede mit Titel sollte sowohl mündlich als auch im Schriftverkehr erfolgen. Bei Verhandlungen sprechen Tschechen vertragliche Einzelheiten ohne lange Umschweife an. Auch hier empfiehlt es sich, die Ergebnisse schriftlich festzuhalten, um Missverständnisse zu vermeiden. Für den Fall, dass die Geschäftspartner nicht sofort unterschreiben möchten, sollte man ihnen Bedenkzeit einräumen. Es ist

TO-DO
- Ergebnisse von Verhandlungen schriftlich fixieren.
- Bewunderung für tschechische Künstler/Musiker.
- Kleine Gastgeschenke.

TABU
- Gespräche über deutsch-tschechische Vergangenheit beginnen.

üblich, dass man zunächst alles in Ruhe überprüft und einzelne Punkte modifiziert. Bedenkzeit bedeutet daher nicht automatisch Ablehnung.

Sonstiges

Bewunderung für den berühmten Musiker Dvorak oder andere Künstler zeigt, dass man sich mit dem Land beschäftigt hat und die Leistungen und Verdienste zu würdigen weiß. Gastgeschenke (Blumen oder Alkoholika) werden ebenfalls geschätzt.

Ein paar freundliche Worte ...

Guten Tag:	dobry den
Danke:	dekuji
Bitte:	prosim
Auf Wiedersehen:	na shledanou

■■■
Türkei

Die Türkei empfängt den Besucher mit zahllosen Facetten. Während sich Istanbul gerne als Weltstadt präsentiert, in der Frauen nur bei Moscheebesuchen Kopftücher tragen müssen, herrschen in ländlichen Gebieten andere Regeln.

Der Islam steht über allem, Menschenrechte sind ein abstrakter Begriff und Frauen sind nicht gleichberechtigt. Auch wenn man als Besucher durch andere Werte geprägt ist, sollte man tolerant bleiben und akzeptieren, dass sich in fremden Regionen und Religionen über Jahrhunderte andere Maßstäbe entwickelt haben.

Es gibt in der Türkei zwei besonders heikle Themen: die Kurdenfrage sowie das Verhältnis zu Griechenland. Obwohl die griechischen Zyprer 2007 einen Teil der Grenzmauer in der geteilten Stadt Nikosia einrissen, sorgt der Streit um Zypern immer wieder für Aufregung. Diese Themen sollten daher besonders bei Geschäftsreisen besser vermieden werden.

Grüßen und Begrüßen

Herzliche Umarmungen und Küsse auf die Wangen sind unter Türken normal. Ausländer begrüßt man als Sympathiebekundung mit einem langen Händedruck. Dabei wird nur mit der rechten Hand gegrüßt, die linke Hand gilt als unrein. Auf die Frage, wie es einem geht, erwarten die Menschen stets eine positive Antwort. Wer an dieser Stelle klagt, gilt als unhöflich.

Kleidung

Bei privaten Einladungen zieht man oft die Schuhe aus, bevor man die Wohnung betritt. Dies gilt auch für das Betreten heiliger Einrichtungen. Ansonsten legt man großen Wert auf gute Kleidung. Besonders Frauen sollten darauf achten, nicht zu freizügig gekleidet zu sein.

Essen und Geschäftsessen

Schweinefleisch ist für Muslime verboten und wird auch nicht angeboten. Das (religiös bedingte) Alkoholverbot wird hingegen, insbesondere in westlicheren Großstädten, freizügig ausgelegt.

Geschäftliche und sonstige Besonderheiten

Zeit hat man zu haben und Hektik hindert. So oder so ähnlich könnte

Benimm weltweit

man die Einstellung zu geschäftlichen Besprechungen in einem Satz beschreiben. Meist entscheiden persönliche Sympathien, ob Geschäfte zustande kommen. Diese lassen sich jedoch schaffen, wenn man gewisse grundsätzliche Regeln beachtet, die auch in den arabischen Ländern gelten.

Ein paar freundliche Worte ...

Guten Tag:	merhaba
Danke:	lütfen
Auf Wiedersehen:	allaha ismarladik

∎∎∎
Ungarn

Deutschland und Ungarn unterhalten enge Geschäftsbeziehungen. In Ungarn sind auch viele deutsche Firmen angesiedelt.

Grüßen und Begrüßen

Hier gibt es keine Unterschiede zu Deutschland.

Geschäftliche Besonderheiten

Geschäftliche Besprechungen gestalten sich manchmal etwas umständlich, da es an der für deutsche Manager als absolutes Muss geltenden Flexibilität fehlt. Daher sind Geduld und Nachsicht bzw. Kompromissbereitschaft angebracht.

Sonstiges

Ähnlich wie in Tschechien legt man auch in Ungarn großen Wert auf Namenstage und freut sich über Glückwünsche. Ungarn freuen sich auch, wenn man positive Worte (z. B. in einem Small Talk) über den aus Ungarn stammenden Erfinder des „magic cube" (Zauberwürfel) verliert oder ein paar Worte ihrer sehr schweren Sprache spricht.

Ein paar freundliche Worte ...

Guten Tag:	jó napot
Danke:	köszönöm
Bitte:	kérem
Auf Wiedersehen:	viszontlátásra
	(Aussprache: Wisontlataschra)

Japan

Japaner legen allergrößten Wert auf gutes Benehmen. Nicht nur im Berufsleben, sondern auch im Alltag, selbst beim Sport oder beim Teetrinken. Die Kleidung ist stets förmlich. Dunkle Anzüge bei Männern und Hosenanzüge oder Businesskleider bei Frauen, wobei Blusen stets hochgeschlossen sein sollten. Ansonsten gilt Selbstkontrolle als wichtige Eigenschaft. Das Gesicht muss gewahrt werden. Daher wirken Japaner oft sehr förmlich. Wer die Beherrschung verliert, hat als Geschäftspartner verloren. Angenommen, jemand ärgert sich über seinen japanischen Geschäftspartner und „explodiert" vor Wut, so bringt er ihn dadurch in größte Verlegenheit. Diplomatisch geschickter wäre es, dem anderen die Wahrung des Gesichts zu ermöglichen, indem er ihm einen würdevollen Rückzug aus der schwierigen Verhandlungssituation ermöglicht. Auf diese Art bleibt zumindest die Chance, dass die Vertragsverhandlung nicht endgültig aufgehoben wird, erhalten. Auch sonst erfordern Verhandlungen viel Fingerspitzengefühl.

Grüßen und Begrüßen

In Japan ist die Begrüßung als solche ein wichtiges erstes Zeichen für gute Umgangsformen. Hierzu zählt eine Verbeugung. Je höherrangig der Begrüßte ist, desto tiefer sollte die Verbeugung ausfallen. Die Hände sind dabei aber nicht gebetsartig gefaltet, sondern liegen locker auf den Oberschenkeln. Allerdings ist im Geschäftsleben ein Handschlag durchaus möglich. Unmittelbar mit der Begrüßung ist, sofern man sich

Benimm weltweit

noch nicht kennt, auch die Übergabe von Visitenkarten verbunden. Diese werden mit beiden Händen überreicht und auch entgegengenommen. Wer sie einfach achtlos einsteckt, begeht einen peinlichen Fehler! Der Übergebende fühlt sich dann schnell beleidigt. Wer oft geschäftlich in Japan unterwegs ist, sollte unbedingt seine Visitenkarte auf der Rückseite auch auf japanisch bedruckt haben. Dort steht üblicherweise zuerst der Zuname und dann der Vorname.

Geschäftsverhandlungen

Wer geschäftlich in Japan zu tun hat, sollte nie zu direkt vorgehen. Kontakte erfolgen meist über Dritte. Japaner machen nämlich nicht gerne Geschäfte mit Fremden. Handelsmessen oder offizielle Handelsdelegationen bieten eine gute Gelegenheit zur Knüpfung von Geschäftskontakten. Gegebenenfalls kann auch die Deutsche Kammer in Japan Kontaktpersonen benennen. Ist der Kontakt einmal aufgebaut, sollte die Beziehung mit Kunden und Partnern

GESCHENK UND VERPACKUNG

In Japan gelten Geschenkverpackungen fast als Kunstwerke. Die Verpackung muss sorgfältig und kreativ gemacht sein. Geschenke übergibt und empfängt man stets mit beiden Händen. Das Geschenkeauspacken erfolgt meist erst später.

gepflegt werden. Kleine Geschenke, die unbedingt hübsch verpackt sein müssen, erhalten den Kontakt. Deutsche Bierkrüge, Kuckucksuhren, oder CDs mit deutscher Volksmusik oder Klassik sind beliebt. Ansonsten freuen sich Japaner immer über landestypische Mitbringsel (französischer Cognac von Franzosen, Holzschuhe von niederländischen Geschäftspartnern etc.). Weiße Blumen sollte man nie verschenken. Sie gelten als Trauerblumen. Ansonsten empfiehlt sich Vorsicht bei Geschenken, die in irgendeinem Zusammenhang mit der Zahl vier stehen. Diese steht für Unglück.

After-Work-Veranstaltungen

In Japan geht man mit Freunden und Geschäftspartnern gerne Essen und Trinken. Dort wird dann gerne über Unverbindliches geplaudert. Jeder erzählt dem anderen etwas, das er vermutlich gerne hört (tatemae). Dazu könnte z. B. Bewunderung für die ZEN-Meditation und die ZEN-Philosophie zählen. Ansonsten unterscheiden Japaner in gewisser Art und Weise dennoch streng zwischen Beruf und Privatleben bzw. zwischen Geschäft und „After-Work". Während tagsüber alles sehr formell verläuft, endet der Abend oft laut und feucht-fröhlich bei warmem Reiswein (Sake) und Karaoke-Veranstaltungen. Hier wird sehr viel zugepros-

BUDDHISMUS UND ZEN-BUDDHISMUS

Zen-Buddhismus genießt in Japan hohen Respekt. Zen bedeutet Selbstversenkung. Diese zeigt sich optisch durch die (Sitz-)Meditation. Im fünften Jahrhundert vor Christus wurde in Indien Siddharta Gautama als Sohn eines Fürsten geboren. Später lautete sein Name Buddha. Auf deutsch bedeutet dies „der Erwachte". Er suchte einen Weg, um die Vergänglichkeit der Welt zu überwinden. Im Alter von 35 hatte er eine Erleuchtung. Daraufhin begab er sich auf den Weg, um die Vergänglichkeit des irdischen Seins zu überwinden, indem er seine Ansicht von der Wahrheit des Leidens und der Überwindung des Leidens verkündete. Diese Lehre ist durch die Werte Toleranz und Milde geprägt. Der Buddhismus zählt zu den Weltreligionen. Die Anhänger werden auf rund 500 Millionen geschätzt. Die Form des Zen-Buddhismus entwickelte der aus Indien stammende Mönch Bodhidharma. Im zwölften und dreizehnten Jahrhundert fand diese Form des Buddhismus Einzug in Japan. Die Mönche Eisai und Dogen führten sie ein. Kaum ein anderes Land ist so vom Zen-Buddhismus geprägt wie Japan. Auf nackten Füßen zu gehen soll beispielsweise die Zen-Mönche lehren, sich Erde und Jahreszeiten enger verbunden zu fühlen. Manche laufen das ganze Jahr über, also auch im Winter, ohne festes Schuhwerk und ohne Strümpfe. Zen beeinflusst die traditionelle Tee-Zeremonie, die Kunst des Blumensteckens (Ikebana) und vieles mehr.

tet. Vorsichtshalber sollte man sein Glas irgendwann nicht mehr leer trinken, damit es nicht nachgefüllt werden kann. Außerdem hat derjenige, der den Reiswein spendiert, einen entscheidenden Vorteil: Er ist es, der ausschenkt. Daher braucht er sich selbst nicht nachzufüllen. Dies fällt nicht einmal unbedingt auf. Was das eigentliche Karaoke-Singen anbelangt, so wird erwartet, dass alle eingeladenen Gäste mitmachen und ihre Gesangeskünste zum Besten geben. Dies muss einem auch nicht peinlich sein, da am nächsten Tag kein Wort darüber verloren wird. Dann gilt wieder „business as usual". Man tut, als wäre nichts geschehen.

Japaner und Tee

Tee ist in Japan kein Getränk, sondern eine Zeremonie. Wer ihn nur gegen den Durst trinkt, hat schlechte Karten bei seinem Gastgeber. Der wäre noch enttäuschter als ein Franzose, der mit ansehen müsste, wie ein Ausländer Champagner mit Würfelzucker versüßt und im Sturztrunk gegen den Durst trinken würde. Teehäuser als solche gelten als Orte

Benimm weltweit

zum Abschalten. Für ein paar Momente entfliehen viele der Hektik des Alltags und finden Ruhe und Entspannung im Teehaus. Es dient der mentalen Stärkung. Viele Teehäuser sind mit Tatamimatten ausgelegt. In den Räumen steht meist ein Eisenkessel mit Wasser auf glühender Holzkohle. Das Ritual als solches verdient große Aufmerksamkeit. Der Gastgeber nimmt einen kleinen Bambusbesen und zerrührt das Teepulver so lange, bis ein grünlicher Schaum entsteht. Das Gebräu trinkt man meist aus Teeschalen und in nur wenigen (drei) Schlucken. Da der Tee normalerweise leicht bitter schmeckt, reicht der Gastgeber kleine Süßigkeiten (meist aus Reistelg) dazu. Die Zeremonie des Teetrinkens sollte der Gast in Japan zu würdigen wissen.

Japaner und Essen

In Japan ist es durchaus üblich, dass man Reis- und Suppenschüsseln zum Mund führt. Männern ist es sogar erlaubt, Suppennudeln beson-

ders laut und geräuschvoll zu schlürfen und einzusaugen. (Frauen sollten dies etwas dezenter tun.) Im Restaurant bestellt der Gastgeber. Die Bezahlung übernimmt jedoch derjenige, der als Erster nach der Rechnung verlangt.

Japaner und Sinn für Gelassenheit

Japaner legen Wert auf Gelassenheit. Wenngleich der Schein manchmal trügt angesichts der hektischen Menschenmassen in öffentlichen Verkehrsmitteln. Dennoch herrscht selbst in der Rushhour nicht jene Aggressivität, die in westlichen Großstädten auf der Tagesordnung steht. Diese Spur Gelassenheit basiert auf alten Prinzipien. Auch sie fanden ihren Ursprung im Buddhismus. Bescheidenheit, Gelassenheit, Zurückhaltung und die Fähigkeit, innehalten zu können, werden groß geschrieben. Innehalten in der All-

INTERESSE FÜR NO-THEATER

Japaner legen viel Wert auf Ästhetik und geduldiges Zuhören. Ein Beispiel hierfür ist das Interesse für das No-Theater. Es handelt sich um eine künstlerische Darstellungsform, die von symbolischen Gebärden, wenig Sprache und tranceartiger Trommel- und Flötenmusik geprägt ist. Die Schauspieler sind alle männlich. Die wenigen Bewegungen sind auffallend langsam und sollen zur Meditation animieren.

tagshektik einer Weltmetropole? In Tokio beispielsweise fällt auf, dass zwischen der Betriebsamkeit der Großstadt, zwischen Einkaufsstraßen und Bürokomplexen, Tempelanlagen stehen. Viele nehmen sich, trotz allem Stress, die Zeit, um dort ein Räucherstäbchen anzuzünden und für ein paar Minuten abzuschalten. Die Kunst der Gelassenheit, und dazu zählt auch, anderen geduldig zuhören zu können und ihnen nicht ständig ins Wort zu fallen, zählt daher ebenfalls zum guten Ton.

Kein klares Nein

Japaner lieben Harmonie. Es bereitet ihnen Schwierigkeiten, konkrete Fragen konkret zu beantworten, wenn dadurch Disharmonie zu befürchten ist. Angenommen ein deutscher Kunde stellt eine konkrete Frage zu einem konkreten Projekt (z. B., ob sie den Vertrag mit ihnen abschließen oder nicht), dann sind selbst dann vage Antworten zu erwarten, wenn die japanischen Firmenvertreter bereits ganz genau wissen, dass sie den Vertrag mit einem anderen Geschäftspartner zu schließen beabsichtigen. Vage Antworten wie „... das könnte problematisch sein ..." oder „... wir werden uns sehr große Mühe geben, um den Vertrag in einer für beide Seiten positiven Modifizierung gestalten zu können ..." sollten misstrauisch machen. Harmonie ist Japanern wichtiger als Klarheit.

Strenge Benimmregeln beim Sport

Gerade beim Sport herrschen besonders strenge Benimmregeln. Japan ist ein Land der Kampfkünste. Dazu zählt z. B. Aikido. In kaum einer Sportart wird gutes Benehmen so groß geschrieben wie bei den Kampfsportarten. Bereits beim Betreten der Übungshalle (Dojo)

Benimm weltweit

muss man sich zur Dojofrontseite (quasi zum Sitz der Götter) verbeugen. Beim Betreten der Matte verbeugt man sich erneut, zudem beim Verlassen der Matte und der Halle. Die Internationale Gesellschaft für Kuma Ryu Aiki Bu-Jutsu (mit deutschem Sitz in Stutensee bei Karlsruhe) schreibt z. B. wortwörtlich vor, dass vor Betreten der Matte Hände und Füße gewaschen werden müssen. Zudem sind lange Finger- und Fußnägel (wegen unnötiger Verletzungsgefahr) verboten. Schmuck muss vor Übungsbeginn (ebenfalls wegen Verletzungsgefahr) abgelegt und die Blase entleert werden. Der Trainer ist mit Senpai, der Meister mit Sensei anzureden, wobei sich Gleichgestellte mit Namen plus „san" ansprechen. Den Anweisungen des Lehrers/Übungsleiters ist nach dem Reglement sofort und widerspruchslos nachzukommen. Der Lehrer wird während des Unterrichts nur in Ausnahmefällen angesprochen, nachdem sich der Schüler durch eine Verbeugung bemerkbar gemacht hat. Nach Beantworten der gestellten Frage wird ebenfalls gegrüßt. Sowohl Sensei als auch Senpai und Lehrer/Übungsleiter werden grundsätzlich mit einer Verbeugung gegrüßt. Zudem sind höhere Grade stets zu respektieren, ihre Ratschläge ohne Kritik anzunehmen. Andererseits sind auch alle höheren Grade verpflichtet, den Lernenden behilflich zu sein und sie geduldig und freundschaftlich zu fördern. Eine Aufforderung zum Üben oder zum Kampf hat immer von einem Ranghöheren auszugehen und nicht umgekehrt. Innerhalb des Dojo gelten laute Gespräche und störendes Verhalten als verpönt. Die Dojo-Partner gelten als wichtige Partner auf dem Lebensweg („Do" für Weg/Prinzip/Lehre). Der Umgang soll freundschaftlich, zumindest aber freundlich sein. Der Gürtel gilt als besondere Auszeichnung für erbrachte Leistungen. Gleichzeitig wird mit ihm angedeutet, welche Aufgaben unmittelbar vor einem stehen. Er soll die Motivation fördern und nicht zu Arroganz und Überheblichkeit führen. Beim Verlassen der Übungsfläche muss man Zorries tragen. (Zorris sind die traditionellen

Sandalen der Samurai.) Auf der Übungsfläche darf man entweder barfuß üben oder mit so genannten Tabis. Tabis sind die traditionellen Strümpfe der Samurai. Es gibt jedoch auch strenge Bekleidungsregeln. Im Training ist ein weißer Gi (Judoanzug) und ein weißer Hakama (Reiterhosenrock, traditionelle Kleidung der Samurai) vorgeschrieben. Kommt ein Schüler zu spät, muss er die gesamte Reigisaho (Etikette) und die Taisho (Aufwärmgymnastik) alleine nachholen. Zudem muss jede Übung mit einer Verbeugung begonnen und beendet werden. „Onegai shimasu" steht für sinngemäß „Darf ich bitten?" und gilt als Aufforderung zum Kampf. Mit einem „arigato gozia mashita" bedankt man sich dafür.

Übertragung der sportlichen Prinzipien auf den Alltag

Der Ehrenkodex von solchen Sportarten wird in aller Regel auch auf den Alltag übertragen. Die International Society For Kuma Ryu Aiki Bu-Jutsu beispielsweise schreibt in ihren Regeln ausdrücklich vor, dass man sich auch außerhalb des Dojo getreu dem Ehrenkodex stets korrekt und anständig verhalten soll. Prahlerei und Show stehen dem seriösen „Do" entgegen. Zurückhaltung und Bescheidenheit gelten eher als ein Zeichen von Souveränität und Stärke als die Vorführung erlernter Techniken. Auf den guten Ruf des Systems und des Dojo ist stets zu achten. Auch im Privatleben sollte der Grundsatz „Siegen durch Nachgeben" angewendet werden.

Geschäftsfrauen in Japan

Frauen haben es in Japan nicht leicht. Zum einen gibt es relativ wenige Frauen, die eine hohe Position in einer japanischen Firma einnehmen. Erschwerend hinzu kommt die Tatsache, dass sich viele Männer schwer tun, mit Frauen auf gleichberechtigter Ebene geschäftlich umzugehen. Diese Barriere lässt sich jedoch unter Umständen überwinden, indem man gewisse Regeln beachtet. Diese lauten Status, Respekt, Kompetenz und Körpersprache. Letzteres bietet Frauen meist einen großen Vorteil, da sie in der Regel empfänglicher für nonver-

Benimm weltweit

bale Kommunikation sind als Männer. Frauen, die die Körpersprache richtig interpretieren, können diesen Vorteil nutzen, indem sie die „richtigen" Fragen stellen und adäquate Vorschläge unterbreiten. Ansonsten sollten sich Geschäftsfrauen durch den ältesten männlichen Kollegen vorstellen lassen. Das Alter ist mit Wertschätzung verbunden. Die Kleidung sollte unbedingt förmlich sein. Ein dunkles Kostüm oder ein Hosenanzug, jeweils hochgeschlossen, entspricht den Vorstellungen korrekter Business-Kleidung. Im Umgang mit Kunden sollten Geschäftsfrauen (wie ihre männlichen Kollegen ebenso) Respekt ausstrahlen. Aus ihren Visitenkarten und bei schriftlicher Korrespondenz sollte ganz klar hervorgehen, welche Position sie hat und welche Entscheidungsbefugnisse ihr zustehen. Dann sollte sie ihr fachliches Können bzw. ihre berufliche Kompetenz präsentieren. Fachliche Kompetenz lässt sich kaum widerlegen. Kompetenz überzeugt. Allerdings sollte man Angeberei und übertriebene Eitelkeit tunlichst unterlassen.

Große Freude über kleine Worte

Gerade Japaner wissen es zu schätzen, wenn der Gast Ihnen die Ehre erweist und ein paar Sätze oder Worte in ihrer Sprache gelernt hat.

Es zeigt, dass er sie und ihr Land schätzt und ihnen Respekt zollen will. Z. B. ein „konnichi wa" („guten Tag") und „sayonara" („auf Wiedersehen"). Folgende Vokabeln steigern die Wertschätzung:

Bitte:	sumimasen
Danke:	arigato
Ich freue mich:	yorokonde imasu
Schön:	ii desu
Prost:	kampai

Sonstiges

Ansonsten sollte man japanische Geschäftspartner(innen) mit ihrem Familiennamen und der angehängten Silbe „san" ansprechen. Bei geschäftlichen Terminen macht derjenige meist mehr Eindruck, der mit mehreren Kollegen erscheint. Dies drückt nämlich die besondere Wichtigkeit und Wertschätzung des Besuchs aus. Bei Präsentationen legen Japaner besonders großen Wert auf das Design. Die Folien, Prospekte oder Power-Point Präsentationen sollten möglichst ansprechend (Bilder, Skizzen, Tabellen) gestaltet sein. Über Glückwunschkarten und insbesondere Neujahrskarten freuen sich Japanerinnen und Japaner gleichermaßen. Wer die Geschäftskontakte pflegen und wiederbeleben möchte, der sollte dies beachten und Grüße und Glückwünsche aus Deutschland übermitteln. Natürlich sollte die Karte qualitativ und bildlich besonders ansprechend sein, damit der Empfänger sieht, wie wichtig er dem anderen ist bzw. welche Wertschätzung dieser ihm entgegenbringt. Sondermarken sind daher selbstverständlich.

Wer einmal privat eingeladen wird, sollte Jacke und Schuhe bereits an der Haustür ausziehen. Die Schuhe sollten mit den Spitzen nach außen zeigen. Gute Gastgeber stellen Pantoffeln bereit. Wo die Zimmer nur auf Strümpfen betreten werden, gibt es für die Toiletten extra Schuhe. Lautes Naseschnäuzen, Husten oder Niesen ist unerwünscht.

TO-DO

- Anrede japanischer Geschäftspartner mit seinem (oder ihrem) Familiennamen und der angehängten Silbe „san".
- Bei geschäftlichen Terminen möglichst nicht alleine, sondern mit Kollegen erscheinen. Dies drückt Wichtigkeit und Wertschätzung aus.
- Bei Präsentationen auf perfekte Darstellung (Design, Tabellen, Bilder, Skizzen) achten und möglichst viel bildhaft darstellen.
- Teamwork.
- Pünktlichkeit.
- Abendliche Treffen von Kollegen/Kunden
- Karaokesingen unter Geschäftspartnern.

- Geschenke aus Heimatland.
- Privatwohnung ohne Schuhe betreten.
- Interesse für das No-Theater.
- Interesse für japanische Kampfsportarten (Aikido).
- Geschenke mit beiden Händen reichen.
- Visitenkarten beidhändig geben/nehmen.
- Sich oft bedanken (jap.: „arigato").
- Glückwünsche zu Neujahr senden.

TABU

- Direktes Vorgehen bei Vertragsverhandlungen.
- Disharmonie.
- Offene, direkte Kritik.
- Lautes Naseschnäuzen/Husten/Niesen.
- Wohnungen mit Schuhen betreten.
- Weiße Kleidung ohne Trauerfall.
- Weiße Blumen als Geschenk.
- Die Zahl vier.
- Tee hektisch trinken.
- Mit der Hand auf den Rücken schlagen zur Begrüßung.
- Humor bei Präsentationen (z. B. eine Verhandlung mit einer netten Anekdote starten, gilt als unseriös).
- Permanenter Blickkontakt zum Gegenüber.
- Wildes Gestikulieren bei Verhandlungen.
- Lachen und Kichern bei Verhandlungen gilt als Zeichen von Schwäche oder Verlegenheit und Unsicherheit.
- Lautes Reden bei geschäftlichen Gesprächen.
- Andere im Gespräch unterbrechen.

Benimm weltweit

China

Die Volksrepublik China ist ein Land mit sehr vielen alten Traditionen. Die Sprache ist nicht nur für Europäer sehr schwer zu erlernen. Zumal es die chinesische Sprache an sich nicht gibt. Die verschiedenen Sprachen (Kanton, Mandarin etc.) zeichnen sich hauptsächlich durch identische Schriftzeichen (Buchstaben) aus.

Wie in Japan ist es auch in China sehr wichtig, das Gesicht zu wahren. Man gibt sich reserviert und legt größten Wert auf gute Umgangsformen und richtiges Verhalten.

VERHALTENSKNIGGE

Die regierende Kommunistische Partei Chinas hat 2007 einen „Verhaltensknigge" für chinesische Reisende ins Ausland erlassen, da „das Verhalten einiger chinesischer Reisender ins Ausland nicht vereinbar mit der zunehmenden wirtschaftlichen Stärke der Nation und ihrer wachsenden internationalen Rolle" sei. Daher sollen Chinesen im Ausland nicht auf die Straße spucken, auf dem WC rauchen, rülpsen oder Abfall in die Landschaft werfen.

Grüßen und Begrüßen

Chinesen grüßen ausländische Gäste höflichkeitshalber per Handschlag. Allerdings sollte der Händedruck nicht zu kräftig ausfallen. Chinesische Geschäftsleute geben sich meist förmlich und ziehen den Kontakt mit Geschäftspartnern, die sich einer gewissen Benimm-Etikette bewusst sind, vor. Sie nennen zuerst ihren Nachnahmen und dann ihren Vornamen, sprechen sich aber mit Herr/Frau (gegebenenfalls der Titel) plus Nachnamen an. Dies gilt auch für Gesprächspartner. Man verwendet stets den Nachnamen, es sei denn, man wird darum gebeten, einen beim Vornamen zu nennen.

Essen

Chinesen legen großen Wert auf ein gemeinsames Essen. Es ist üblich, dass für alle gemeinsam unterschiedliche Gerichte bestellt werden. Meist wird zumindest ein Gericht mehr aufgetischt, als Gäste eingeladen sind. Von gemeinsamen Platten wird das Essen mit separaten Stäbchen verteilt. Die Tischmanieren unterscheiden sich sehr von den europäischen Regeln. So zählt Schlürfen und Schmatzen in China zum guten Ton. Gegessen wird mit Stäbchen, wobei die Reisschale zum Mund geführt wird. Die Stäbchen dürfen nie parallel über, sondern nur neben die Reisschale gelegt werden. Wer satt ist, lässt ein „Anstandshäppchen" auf dem Teller als Zeichen dafür, dass er keinen Nachschlag wünscht. Ähnlich wie mit dem „Anstandshäppchen" verhält es sich mit alkoholischen Getränken. Ein halb volles Glas wird sofort nachgefüllt.

Naseputzen bei Tisch ist verpönt. Des Weiteren schätzen es Chinesen, wenn man noch während des gemeinsamen Essens eine Gegeneinladung ausspricht. Der Gastgeber bezahlt in der Regel das Geschäftsessen. Trifft man sich einfach so, ohne dass jemand explizit eingeladen hat, dann dreht sich die Diskussion darum, wer bezahlen darf (nicht muss, sondern darf!). An Geschäftsessen nehmen die Ehefrauen der Geschäftspartner nicht teil.

Wer privat in das Haus eines Chinesen eingeladen wird, sollte Blumen mitbringen, allerdings keine weißen oder gelben. Kleine Gastgeschenke aus Europa sind beliebt, aber es sollten hochwertige Dinge sein. Der Koch oder die Köchin freut sich stets über ein großes Lob.

Gute Beziehungen

Ganz wichtig in China ist ein gutes Netzwerk an Kontakten. Ohne gute Beziehungen (guanxi) läuft gar nichts. Bevor man sich jemanden vorstellen kann, muss ein Kontakt hergestellt werden. Hierfür bieten sich Handelsmessen oder Handelsdelegationen an. Man kann jedoch auch Handelsvertretungen, Unternehmensberater oder Institutionen wie die IHK darum bitten, dass sie einen Kontakt in die Wege leiten.

Kleidung

Im Büro tragen Chinesen die auch in Deutschland übliche Businesskleidung. Bei wichtigen Geschäften ist ein Anzug mit weißem Hemd und konservativer Krawatte geboten. Frauen erscheinen meist in Hosenanzügen oder Kostümen, aber mit hochgeschlossenen Blusen. Die Farben sind eher gedeckt.

Visitenkarten

Auf chinesischen Visitenkarten stehen zunächst Nach-, dann Vornamen. Die englische Version, die gewöhnlich auf der Rückseite gedruckt ist, führt regelmäßig erst Vor-, dann Nachnamen an. Visitenkarten gelten in China als besonders wertvoll und wichtig. Es ist eine große Ehre, sie

Benimm weltweit

CHINESISCHE VISITENKARTEN

Wer oft geschäftlich mit Chinesen zu tun hat, der sollte sich chinesische Visitenkarten anfertigen lassen. Auf einer Seite in deutscher oder englischer Sprache, auf der anderen Seite in chinesischen Schriftzeichen. Da sich der eigene Name meist nicht übersetzen lässt, sollte jeder über ein entsprechendes „Synonym" nachdenken. Am besten zieht man einen Dolmetscher zu Rate. Wer seinen eigenen Namen in etwa wortgleich übersetzt, läuft Gefahr, dass sich eine sehr negative oder unpassende Formulierung dahinter verbirgt.

auszutauschen. Man übergibt sie mit beiden Händen und nimmt sie auch mit beiden Händen entgegen. Daher gilt es als grob unhöflich, sie einfach einzustecken oder sie gar mit Kugelschreibernotizen zu versehen. Bevor Sie Ihr Gegenüber mit Namen ansprechen, sollten Sie sich diesen immer vorsprechen lassen. Viele chinesische Geschäftsleute sprechen Englisch, aber um Missverständnisse auszuschließen, ist es bei Verhandlungen und Geschäftsterminen sinnvoll, einen Dolmetscher hinzuzuziehen. Zu Terminen sollte man stets pünktlich erscheinen.

Verhandlungen

Verhandlungen mit Chinesen ziehen sich in der Regel wesentlich länger hin als in den deutschsprachigen Ländern. Hektik ist unangebracht, hektische Gestikulationen gelten als Zeichen von Schwäche. Zorn oder Ungeduld gilt als Zeichen mangelnder Selbstkontrolle und somit als extrem negative Eigenschaft. Bereits eine zu laute Stimme beim Verhandeln wird argwöhnisch zur Kenntnis genommen.

Eine kleine Anekdote oder flapsige Bemerkung zum Auftakt einer Präsentation erweckt Missbilligung und gilt als absolut unseriös. Vornehmes Understatement bezogen auf Produkt und Firma vermittelt einen besseren Eindruck. Pressespiegel mit Artikel über das Unternehmen, Geschäftsberichte oder besondere Auszeichnungen wecken mehr Vertrauen. Böse Kommentare über Mitbewerber hingegen machen den Verhandlungspartner misstrauisch.

Am besten geht man bei Preiskalkulationen so vor, dass man einen deutlich höheren Preis verlangt, als

CHINESEN SOLLTEN GESICHT NIE VERLIEREN

Es gibt nichts Peinlicheres für einen Chinesen, als das „Gesicht zu verlieren". Daher ist es sehr wichtig, dass man dem Chinesen einen würdevollen Rückzug aus einer komplizierten Verhandlungssituation (in der er beispielsweise etwas Unpassendes vorgeschlagen oder behauptet hat) ermöglicht. Dies erfordert sehr viel Fingerspitzengefühl, ist aber für den Vertragsabschluss unerlässlich.

man unbedingt möchte, um in der Verhandlung noch „nachgeben" zu können. Der chinesische Vertragspartner sollte nämlich keinesfalls sein „Gesicht verlieren". Zudem möchte er auf jeden Fall einen guten Abschluss machen und als Gewinner wirken.

TO-DO

- Schlürfen und Schmatzen beim Essen.
- Begrüßung per Handschlag.
- Visitenkarten beidhändig übergeben und annehmen.
- Visitenkarten zweisprachig gestalten.
- Gegeneinladungen aussprechen.
- Kleine, aber hochwertige Geschenke aus Europa.
- Gedeckte Farben bei Kleidung.
- Respekt vor älteren Personen und den gegebenen Hierarchien.
- Chinesische Namen immer vorsprechen lassen.
- Absolute Pünktlichkeit.
- Nach Abendessen rasch aufbrechen, da es Chinesen nicht schätzen, wenn Gäste nach dem Essen noch lange bleiben.
- Küche loben.
- Stets darauf achten, dass der andere sein Gesicht wahren kann.
- Neujahreskarten senden mit Glückwünschen für Gesundheit und Reichtum.

Die Chinesen verhandeln immer mit mehreren potenziellen Vertragspartnern und wiegen jedes Detail ab, spontane Entscheidungen gelten hier als schlechte Entscheidungen. Europäische Geschäftsleute sollten sich außerdem durch die stets freundlich lächelnden Gesichter der Chinesen nicht verwirren lassen.

Kein Nein

Es gilt als extrem unhöflich, ganz einfach „Nein" zu sagen. Chinesen sprechen eher davon, dass etwas kompliziert zu werden verspreche, aber dass man alles erdenklich Mögliche in die Wege leiten wolle, um das Projekt zu realisieren. Dieses Vorgehen sollten Sie auch selbst anwenden.

Benimm weltweit

Sonstiges

Respekt vor dem Alter gilt in China als unerlässlich. Außerdem sollten Hierarchien, Machtverhältnisse, Familie sowie die kommunistische Partei respektiert werden. Große Bedeutung hat das chinesische Neujahrsfest. Chinesen freuen sich über Neujahrskarten mit den besten Wünschen für Gesundheit und Reichtum. Die Farbe Rot gilt als Glücksfarbe, daher tragen Bräute sie. Schwarz und Weiß stehen für Trauer. Bunte Kleidung trägt man auf Hochzeiten.

TABU

- Hektische Gestikulation.
- Lautes Reden.
- (Innen-)Politische Themen (Tibet, Taiwan).
- Verspätetes Erscheinen.
- Körperbetonte Kleidung bei Frauen.
- Visitenkarten achtlos einstecken.
- Kritik an chinesischem Essen und chinesischer Küche.
- Stäbchen parallel über Reisschale legen.
- Mit Stäbchen auf Leute zeigen.
- Tischabfälle in Reisschale werfen.
- Stäbchen auf den Boden werfen (bringt angeblich Unglück).
- Ungeduld.
- Gefühle wie Ärger oder Wut zeigen (trotzdem immer lächeln, da Chinesen sonst schnell Respekt verlieren).
- Weiße oder gelbe Blumen verschenken.
- Bestreiten oder bezweifeln, dass Chinesen Papier erfunden haben.
- Kritik offen aussprechen.
- Politische Themen, wie z.B. unterirdische Atomtests von Pjöngjang im Oktober 2006 als Small-Talk-Thema.

Indien

Der indische Subkontinent wird als ökonomischer Standort immer bedeutender. So stammen z. B. immer mehr Computerfachkräfte, mit einer Spitzenausbildung, aus Indien. Bei einer Reise – privat oder geschäftlich – erwartet den Reisenden ein Land voller Gegensätze. Indien war lange Zeit eine britische Kolonie gewesen, sodass der englische Einfluss in vielen Bereichen des Alltagslebens noch immer spürbar ist. Von Vorteil ist deswegen auch, dass man mit Englisch in Indien sehr gut durchkommt. Für Konflikte sorgen immer wieder die Spannungen zwischen dem hinduistischen Teil der Bevölkerung und dem muslimischen. So sollte man unbedingt beachten, dass für Hindus Kühe als heilige Tiere gelten. Wie in anderen islamischen Ländern ist zu beachten, dass die indischen Moslems kein Schweinefleisch essen. Auch die sozialen Hierarchien und das indische Kastensystem können immer wieder für Verwirrungen sorgen.

Grüßen und Begrüßen

Am einfachsten grüßt man auf indisch. Man legt die Hände aneinander, verschränkt sie vor der Brust und verbeugt sich leicht. Die Inder legen außerdem außerordentlichen Wert auf das Nennen von Titeln, wie

Doktor oder Professor. Mit Vornamen begrüßen sich nur enge Freunde.

Allgemeines

Auch in Indien wird nur mit der rechten Hand gegessen, da die linke Hand als unrein gilt. Nach dem Essen sollte man sich allerdings nicht für das köstliche Mahl bedan-ken, da dies in Indien seltsamerweise als Beleidigung aufgefasst wird. Gastgeschenke sind natürlich auch in Indien sehr willkommen. Besonders westliche Erzeugnisse, wie Whisky und regionale Spezialitäten, werden gerne gesehen. Vermeiden sollte man auf alle Fälle, Lederwaren zu verschenken, da Kühe, wie bereits erwähnt, in Indien als heilige Tiere gelten.

TO-DO

- Einladungen.
- Gastgeschenke (keine Lederwaren).
- Grüßen und Verabschieden auf indisch (Hände aneinandergelegt, vor Brust verschränkt mit leicht gesenktem Kopf).
- Gemäßigte Kleidung bei Frauen.
- Helle Businesskleidung.
- Gespräche über indische Tradition.
- Gespräche über Sport (vor allem Kricket).

TABU

- Heilige Stätten mit Schuhen betreten.
- Wohnungen mit Schuhen betreten.
- Schweinefleisch für Muslime.
- Rindfleisch für Hindus.
- Zeitdruck bei Verhandlungen.
- Kurze/eng anliegende Frauen-Kleidung.
- Schwarze/dunkle Kleidung allgemein.
- Diskussionen über Pakistankonflikt.
- Kritik an indischen Atomwaffen.

Südostasien

Südostasien setzt sich aus vielen verschiedenen Ländern und den unterschiedlichsten Bevölkerungsgruppen zusammen. Die nachfolgenden Länder werden von Geschäftsleuten, aber auch Privatpersonen relativ häufig frequentiert.

■■■
Thailand

Obwohl die Revolution 1932 die absolute Monarchie beendete, spielt das thailändische Königshaus eine angesehene und einigende Rolle. Die Bevölkerung hat großen Respekt

Benimm weltweit

Institutionen einführen und vorstellen lassen. Man sagt ungern "nein", da es andere blamieren könnte. Daher sollte man sehr genau beobachten, analysieren und entsprechende Fragen stellen, um herauszufinden, wie ein mit einem freundlichen Lächeln verknüpftes „Ja" gemeint sein könnte.

Offene Kritik ist unerwünscht. Offensichtliche Fehler des anderen sollten nicht direkt und vor allem nicht vor den Augen und Ohren Dritter gerügt werden. Er könnte sein Gesicht verlieren. Höflichkeit eröffnet Vertrauen und ebnet Fremden bei konsequentem Vorgehen den Weg zu Vertragsabschlüssen. Wer Kurzarmhemden trägt, gilt als arm, was im Businessalltag unvorteilhaft ist.

vor „Seiner Majestät König Bhumipol" und seiner Frau, der Königin Sirikit. Beide sind sehr beliebt. Wer einen zu Boden fallenden Geldschein mit dem Fuß vor dem Wegfliegen sichert oder zerknüllt, dem droht eine Strafe wegen Majestätsbeleidigung.

Grüßen und Begrüßen

Die Hände werden mit der Innenfläche gebetsartig zusammengelegt, und man deutet eine Verbeugung an. Dies steht für Begrüßung, Respekt oder Bitte um Verzeihung. Im Businessleben wird die Hand gereicht.

Geschäftliche Besonderheiten

Wer Unternehmen kontaktieren möchte, sollte vorher Beziehungen, z.B. persönliche Gespräche mit Firmenvertretern auf Messen, aufbauen. Gute Karten haben jene, die sich von renommierten Personen oder

TO-DO

- Gute Vorbereitung auf geschäftliche Treffen.
- Mithringsel, z. B. Flasche teurer Alkohol.
- Tiefe Verbeugung mit gebetsartig parallel aneinander gelegten Handinnenflächen.

TABU

- Die Farben Schwarz und Weiß.
- Blumen als Mitbringsel.
- Türschwelle des Hauses beim Betreten berühren.
- Den Kopf von anderen anfassen.
- Kurze Hosen an religiösen Stätten.
- Anfassen von Bildern, die den König oder Mitglieder der königlichen Familie darstellen.

Sonstiges

Über ein Mitbringsel freuen sich alle, auch über Trinkgelder, die aber nicht unbedingt erwartet werden. Der Kopf gilt als heilig und sollte nie berührt werden. Die Füße gelten als unedelste Körperteile. Daher sollte man nie die Beine übereinanderschlagen oder mit den Fußspitzen auf jemanden zeigen. Die Farben Schwarz und Weiß gelten als Trauerfarbe für Beerdigungen. Die Türschwelle des Hauses sollte beim Betreten nicht berührt werden. Kurze Hosen an religiösen Stätten sind verpönt und Bilder, die den König zeigen, darf man nicht anfassen.
Über ein paar Worte in der Landessprache freut man sich, da es zeigt, dass sich der Gast mit dem Land beschäftigt hat.

Ein paar freundliche Worte ...

Guten Tag:	
Männer sagen	sawadi khap
Frauen sagen	sawadi kah
Danke:	
Männer sagen	kob khun krap
Frauen sagen	kob khun kah
Bitte:	dschön

Auf Wiedersehen:	laö pop gän mai/sawadi

Malaysia

Am 31.08.2007 feierte Malaysia den 50. Jahrestag der Unabhängigkeit. Im Geschäftsleben kommuniziert man in der einst britischen Kolonie auf Englisch, wobei auch Indisch und natürlich Malaiisch gesprochen wird.

Grüßen und Begrüßen

Frauen reichen die Hand zuerst. Der Händedruck ist leicht. Titel nennt man sowohl in mündlicher als auch schriftlicher Anrede.

Geschäftliche Besonderheiten

Etikette wird in Malaysia großgeschrieben. Seit 2007 droht nachlässig gekleideten Taxifahrern bis zu 60 Euro Strafe, wenn sie keine weißen Hemden und schwarze Hosen tragen oder das Hemd über der Hose hängt.
Im Geschäftsleben sind Krawatten und langarmige Hemden unverzichtbar.

Benimm weltweit

Sonstiges

Neben der höflichen Zurückhaltung sind kleine, aber typische Mitbringsel aus Deutschland, Österreich und der Schweiz gerne gesehen. Privateinladungen erfolgen in den allermeisten Fällen mündlich. Süßigkeiten und auch Blumen, aber nicht in weiß oder gelb, eignen sich als Gastgeschenk.

Ein paar Worte in der malaiischen Sprache zeigen, dass man sich mit dem Land beschäftigt hat und den Ansprechpartnern eine Ehre erweisen möchte. Üben Sie die Aussprache mit einem Einheimischen.

Ein paar freundliche Worte ...

Guten Tag:	selamat tengaharl
Danke:	tarimakasih
Bitte:	sila
Auf Wiedersehen:	jumpa lagi

■ ■ ■
Philippinen

Die philippinische Bevölkerung setzt sich aus vielen verschiedenen Gruppen zusammen. Zirka 40 Prozent zählen zu den jungmalaiischen Philippinern. Hinzu kommen Indonesier, Polynesier, Altmalaien, Negritos, Chinesen und Inder. Daher werden sehr viele verschiedene Sprachen auf den zirka 7000 verschiedenen Inseln der Philippinen gesprochen.

Es gibt einen guten Einstieg für Gespräche: Der philippinische Nationalheld José Rizal studierte Medizin in Heidelberg! Bekannt wurde er dadurch, dass er Schillers Wilhelm Tell in die Landessprache Tagalog übersetzte.

Grüßen und Begrüßen

Die Leute reichen sich die Hand wie in Deutschland, gehen aber relativ schnell zum „Du" über. Visitenkarten sollte man stets parat haben.

Geschäftliche Besonderheiten

Man gibt sich weltoffen, erwartet aber, dass potenzielle Geschäftspartner zunächst zuhören, dann ihre Meinung äußern. Ungeduld ist unerwünscht. Höflichkeit eröffnet auch hier Vertrauen und ebnet den Weg zu Vertragsabschlüssen. Im Vergleich zu anderen asiatischen Län-

Menschen erwarten einen besonderen „Respekt vor dem Alter".

Ein paar freundliche Worte ...

Guten Morgen:	magandang umaga
Danke:	salamat
Bitte:	pakinsap
Auf Wiedersehen:	paalam

dern gelten die Philippinen als relativ weltoffen und unkompliziert. Zieht der Gastgeber sein Jackett aus, darf der Gast es ihm nachmachen.

Sonstiges

Neben der höflichen Zurückhaltung sind kleine, aber typische Mitbringsel aus Europa gerne gesehen. Blumen sind jedoch unerwünscht. Über ein paar Worte in der „Landessprache", also der Sprache, die am häufigsten gesprochen wird, nämlich Filipino, freut man sich, da es zeigt, dass sich der Gast für das Land interessiert. Spanisch oder vor allem Englisch wird fast überall verstanden. Zirka 90 Prozent der Einwohner sind Christen (hauptsächlich Katholiken). Über Religion sollte man besser keine Diskussion starten. Ältere

■ ■ ■

Singapur

Singapur gilt als multikulturelles Land. Dort leben zirka 75 Prozent Chinesen, 15 Prozent Malaien, zudem Inder, Pakistani und Ceylonesen. Man spricht hauptsächlich Chinesisch und Englisch. Es gibt zudem viele verschiedene Religionsgruppen, z. B. Christen, Buddhisten, Muslime und Sikhs.

Grüßen und Begrüßen

Die Hand darf nicht zu fest gedrückt werden. Vorsichtshalber warten Männer, bis Frauen ihnen die Hand zum Gruß reichen.

Geschäftliche Besonderheiten

Man erwartet Pünktlichkeit und chinesische Verhandlungsmanieren

Benimm weltweit

TO-DO

- Pünktlichkeit.
- Höflichkeitsfragen (Geschäfte, Essen) nur mit Standardsatz beantworten.
- Visitenkarten mit „Namensübersetzung" in „chinesischen Schriftzeichen" (siehe China).

TABU

- Politische Themen (Todesstrafe, Prügelstrafe) von sich aus ansprechen.
- Religiöse Themen von sich aus ansprechen

(siehe China). Das bedeutet, dass Geschäftspartnern nicht direkt widersprochen wird bzw. dass ein Ja nicht unbedingt Zustimmung bedeutet. Wenn es aber um Geld geht, wird hart verhandelt. Autoritär geführte Unternehmen ermöglichen raschere Entscheidungen. Wer gefragt wird, wie seine Geschäfte laufen, braucht sich nicht zu wundern. Dies ist eine pure Höflichkeitsfloskel und man erwartet, dass der Gefragte (jammernd) sagt, dass sie „leidlich" gingen. Wer gefragt wird, ob er schon gegessen habe, braucht dies nicht als Essenseinladung zu interpretieren. Man sagt einfach „ja danke".

Sonstiges

Mitbringsel sind nur bei Privatbesuchen üblich. Blumen eignen sich nie als Geschenk. Alles was mit den Farben Schwarz, Weiß oder Blau zu tun hat, wirkt negativ. Diese Farben stehen für Trauer. Rot und Gelb verkünden Glück. Ansonsten gelten chinesische Regeln entsprechend. Die Visitenkarte sollte daher auch zweisprachig ausfallen. Über ein paar Worte „chinesisch" freut man sich (siehe China).

■■■
Indonesien

Indonesien ist die größte muslimische Nation der Welt. Es gibt trotz des Wirtschaftswachstums viel Armut. Höflichkeit wird groß geschrieben.

Grüßen und Begrüßen

Die Hand wird nicht zu stark gedrückt. Nur enge Freunde und Bekannte umarmen sich oder geben Begrüßungsküsse.

Geschäftliche Besonderheiten

Man erwartet, dass Geschäftspartner unabhängig vom Wetter stets formell gekleidet erscheinen. Titel spielen eine wichtige Rolle und sollten zumindest bei Schriftstücken

TO-DO

- Typische Mitbringsel aus dem Westen.
- Formelle Kleidung auch bei hohen Temperaturen.

TABU

- Gespräch über Ost-Timor beginnen.
- Ungeduld bei Verhandlungen.

stets genannt werden. Vertragsabschlüsse erfordern meist mehrere Treffen.

Sonstiges

Privateinladungen sind selten, erfolgen meist mündlich, und man freut sich über ein Geschenk. Heikle Themen, wie beispielsweise Ost-Timor, sollte man meiden. Über ein paar Worte in der Landessprache freut man sich auch hier.

Ein paar freundliche Worte …

Guten Tag:	selamat siang
von 15 bis 18 Uhr:	selamat sore
Danke:	terimah kasih
Bitte:	silakan

■ ■ ■
Vietnam

In Vietnam sprechen viele Menschen deutsch, weil sie in der einstigen DDR studierten oder arbeiteten. Deutschland ist in Vietnam beliebt. Zum Thema Essen: Für viele Vietnamesen gelten Ratten als Delikatesse. Andererseits gilt das Mekong-Delta als Reis-, Gemüse- und Früch-

POLIZEI-KNIGGE

Seit Januar 2007 drohen Polizisten, die gegen regierungsinterne Knigge-Regeln verstoßen, Strafen. So müssen sie z.B. eine saubere Uniform tragen und dürfen niemanden beleidigen.

tekammer des Landes. Insbesondere bei einem Hinweis hierauf wird jeder verstehen, dass der Fremde vegetarische Gerichte bestellt.

Grüßen und Begrüßen

Die Hand wird geschüttelt. Frauen spricht man mit „Madame" an.

Geschäftliche Besonderheiten

Man erwartet, dass Geschäftspartner ihr Gegenüber gleichwertig behandeln. Höflichkeit ist Trumpf, Pünktlichkeit selbstverständlich. Vorsichtshalber sollte man sich stets vergewissern, dass der Gesprächspartner echte Entscheidungsbefugnisse hat und der richtige Ansprechpartner ist. Scheinwissen ist gefährlich. Informationen müssen daher genauestens nachrecherchiert werden. Zeit und Geld sind unerlässlich. Vertragspartner freuen sich über ein wertvolles Geschenk. Geschenke für

Benimm weltweit

die Familie sind ebenfalls willkommen.

Sonstiges

Neben der höflichen Zurückhaltung sind auf privater Ebene kleine, aber typische Mitbringsel aus Deutschland, Österreich oder der Schweiz gerne gesehen. Auch für die Kinder. In der Öffentlichkeit kann man zwar legerer gekleidet, aber nicht in kurzen Hosen oder ärmellosen Oberteilen auftauchen. Das Thema China sollte tunlichst gemieden werden.

TO-DO
- Typische Mitbringsel aus Deutschland, Österreich oder der Schweiz.
- Bei geschäftlichen Terminen kritisch auf Entscheidungsbefugnis des Geschäftspartners achten.

TABU
- Diskussionen über China.
- Unpünktlichkeit.
- Kurze Hosen, ärmellose Oberteile

Ein paar freundliche Worte ...

Guten Tag:	tschao ba (zu Frauen) tschao ong (zu Männern)
Danke:	kam on
Bitte:	sin moi
Auf Wiedersehen:	tam biet

Naher Osten

■■■
Arabische Länder

Alle arabischen Länder sind vom Islam geprägt. Dies ist auch im Geschäftsleben sichtbar. Während bei uns Samstag und Sonntag in der Regel (vom Dienstleistungsgewerbe und Handel abgesehen) arbeitsfrei sind, ist dies im Nahen Osten anders. Dort ist der Donnerstag mit Samstag vergleichbar und der Freitag mit unserem Sonntag. Bei Geschäftsterminen mit Kunden sollte dies bedacht werden.

Grüßen und Begrüßen

Eine Begrüßung per Handschlag ist normal, wobei es als Zeichen besonderer Sympathie gilt, wenn die Hand etwas länger gehalten wird.

Geschäftliche Besonderheiten

Zeit hat man zu haben und Hektik hindert. So oder ähnlich könnte man die Einstellung zu geschäftlichen Besprechungen beschreiben. Meist entscheiden persönliche Sympathien, ob Geschäfte zustande kommen. Visitenkarten übergibt man mit der rechten Hand, da die linke Hand als unrein gilt. Für ihren emotionalen Verhandlungsstil sind vielen Arabern Besprechungszimmer in Büros zu neutral. Daher geht man lieber in

Cafés oder in Restaurants. Zeit zählt, allerdings nicht so wie im Westen, wo nach dem Motto „Zeit ist Geld" gehandelt wird. Hier benötigt man viel Zeit, viel Geduld und viel Nachsicht mit dem Gesprächspartner. Eine Verhandlung will so geführt sein, dass zum Schluss jedem ein Gewinn winkt. Gerne erfolgen Besprechungen im Ambiente von ruhigeren Hotels oder Restaurants. Beim Essen und Trinken gelten auch hier einheitliche Regeln. Man isst nur mit der rechten Hand. Vor und nach dem Essen sollte man das Händewaschen nicht vergessen. Wer satt ist, belässt einen „Anstandsrest" auf seinem Teller. Dies gilt als Zeichen dafür, dass er keinen Hunger mehr hat. Alkohol ist tabu. Alkohol steht oft nur in touristisch erschlossenen Gebieten auf der Getränkekarte. Man orientiert sich daher besser daran, was der Geschäftspartner bestellt. Kaffee trinken signalisiert, dass man bald gehen möchte.

In größeren Städten und internationalen Hotelketten weisen Rechnungen fast überall 10 Prozent „service charge" auf. Sollte dies nicht der Fall sein, dann gibt man zirka 10 Prozent Trinkgeld. In Ägypten beispielsweise wird für die geringste Dienstleistung Trinkgeld (Bakschisch) erwartet. Über Angebote von einzelnen Markenzigaretten freut sich jeder. Viel Taktgefühl ist vonnöten, wenn man Menschen, insbesondere Frauen,

Benimm weltweit

fotografieren möchte. Hier muss man vorher um Erlaubnis fragen.

Allgemeine Regeln

Die öffentliche Verwaltung bzw. Leute in Uniform kommen sich oft wichtig vor und man gibt sich machtbewusst. Trinkgeld (Bakschisch) wird überall gerne genommen. Netzwerke sollten gepflegt und Beziehungen genutzt werden. Man liebt kleine Aufmerksamkeiten und möchte gelobt und bewundert werden. Kritik sollte daher höchst diplomatisch erfolgen. Dies könnte so

aussehen, dass man zunächst etwas Positives besonders hervorhebt, lobt und dann fragt, ob man dies nicht noch besser machen könnte, indem man anders vorgehe. Die Ehre steht über allem und Kritik gilt schnell als persönlich gemeint und ehrverletzend.

Manchmal ist kein Taktgefühl nötig ...

Kein Taktgefühl ist erforderlich, um aufdringliche Händler in die Schranken zu weisen. Oft sprechen diese zufällig ein paar Worte Deutsch, haben zufällig Bekannte, Verwandte oder Freunde, die in genau der Stadt studieren oder arbeiten, aus der man kommt. Aus diesem Grund laden sie einen zu einem Tee ein in einem Laden, in dem sie dann zu überteuerten Preisen Souvenirs zum „Schnäppchenpreis" anbieten. Hier darf resolut und in aller Deutlichkeit abgelehnt werden. Notfalls sagt man „maalesch". Dies ist arabisch und bedeutet sinngemäß, dass man sich nichts daraus machen solle, weil es das Schicksal so wolle.

Sonstiges

Manches sollte man besser nicht ansprechen, um Missverständnisse zu vermeiden. Dazu zählen Politik und Religion. Bei Einladungen zieht man die Schuhe aus, bevor man die Wohnung betritt. Dies gilt auch für das Betreten heiliger Einrichtungen. Musik und Literatur aus dem Westen sind (insbesondere im Iran) unerwünscht. Der Konsum von alkoholischen Getränken ist verpönt. In manchen islamischen Ländern (z. B. Iran) müssen Frauen blickdichte Kopftücher tragen und dunkle Mäntel. Generell sollte man politische und/oder religiöse Themen in arabischen Ländern besser nicht ansprechen. Obwohl die Vereinigten Arabischen Emirate als tolerant gelten, sind Küsse zwischen Mann und Frau in der Öffentlichkeit, auch auf die Wange, verboten. Hier drohen sogar Gefängnisstrafen.

TO-DO
- Ramadan bei Terminplanung beachten.
- Bakschisch (Trinkgeld) für die geringste Kleinigkeit parat halten.
- Geduld bei Besprechungen.
- Vorab erkundigen, wer mit „Sheik" angesprochen werden muss.
- Minister mit „Exzellenz" anreden.

TABU
- Alkohol in der Öffentlichkeit.
- Religiöse Themen ansprechen.
- Diskussion über politische Themen (z. B. Israel) starten.
- Heilige Stätten mit Schuhen betreten.

■ ■ ■
Israel

Als krasser Gegensatz zur arabischen Welt wirkt Ägyptens Nachbarland Israel. Auf Deutschland lastet, insbesondere für ältere Menschen, noch immer die dunkle Vergangenheit des Holocaust. Dies erfordert allerhöchste Sensibilität. Darüber hinaus steht Deutschland sehr stark mit dem Nachbarland Palästina in diplomatischem Kontakt. Die Palästinenser schätzen Deutschland sehr. Palästinenser gelten aber als Hauptfeinde der Israelis. Seit Jahren gibt es immer wieder Streitigkeiten und Attentate in Israel und den autonomen Palästinensergebieten. Wer als Deutscher nichtjüdischen Glaubens beruflich oder privat nach Israel geht, sollte höchst sensibel sein und nicht negativ auffallen.

Grüßen und Begrüßen

Es gibt, von einer Ausnahme abgesehen, keine gravierenden Unterschiede zu westlichen Ländern. „Shalom" lautet die gängige Begrüßung. Eines ist jedoch verboten: Frauen dürfen strenggläubige Juden

Benimm weltweit

(an Kleidung bzw. Haaren erkennbar) nicht berühren. Insoweit entfällt normalerweise ein Handschlag zur Begrüßung. In der Praxis reichen auch viele orthodoxe Juden Frauen die Hand.

Kritiker gehen zunehmend davon aus, dass es weder eine talmudische noch eine biblische Vorschrift (Halacha) für dieses Verbot gebe. Im Zweifel sollte ein Handschlag erwidert werden, wenn der andere seine Hand reicht.

Geschäftliche Besonderheiten

Besprechungen erfolgen, wie in Deutschland, zielstrebig und direkt. Man kommt schnell zum Punkt und hält sich möglichst an die Tagesordnungen und fixiert vertragliche Vereinbarungen schriftlich. Die Wochenenden definieren sich in Israel aber anders. Der Sabbat startet am Freitag, wenn die Sonne untergeht. Der samstägliche Sonnenuntergang beendet ihn. Daher arbeitet man freitags nur halbtags. Für Besprechungen eignet sich dieser Tag daher nicht unbedingt. Ähnlich wie in Griechenland tragen Männer an besonders heißen Tagen keine Krawatte. Wer eine Synagoge besucht, muss den Kopf bedecken. Männer tragen daher eine Kipa (kleine kreisrunde Kappe) und Frauen ein Kopftuch. Diese liegen aber am Gebäudeeingang bereit.

Australien und Neuseeland

Beide Länder weisen aufgrund ihrer gemeinsamen britischen Kolonialvergangenheit starke Ähnlichkeiten auf. Aber nicht nur der britische Einfluss ist allgegenwärtig. Auch die Kultur der australischen Ureinwohner (Aborigines) sowie die der Maori in Neuseeland sind ein wesentlicher Bestandteil beider Länder. War es früher eine Strafkolonie am anderen Ende der Welt, so ist Australien schon aufgrund seiner geographischen Besonderheiten heute ein beliebtes Reiseziel geworden. Ähnlich verhält es sich mit Neuseeland, das ebenfalls spektakuläre Landschaften zu bieten hat.

Besonderheiten in Australien

- Essen: Gabeleinsatz wie in England
- Hand liegt beim Essen im Schoß

TO-DO
- Gastgeschenke.
- Bescheidenheit
- Wein als Geschenk bei Einladung zum Essen.

TABU
- Unpünktlichkeit.
- Aussies (Australier) mit Kiwis (Neuseeländer) verwechseln.
- Lautes Auftreten.

Besonderheiten in Neuseeland:

- Kaugummi kauen ist verpönt
- Zahnstocher öffentlich benutzen ebenso

Frauen allein auf Reisen

Auch wenn es keine Seltenheit mehr ist, wenn Geschäftsfrauen oder Touristinnen alleine verreisen, werden sie oft weniger gut behandelt als Männer oder Paare. Man kann als Frau aber das Verhalten des Gegenübers durch bestimmtes Auftreten und angemessene Kleidung durchaus zum Positiven beeinflussen.

Kleidung

Immer gut beraten ist man im Ausland mit der bekannten Weisheit: „When in Rome do as the Romans do." Halten Sie sich auf jeden Fall an den Dresscode des jeweiligen Landes, kleiden Sie sich konservativ und keinesfalls zu freizügig. In einem arabischen Land vergeben Sie sich nichts, wenn Sie in bestimmten Situationen ein Kopftuch tragen.

Obligatorisch ist das Tragen eines Kopftuches bei Besichtigungen von Moscheen oder anderen religiösen Stätten. Aber auch beim Bummeln in Bazars werden Sie mit einem Tuch auf dem Kopf deutlich weniger behelligt und respektvoller behandelt.

Für Frauen, die ein islamisches Land besuchen, empfiehlt es sich daher, vorsichtshalber immer ein Tuch in der Handtasche oder Aktentasche mitzuführen, um notfalls den Kopf zu bedecken, falls eine heilige Stätte besichtigt wird. Ansonsten sollte die Kleidung so konzipiert sein, dass

Benimm weltweit

Arme und Knie bedeckt sind. Sowohl Urlauberinnen als auch Geschäftsfrauen sollten sich im Zweifel angepasst kleiden. Dies bedeutet: lange Ärmel und keinesfalls kurze Röcke. Dieses Gebot gilt jedoch nicht innerhalb von Urlaubsressorts und abgeschlossenen Hotelanlagen.

Wahl des passenden Hotels

Als allein reisende Frau sollte man sich die Wahl des Hotels nicht leicht machen, sondern einige Punkte bedenken. Aus Gründen der Sicherheit sollten Sie nicht nur die Lage des Hotels genau analysieren:

- Gilt das Stadtviertel, in dem sich das Hotel befindet, als sicher?
- Ist das Hotel an einem großen, belebten Platz oder in einer abgelegenen Seitenstraße?
- Sind ständig Taxis vor dem Hotel verfügbar oder ist wenigstens ein Taxistand in der Nähe?
- Verfügt das Hotel über einen Concierge, der beim Organisieren von Besichtigungen oder abendlichen Unternehmungen behilflich ist?
- Gibt es ein Hotelrestaurant, sodass Sie nicht immer außer Haus essen müssen?

Verhalten im Hotel

Immer noch gibt es Häuser, die versuchen allein reisenden Frauen die schlechteren Zimmer (laut, im unrenovierten Teil des Hotels, zu klein) oder im Restaurant die unbeliebtesten Tische zuzuweisen. Es ist keinesfalls angebracht, dies stillschweigend hinzunehmen. Durch freundliches, aber bestimmtes und vor allem hartnäckiges Nachfragen, ob nicht ein besseres Zimmer oder ein schönerer Tisch zu haben ist, hat man in der Regel Erfolg. Dieses Verhalten hat meist den angenehmen Effekt, dass das Personal den Schluss zieht, dass man auf angemessene Behandlung und guten Service achtet, und sich entsprechend verhält. Für den weiteren Aufenthalt kann man mit besonders gutem Service rechnen.

Frauen, die am Service oder der Ausstattung etwas zu bemängeln haben, sollten nie zögern, sich an der Rezeption oder gegebenenfalls auch bei der Direktion zu beschweren. Die Kritik sollte immer sachlich bleiben. Übertriebene Bescheidenheit darf nicht mit Höflichkeit verwechselt werden.

TIPP:

Wenn Sie vor oder nach einem anstrengenden Tag etwas Ruhe und Abgeschiedenheit brauchen, sollten Sie sich das Frühstück oder Abendessen auf Ihr Zimmer bringen lassen. Klären Sie schon vor der Hotelbuchung, ob das Hotel Zimmerservice anbietet.

FRAUENFREUNDLICHE HOTELS

Es gibt in vielen größeren Städten Hotels, die ausschließlich weibliche Gäste aufnehmen. Viele allein reisende Frauen fühlen sich in diesen Häusern gut aufgehoben. Die Hotels zeichnen sich nicht nur durch die frauenfreundliche Zimmergestaltung aus, sondern auch durch ihr gut geschultes Personal. Die Mitarbeiter organisieren u. a. spezielle Frauen-Taxis, die ausschließlich Frauen befördern und gewährleisten, dass diese nicht belästigt werden.

Als Gastgeberin im Restaurant

Allein reisende Frauen, die geschäftlich zum Essen ins Restaurant einladen, vermeiden Missverständnisse, wenn sie einen Tisch auf ihren eigenen Namen verbunden mit dem Firmennamen reservieren lassen. Das Personal weiß dann sofort, wer als Gastgeberin auftritt und wer die Rechnung erhalten soll. Es ist selbstverständlich, dass die Gastgeberin dann auch für die Weinauswahl und das Verkosten des Weines zuständig ist.

Kontakte knüpfen

Frauen, die an Konferenzen, Semi-naren, Fortbildungen, Fachtagungen etc. teilnehmen, tun gut daran, besonders früh am Veranstaltungsort zu erscheinen. Sie können sich

TO-DO

- Im Restaurant vorab einen schönen Tisch am Fenster ordern.
- Für Einladungen zu Geschäftsessen Tisch auf eigenen Namen plus Firmennamen reservieren.
- Bei Geschäftsessen selbst nach der Rechnung verlangen.
- Bei Essen oder Geschäftsessen, zu denen eine Frau nicht eingeladen werden möchte, dem Personal unmissverständlich zu verstehen geben, dass sie selbst zahlt (z. B. „die Rechnung bitte, aber getrennt").
- Bei Zimmerreservierungen nach einem schönen ruhigen Einzelzimmer erkundigen und auch bei Ankunft im Hotel darauf bestehen.
- Gegebenenfalls Essen aufs Zimmer bringen lassen.
- Im Restaurant bei Geschäftsessen souverän um zweite Weinkarte bitten, falls nur dem männlichen Kollegen eine gereicht wurde.
- Sich wörtlich gegen sexuelle Belästigungen zur Wehr setzen.
- Selbstbewusst auftreten.
- Für Auslandsreisen neben den gängigen Höflichkeitsformeln, insbesondere den Satz: „Lassen Sie mich bitte in Ruhe" in der Landessprache lernen.
- Angepasste Kleidung auf Urlaubs- und Geschäftsreisen.

Benimm weltweit

te akzeptiert werden. Mitreisenden Gespräche zwanghaft aufzudrängen gilt als unhöflich.

Kulturelle Veranstaltungen

Gerade wenn Frauen alleine auf Reisen sind, empfiehlt es sich kulturelle Veranstaltungen zu besuchen. Dies ist meist wesentlich unterhaltsamer als alleine zum Essen zu gehen. Nachdem man eine Oper, ein Theaterstück oder ein Konzert ausgewählt hat, lässt man sich die Eintrittskarte dafür vom Hotelconcierge besorgen. Möchte man abends nicht alleine in der U-Bahn oder auf der Straße unterwegs sein, sollte man rechtzeitig ein Taxi zum Hotel bestellen. Es empfiehlt sich auch für das Ende der Veranstaltung ein Taxi vorab zu reservieren.

dann den Platz noch frei aussuchen. Außerdem lassen sich vor der Veranstaltung leichter Kontakte mit hinzukommenden Teilnehmerinnen und Teilnehmern knüpfen. Vielleicht wohnt die Tischnachbarin ja im selben Hotel und man kann sich ein Taxi teilen oder abends gemeinsam essen gehen? Viele allein reisende Frauen fühlen sich sicherer und wirken selbstbewusster, wenn sie zusammen mit Kolleginnen etwas unternehmen können.

Auch allein reisende Touristinnen suchen gerne das unverbindliche Gespräch mit anderen Frauen. Wenn die Angesprochene jedoch wortkarg und uninteressiert wirkt, dann kann dies viele Ursachen haben. Dies soll-

Sonderfall: Allein reisende Frauen in arabischen Ländern

Frauen, die in arabischen Ländern unterwegs sind, haben es manchmal nicht einfach, zumal die Vorstellungen von gutem Benehmen oft deutlich von europäischen Vorstellungen abweichen.

TIPP:

Frauen sollten sich nicht beirren lassen, sondern in allen Ländern selbstbewusst auftreten und eine klare Sprache sprechen. Lassen Sie sich nicht aus Höflichkeit auf ein Gespräch mit einem Fremden ein und wehren Sie unerwünschte Annäherungsversuche sofort und unmissverständlich ab.

In arabischen Ländern sind Frauen meist gesellschaftlich und rechtlich benachteiligt und gelten als minderwertig. Diese Werte und Vorstellungen prägen das Verhalten der Männer gegenüber Frauen allgemein, also auch gegenüber Europäerinnen.

Viele Einheimische tragen dunkle Abayas (schwarze Umhänge, die Haar und Gesicht verhüllen) und zusätzlich Kopftücher.

Unterschiede innerhalb der arabischen Welt

Während die Vereinigten Arabischen Emirate als relativ fortschrittlich gelten und sich der westlichen Welt anpassen (Frauen dürfen Berufe öffentlich ausüben) gibt es viele Regionen (z. B. Jemen), in denen sich die Rolle der Frau auf Haus und Kinder beschränkt. Nicht viele arabische Länder gewähren Frauen die selben Rechte wie Männern. In Saudi-Arabien beispielsweise dürfen Frauen nur in dringenden Ausnahmefällen Auto fahren und sind komplett von öffentlichen Ämtern ausgeschlossen. Selbst bei Privateinladungen stellt man sie den Gästen selten vor. Frauen grüßen sich untereinander, werden aber nicht von Männern gegrüßt. Im Iran sieht es ähnlich aus. Hände reichen zwischen Männern und Frauen gehört sich nicht und das Betreten eines Teehauses ist Frauen untersagt. Frauen ohne Kopftuch müssen mit Strafen rechnen. Gleiches gilt für Frauen, deren Kleidung die Knie entblößt, die (selbst bei 45 Grad im Schatten) ohne dunkle Mäntel unterwegs sind oder bunte Kleidung tragen. Eine der wenigen Ausnahmen ist Libyen. Dort sind alle Frauen frei vom Schleierzwang, können nicht vom Ehemann verstoßen werden, sind vor dem Gesetz, der Familie und im Berufsleben gleichgestellt und dürfen studieren.

Vorabinformation

Daher sollten sich allein reisende Frauen vorab über die örtlichen Gepflogenheiten informieren und sich bei individuellen Fragen an das Auswärtige Amt oder die jeweilige Ländervertretung wenden. Auch im Internet findet man hilfreiche Informationen und wertvolle Verhaltenstipps.

Benimm weltweit

Ausnahmen: Internationale Hotels und Burkini

Allerdings sind ausländische Gäste in Hotelanlagen in der Regel von vielen Vorschriften befreit. Deshalb erfolgen geschäftliche Besprechungen oft in Hotels.

Schwimmen ist aus religiösen Gründen stets problematisch gewesen. Es ist nur in einem Gewand erlaubt, das den ganzen Körper bedeckt, was Schwimmen nahezu unmöglich macht. Seit 2006 gibt es jedoch den Burkini, eine Mischung aus Burka und Bikini. Dieser multikulturelle Badeanzug, der einem Taucheranzug ähnelt, ist nicht nur etwas für strenggläubige Musliminnen, sondern bietet auch Ausländerinnen viele Vorteile. Konservative Kritiker rügen allerdings, dass der Burkini Körperrundungen zeige und die Füße unbedeckt blieben.

Am Flughafen und im Flugzeug

Nicht nur für Geschäftsleute zählt das Reisen per Flugzeug zum Alltag. Auch Privatpersonen nutzen die Reisemöglichkeit verstärkt, da sie oft günstiger als Auto oder Bahn ist. Verschärfte Sicherheitsmaßnahmen führen zu Stress. Viele haben oft schon eine stundenlange Anfahrt zum Airport hinter sich und sind bereits bei Ankunft am Flughafen erschöpft. Besonders bei Charterflügen ins Ausland muss man bis zu zwei Stunden vor Abflug am Check-in-Schalter sein, was den Druck zusätzlich erhöht. Mit ein paar einfachen Regeln, Umsicht und Rücksichtnahme lässte sich das schnelle Reisen für alle Beteiligten angenehmer gestalten.

■ ■ ■
Am Flughafen

Verhalten am Check-in-Schalter

Ist man pünktlich am Flughafen angekommen und hat den Schalter der gebuchten Gesellschaft gefunden, fällt von den meisten Menschen schon eine gehörige Portion Stress ab. Ist man hingegen verspätet und folglich angespannt, sollte man sich klarmachen, dass weder die Mitreisenden noch das Personal am Check-in-Schalter dafür Verantwortung tragen. Auch wenn man abgehetzt und gereizt am Schalter ankommt, sollte man nicht zuletzt aus eigenem Interesse stets höflich bleiben. Erstens erspart man sich so selbst unnötiges Stresspotenzial. Immerhin kann sich ein unfreundlich angesprochener Mitreisender als späterer Platznachbar im Flugzeug erweisen – eine peinliche, unangenehme Situation besonders bei Langstreckenflügen. Außerdem unterstützt die Boden-Crew freundliche Eilige eher bei der möglichst schnellen Erledigung der Formalitäten.

Auch aus Rücksichtnahme auf andere Wartende sollte man dabei die eigenen Dokumente wie Reisepass und Flugticket in der Warteschlange parat halten und nicht erst in letzter Minute hervorkramen.

„… zum Einsteigen bereit"

Das Flugzeug fliegt für alle Passagiere zur gleichen Zeit los. Diese kleine Erkenntnis zeigt, dass Drängeln beim Einsteigen absolut sinnlos ist. Hat man erst die Einsteige-Karte (Boarding Pass) ergattert und das Gepäck aufgegeben, kommt man in aller Regel auch mit. Hektik beim Einsteigen ist daher für alle Beteiligten unnötiger Stress. Erfahrene Reisende machen aus der Not eine Tugend und freuen sich, wenn sie sich vor dem Einsteigen möglichst lange im Flughafengebäude die Beine vertreten können.

Mitreisenden behilflich sein

Bereits am Flughafen treten zahlreiche Möglichkeiten auf, Höflichkeit an den Tag zu legen und so auch für sich selbst eine angenehme Reiseatmosphäre zu erzeugen:

Für viele ältere Reisende ist die Hektik am Airport besonders ungewohnt und sie finden sich schwerer zurecht. Ein Zeichen guten Stils ist es immer, Hilfe nicht erst auf Verlangen sondern von sich aus anzubieten.

Auch alleinreisende Mütter sind stets dankbar für eine helfende Hand, etwa beim Abstellen von schwerem Gepäck auf das Förderband beim Einchecken oder beim Herunterheben vom Gepäckband bei der Ankunft.

FLIEGEN OHNE STRESS

Flugreisen sind für jeden anstrengend. Deshalb sollte man das Möglichste dafür tun, das Stresspotenzial klein zu halten: Rechtzeitig losfahren, die Dokumente parat halten, zu Mitreisenden, Bodenpersonal und Flugbegleitern stets höflich sein.

Allgemeine Höflichkeitsregeln wie ein freundlicher Gruß oder das Helfen mit Gepäckstücken sorgen besonders unter der oft belastenden Reisesituation für Entspannung, die allen Beteiligten zugute kommt. Behandeln Sie Mitreisende stets so, wie sie es selbst erwarten!

Benimm weltweit

Auch ist es eine nette Geste, wenn man selbst von einer Änderung des Gates oder einer Verspätung des Fluges erfahren hat, dies Mitreisenden von sich aus mitzuteilen, wenn sie offenbar verunsichert sind.

Angesichts des internationalen Publikums an Flughäfen bieten derartige Hilfestellungen immer auch eine gute Möglichkeit, ausländischen Reisenden ein positives, freundliches Bild von Deutschland zu bieten.

■ ■ ■
Im Flugzeug

Die erste Aktivität nach dem Einsteigen in das Flugzeug ist das Verstauen des Handgepäcks unter dem Sitz oder in die Gepäckfächer an der Decke. Hier sollte es eine Selbstverständlichkeit sein, älteren Personen und allein reisenden Damen zu helfen. Denken Sie außerdem daran, die Dinge, die Sie während des Fluges brauchen, gleich an den Platz mitzunehmen.

Beim anschließenden Platznehmen ist ein freundlicher Gruß – gegebenenfalls in englischer Sprache –

geboten. Immerhin verbringt man eine gewisse Zeit sehr eng nebeneinander.

Auf dem Weg zum Rollfeld ist es Usus, dass eine Stewardess oder ein Steward die Sicherheitsregeln erläutert. (Wo sind die Notausgänge? Wo befinden sich die Schwimmwesten und die Sauerstoffmasken?) Selbst wenn man regelmäßig mit dem Flugzeug unterwegs ist, sollte man hier keinen gelangweilten oder gar genervten Eindruck vermitteln. Andere Reisende sind mit den wichtigen Anweisungen noch nicht so vertraut und die Crew ist verpflichtet, die Sicherheitshinweise zu geben.

Keine unerwünschten Gespräche

Ist der Flieger dann gestartet, entscheidet sich oft sehr schnell, ob sich ein Gespräch mit dem Nachbarn entwickelt. Die wenigsten werden es übel nehmen, wenn man sich als Urlauber lieber in einen Roman oder einen Reiseführer vertieft. Schon der Griff nach Buch oder Zeitung signalisiert: „Ich möchte mich – zumindest jetzt gerade – nicht unterhalten." Keinesfalls sollten umgekehrt

TIPP

Nachdem man eingecheckt hat, sollte man sich aufgrund der erhöhten und zeitintensiveren Überprüfungen an den Schleusen, die zu den Gates führen, früher anstellen als bislang gewohnt. Zeigen Sie Verständnis für die erhöhten Sicherheitskontrollen! Sie sind kein Selbstzweck des Bodenpersonals sondern dienen zu Ihrem eigenen Schutz.

Urlauber, die vielleicht vor Vorfreude oder Tatendrang sprühen, Geschäftsreisende mit Fragen und Bemerkungen belästigen, die sich auf einen Termin vorbereiten oder nur Ruhe tanken möchten. Gegenseitiges Verständnis ist hier oberstes Gebot.

Sonst noch zu beachten

Wird das Menü serviert, gebietet es die Höflichkeit, das Tablett an die weiter vom Gang entfernten Passagiere weiter zu reichen. Auf jeden Fall sollte man während des Essens die Lehne des eigenen Sitzes ohne Aufforderung des Hintermannes oder der Flugbegleiter aufrecht stellen. Es ist angesichts der knappen Platzverhältnisse – besonders in der Economy-Klasse – niemandem zuzumuten, sein Essen noch beengter einzunehmen.

Bei ausgebuchten Flügen kommt es immer wieder vor, dass beispielsweise Familien keine zusammenhängenden Plätze erhalten haben. Bitten diese, den Platz zu tauschen, um Kinder nicht alleine sitzen lassen zu müssen, sollte man dies wann immer möglich anbieten.

TO-DO

- Auch wenn man in Eile ist, höflich zu Mitreisenden und Bodenpersonal sein. Sie können nichts für die eigene Verspätung.
- Alleinreisenden Frauen mit Kindern und älteren Mitreisenden sowohl am Flughafen als auch an Bord mit dem Gepäck helfen.
- Verständnis für weniger erfahrene Flugreisende aufbringen.
- Änderungen des Gates oder der Abflugzeit Mitreisenden, die unsicher wirken, von sich aus mitteilen.

TABU

- Beim Einsteigen drängeln – das Flugzeug fliegt für alle zur gleichen Zeit los.
- Sitznachbarn, die arbeiten oder lesen wollen, ein Gespräch aufzwingen.
- Übertriebener Alkoholkonsum an Bord.

Nach der gelungenen Landung zu Klatschen ist ein Relikt aus der Zeit, als Fliegen noch ein wahres Abenteuer war. Heutzutage lebt dieses „Landungsklatschen" noch vereinzelt in Ferienfliegern weiter. Erwartet wird dies jedoch keineswegs. Vielmehr gilt es heute als Selbstverständlichkeit, dass der Pilot seinen Job mit dem sicheren Fluggerät beherrscht. Der – nett gemeinte – Applaus gilt daher eher als deplatziert und überholt.

Benimm weltweit

Der große Benimm-Test

Gutes Benehmen darf nie mit dressiertem Verhalten oder völlig steifer Etikette verwechselt werden. Es soll einfach ein möglichst reibungsloses Miteinander ermöglichen. Dennoch empfiehlt es sich, ein paar Regeln zu beherrschen und zu beherzigen.

Auf den folgenden Seiten sind die interessantesten Fragen und Antworten zum Thema gutes Benehmen und moderne Umgangsformen nochmals zusammengefasst. Nutzen Sie dieses Quiz, um Ihr Wissen über den guten Ton zu testen und zu festigen. Auch vor Reisen empfiehlt es sich, ein paar Fragen zu bearbeiten und

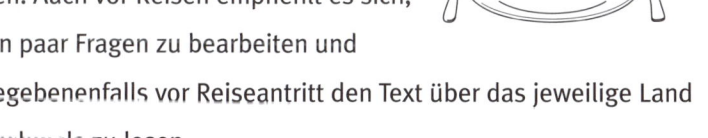

gegebenenfalls vor Reiseantritt den Text über das jeweilige Land nochmals zu lesen.

Der Test eignet sich auch für ein amüsantes Spiel in privater Runde oder aber um in Bewerbungsgesprächen dem Kandidaten richtig auf den Zahn zu fühlen.

Fragen zu Kapitel 1:

Frage 1:
Sie sitzen in einem Restaurant mit lauter Nichtrauchern am Tisch. Wie verhalten Sie sich gegenüber Ihren Tischnachbarn, wenn Sie eine Zigarette rauchen wollen?

a) Zwischen den Gängen darf man immer rauchen.

b) Zwischen den Gängen sollte man auf das Rauchen verzichten.

c) Vor dem Essen kann man grundsätzlich rauchen.

d) Man sollte seine Tischnachbarn grundsätzlich fragen, ob geraucht werden darf.

Frage 2:
Beim Essen im Restaurant spüren Sie unangenehme Fleischreste zwischen den Zähnen. Wie verhalten Sie sich am besten?

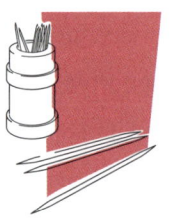

a) Falls Zahnstocher auf dem Tisch stehen, halte ich mir eine Hand vor den Mund und löse mit der anderen unauffällig die Reste.

b) Ich frage diskret den Ober nach Zahnstochern und benutze sie auf der Toilette.

c) Ich versuche die Reste unauffällig mit der Zunge herauszubekommen.

d) Ich spüle meinen Mund kräftig mit einem Schluck Wasser aus.

Der große Benimm-Test

Frage 3:
Ihnen fällt während des Essens im Restaurant die Serviette unter den Tisch. Wie verhalten Sie sich richtig?

a) Ich bitte den Kellner um eine Neue.

b) Ich schiebe die Serviette heimlich weiter unter den Tisch.

c) Ich hebe sie schnell auf und benutze sie weiter.

d) Ich wische meine Hände von da an an der Tischdecke ab.

Frage 4:
Welche Antwort bezüglich dieser Speisen ist richtig?

a) Kiwis werden vor dem Verzehr geschält.

b) Sind die Spagetti zu lang, kann man sie ruhig mit der Gabel zerteilen.

c) Bei einem klassischen Hummeressen liegen rote Servietten bereit.

d) Weißwürste schneidet man scheibchenweise zurecht.

Frage 5:
Bei welchen Fischen wird nor- malerweise kein Fischbesteck benutzt?

a) Matjeshering

b) Forelle

c) Karpfen

d) Räucheraal

Frage 6:
Bei einem Essen werden zum Dessert u. a. frische Kirschen, die noch nicht entkernt sind, angeboten. Wie können Sie den Kern am unauffälligsten entsorgen?

a) Ich schiebe den Kern mit der Zunge auf einen Löffel und befördere ihn auf den Teller.
b) Ich schiebe den Kern mit der Zunge auf meine Faust und befördere ihn auf den Teller.
c) Ich lasse den Kern direkt vom Mund auf den Teller fallen.
d) Ich schlucke den Kern hinunter und entsorge ihn später auf natürliche Weise.

Fragen zu Kapitel 2:

Frage 1:
Sie wollen sich zu ihrem Platz in der Mitte einer Sitzreihe im Theater durchkämpfen. Worauf müssen Sie achten?

a) Während ich durch die Reihe gehe, drehe ich mich mit dem Gesicht zu den bereits Sitzenden.

Der große Benimm-Test

b) Während ich durch die Reihe gehe, drehe ich mich mit dem Rücken zu den bereits Sitzenden.

c) Obwohl die Vorstellung bereits begonnen hat, beharre ich auf mein Recht auf einen Sitzplatz.

d) Ich bitte die Reihe aufzustehen, dass ich besser durchkomme.

Frage 2:
Sie sind zu Gast bei einer Betriebsfeier. Welcher Punkt ist richtig, um Fettnäpfchen zu vermeiden?

a) Ein Du-Angebot, das man zu später Stunde von einem leicht angetrunkenen Vorgesetzten erhalten hat, gilt ausnahmslos auch in Zukunft.

b) Man kann ruhig über betriebliche Themen diskutieren.

c) Da Betriebsfeiern nicht so wichtig sind, macht es auch nichts, wenn man nicht daran teilnimmt.

d) Man sollte aufpassen, dass man nicht zu viel Alkohol trinkt.

Frage 3:
Worauf sollten Sie achten, damit Sie bei einem Flirtversuch nicht gleich eine Abfuhr bekommen?

a) Sie sollten Ihrem Gegenüber genauestens Ihre frühere Beziehung schildern und warum diese gescheitert ist.

b) Sie sollten darauf achten, dass Sie mit Ihrem Gegenüber in ständigem Blickkontakt stehen.

c) Beim ersten Date nicht schon zu spät kommen.

d) Sie sollten sich nach der Lebensplanung Ihres Flirtpartners (Kinderwunsch etc.) erkundigen.

Frage 4:
Sie sind zu Gast in einem Hotel. Welcher der folgenden Sachverhalte trifft zu?

a) Dass der Portier ihre Koffer trägt ist eine Selbstverständlichkeit und muss nicht mit einem Trinkgeld entlohnt werden.
b) Benutzte Handtücher, Seifen etc. können nach dem Aufenthalt ruhig mit nach Hause genommen werden.
c) Beim Betreten des Frühstückraumes sollte man auf angemessene Kleidung (keine Badesachen) achten.
d) Die Getränke in der Minibar sind kostenlos, müssen also nicht extra bezahlt werden.

Frage 5:
Welche Aussagen treffen bei einem Saunabesuch immer zu?

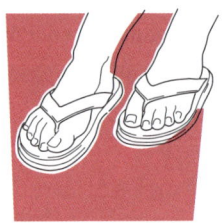

a) Ein Handtuch, um sich nach dem Abduschen abzutrocknen, genügt.
b) Vor dem Saunen sollte man geduscht haben.
c) Man sollte in der Sauna immer Badeschuhe tragen.
d) Man sollte darauf achten, andere Saunagäste nicht anzustarren.

Der große Benimm-Test

Frage 6:
In Ihrer Verwandtschaft ist ein Todesfall eingetreten. Bei der Organisation der Beerdigung sind noch einige Dinge zu berücksichtigen. Welche der folgenden Antworten sind richtig?

a) Ich lade viele Leute zur Beerdigung ein, da ich dem Verstorbenen einen würdigen Abschied bereiten möchte, obwohl dieser nur den engsten Familienkreis bevorzugt hätte.

b) Bei der Grabrede lasse ich unterschwellig leise Kritik an dem Verwandten durchhören.

c) Ich benachrichtige die einstigen Ärzte des Verwandten, um diese über dessen Tod zu informieren.

d) Ich gehe auf den Wunsch des Verstorbenen ein und fordere die Trauergäste auf, das Geld für teure Kränze lieber für einen wohltätigen Zweck zu spenden.

Fragen zu Kapitel 3:

Frage 1:
Worauf sollte ich bei einem Vorstellungsgespräch achten?

a) Ich reiche dem Interviewer sofort die Hand zum Begrüßen.

b) Ich warte ab, bis mir mein Gegenüber einen Platz anbietet und setze mich dann hin.

c) Ich versuche Blickkontakt mit meinem Gegenüber zu halten.

d) Über meine Gehaltsvorstellungen mache ich mir erst mal noch keine Gedanken.

Frage 2:
Worauf sollten Sie achten, wenn Sie einen Geschäftsbrief per E-Mail verschicken?

a) Ich schreibe höflich und in ganzen Sätzen.

b) Anrede und Grußformel beachte ich wie in einem Brief.

c) Da es keine Regeln für den E-Mail-Verkehr gibt, schreibe ich wie ich will.

d) Die Betreffzeile kann ich ruhig freilassen, da sie nicht wichtig ist.

Frage 3:
Wählen Sie die richtige Antwort zum Thema Mobiltelefone.

a) Während eines Vorstellungsgesprächs muss man sein Handy immer eingeschaltet lassen.

b) In Krankenhäusern muss man das Handy prinzipiell ausgeschaltet lassen.

c) Am Arbeitsplatz sollten die Klingeltöne besonders laut eingestellt werden.

d) In Restaurants sollte das Handy auf Vibrationsalarm gestellt werden.

Frage 4:
Sie sind zu einem Geschäftsessen eingeladen worden. Wie benehmen Sie sich richtig?

Der große Benimm-Test

a) Ich benutze das Besteck von innen nach außen.

b) Wenn ich kurz zur Toilette muss, lege ich die Serviette links neben meinem Teller ab.

c) Bei einer Essenspause lege ich das Besteck neben meinen Teller.

d) Den Suppenlöffel führe ich immer mit der spitzen Seite zum Mund.

Frage 5:
Was sollten Sie im alltäglichen Umgang mit Ihren Kollegen im Büro unbedingt beachten?

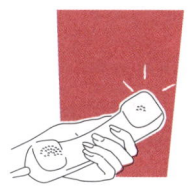

a) Man sollte darauf achten, kein zu schweres oder stark riechendes Parfüm zu verwenden.

b) Das Telefon des Kollegen ist nur seine Angelegenheit. Klingelt es, hebe ich nicht ab.

c) Ist das Rauchen in einem Büro generell erlaubt, muss man sich nicht darum kümmern, ob es einen Kollegen stört oder nicht.

d) Büromöbel und Bilder sollten immer in Rücksprache mit den Kollegen aufgebaut bzw. aufgehängt werden.

Frage 6:
Um im Business-Alltag eine gute Figur zu machen, sollten Sie immer auf eine gewisse Kleiderordnung achten. Welche der folgenden Aussagen sind richtig?

a) Die Hemdärmel sollten nie unter den Jackettärmeln herausschauen.

b) Mit Tennissocken drückt man aus, dass man ein sportlicher, dynamischer Typ ist.

c) Mit schwarzen Lederschuhen liegt man generell nie verkehrt.

d) Um besonders elegant zu wirken binden Sie eine Lederkrawatte um.

Fragen zu Kapitel 4:

Frage 1:
Wie verhalte ich mich in Japan bei Einladungen zu After-Work-Veranstaltungen?

a) Ich trinke mein Glas stets vollkommen leer.

b) Suppennudeln schlürfe ich so laut ich möchte aus meiner Schüssel.

c) Im Restaurant lasse ich den Gastgeber bestellen.

d) Beim Karaoke halte ich mich zurück und lasse nur die Japaner singen.

Frage 2:
In welchem Land gilt das hierzulande für o.k. stehende Zeichen, ein aus Daumen und Zeigefinger gebildeter Kreis, als Zeichen für Geschlechtsverkehr?

a) USA

b) Brasilien

c) Japan

d) China

Der große Benimm-Test

Frage 3:
Auf was sollten Sie achten, wenn Sie in die Türkei reisen?

a) Mit Türken über politische Themen, wie die Kurdenfrage oder den Zypernkonflikt diskutieren.

b) Beim Betreten von Privatwohnungen zieht man generell die Schuhe aus.

c) Beim Grüßen kann man seinem Gegenüber die linke oder die rechte
Hand reichen.

d) Frauen sollten darauf achten, möglichst nicht zu freizügig gekleidet zu
sein.

Frage 4:
Sie sind für einige Zeit in den USA unterwegs. Welche Regeln treffen für dieses Land zu?

a) Das Rauchen ist nur in öffentlichen Einrichtungen nicht erlaubt.

b) Alkohol darf nicht unverhohlen an öffentlichen Plätzen getrunken werden.

c) Während man mit der rechten Hand isst, kann die linke Hand während
des Essens auf dem Schoß ruhen.

d) Das Trinkgeld ist in den meisten Restaurants schon im Preis inbegriffen.

Frage 5:
Was sollten Sie bei einem Aufenthalt in arabischen Ländern besonders beachten?

a) Wenn man andere Frauen fotografieren will,
muss man zuvor um Erlaubnis fragen.

b) Frauen haben dieselben Rechte wie Männer.

c) Araber ziehen sich für Besprechungen gerne in Büros und Besprechungszimmer zurück.

d) Alkohol erhält man in fast allen Restaurants.

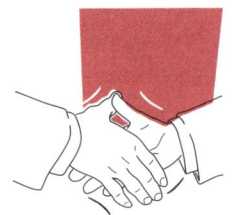

Frage 6:
Sie sind in Indien auf Geschäftsreise. Welche Aussagen treffen hierbei zu?

a) Beim Essen können beide Hände benutzt werden.

b) Hindus dürfen kein Schweinefleisch essen, indische Moslems kein Rindfleisch.

c) Ist man sich nicht sicher, ob man einen Inder per Handschlag begrüßen soll, wählt man einfach die indische Grußvariante und verbeugt sich mit aneinander gelegten Händen.

d) Frauen sollten auf dezente und nicht zu freizügige Kleidung achten.

Frage 7:
Welche der folgenden Fragen zu Benimm in europäischen Ländern sind richtig?

a) In Polen begrüßt man sich für gewöhnlich per Handschlag, es sei denn man befindet sich auf der Türschwelle.

b) Schweizer freuen sich, wenn man versucht, ihr „Schwyzrdütsch" nachzuahmen.

Der große Benimm-Test

c) Bekommt man in Russland einen Wodka serviert, sollte man diesen genießen und langsam in mehreren Schlücken trinken.

d) Die Spanier sind berühmt dafür, dass sie es mit der Pünktlichkeit nicht so genau nehmen. Man kann zu einer Geschäftsbesprechung ruhig zu spät kommen.

Lösungen:

Kapitel 1:

Frage 1:

b) und d) – Zwischen den Gängen sollte man nur rauchen, wenn es sich um einen reinen Raucher-Tisch handelt.

Frage 2:

a) und b) – Am besten ist es, wenn gar niemand mitbekommt, dass man mit einem Zahnstocher zur Toilette gegangen ist. Mit der Zunge zu versuchen die Reste zu lösen oder gar mit einem Schluck Wasser den Mund zu spülen geht unter keinen Umständen.

Frage 3:

a) – Die Serviette aufheben gilt als unfein. Man sollte sie auch nicht weiter unter den Tisch schieben. Am besten man lässt sich vom Personal eine neue bringen.

Frage 4:

c) – Kiwis schneidet man in zwei Hälften und löffelt sie aus. Spagetti werden für gewöhnlich mit der Gabel gegessen. Man kann dazu mit der linken Hand einen Löffel zu Hilfe nehmen. Das Zerschneiden sollte unterlassen werden. Da Flecken aus weißen Servietten schlecht auswaschbar sind, werden für Hummeressen rote verwendet. Weißwürste werden entweder ausgesaugt oder horizontal aufgeschnitten und aus der Haut gepellt.

Frage 5:

a) und d) – Aufgrund ihrer Festigkeit werden Matjeshering und Räucheraal mit dem gewöhnlichen Besteck verzehrt.

Frage 6:

a) und b) – Man kann den Kern auf einen Löffel oder die Faust legen und ihn dann auf dem Teller deponieren. Den Kern auf den Teller zu spucken ist verpönt, ihn zu verschlucken nicht sehr empfehlenswert.

Kapitel 2:

Frage 1:

a) – Den Sitzenden den Rücken zuzudrehen gilt als verpönt. Wenn man nach Vorstellungsbeginn überhaupt noch in den Saal gelassen wird, sollte man bis zur Pause am Rande stehen bleiben, um niemanden zu stören.

Frage 2:

d) – Man sollte sich am nächsten Tag noch einmal vergewissern, ob das Du-Angebot noch gilt. Betriebliche Themen sollte man, wenn möglich, vermeiden. Man sollte nicht unentschuldigt fernbleiben, da man sonst schnell als arrogant verschrien ist. Um nicht unangenehm aufzufallen, sollte man unbedingt vermeiden zu viel Alkohol zu trinken.

Der große Benimm-Test

Frage 3:

b) und c) – Das Scheitern einer früheren Beziehung wirkt sich eher negativ aus. Blickkontakt halten ist essentiell. Wer schon beim ersten Date zu spät kommt büßt von Anfang an viele Sympathien ein. Mit der Frage nach den Lebensplänen sollte man noch eine Weile warten.

Frage 4:

c) – Aus Rücksicht gegenüber anderen Gästen sollte man sich beim Essen angemessen kleiden. Mit einem Trinkgeld für den Kofferträger sollte man nicht geizen. Handtücher etc. werden zwar vom Hotel zur Verfügung gestellt, gehören aber zum Inventar und dürfen nicht einfach mitgenommen werden. Die Getränke müssen selbstverständlich bezahlt werden.

Frage 5:

b) und d) – Man sollte immer auch ein Handtuch dabei haben, auf das man sich in der Sauna setzen bzw. legen kann. Um unangenehme Gerüche zu vermeiden, sollte vor dem Saunen geduscht werden. Die Badeschuhe werden vor der Sauna abgestellt. Außerdem sollte man es vermeiden, andere Saunagäste ständig anzustarren.

Frage 6:

c) und d) – Wünschte der Verstorbene nur im engsten Familienkreis bestattet zu werden sollte man dem Wunsch ebenso nachkommen, wie der Bitte auf teure Kränze zu verzichten. Bei der Grabrede den Verstorbenen zu kritisieren ist verpönt. Die Ärzte zu benachrichtigen dagegen ist ein netter Zug.

Kapitel 3

Frage 1:

b) und c) – Immer erst warten, bis der Interviewer einem die Hand reicht. Der Blickkontakt ist auch enorm wichtig. Außerdem sollte man sich schon vorab überlegen, wie viel Gehalt man verlangen könnte.

Frage 2:

a) und b) – Für den E-Mail-Verkehr gelten dieselben Regeln wie für den Briefverkehr. Demnach sollte man auch auf einen Betreff achten.

Frage 3:

b) – In Krankenhäusern müssen Handys wegen elektromagnetischer Spannungen, die die medizinischen Geräte beeinflussen, ausgeschaltet bleiben. Während Vorstellungsgesprächen würde das Klingeln nur unnötig stören.

Frage 4:

d) – Das Besteck wird generell von außen nach innen benutzt. Wenn man zur Toilette geht, legt man die Serviette auf dem Stuhl ab. Bei einer Essenspause legt man das Besteck auf dem Teller ab, wobei die Griffe den Tisch nicht berühren sollten. Um sich nicht zu breit zu machen, führt man den Löffel nie mit der breiten Seite zum Mund, sondern mit der spitzen.

Frage 5:

a) und d) – Ein zu starker Parfum- oder Deogeruch kann fast so unangenehm sein wie Schweißgeruch. Ist der Kollege nicht am Platz, beantwortet man für ihn das Telefon und schreibt ihm gegebenenfalls eine Notiz. Trotz

Der große Benimm-Test

genereller Raucherlaubnis sollte man immer fragen, ob sich jemand durch den Rauch gestört fühlt. Büromöbel sollten immer gemeinsam aufgestellt werden, sodass jeder entscheiden kann, wie er sitzen will.

Frage 6:

c) – Hemdärmel sollten immer etwa zwei Zentimeter unter den Jackettärmeln hervorschauen. Tennissocken sind im Business-Alltag generell verpönt. Schwarze Lederschuhe passen im Gegensatz zu Lederkrawatten immer.

Kapitel 4:

Frage 1:

b) und c) – So lange man sein Glas immer leer trinkt, wird einem in Japan immer wieder nachgeschenkt. Lautes Schlürfen gehört in Japan tatsächlich zum guten Ton. Wird man zum Essen eingeladen, ist es üblich, dass der Gastgeber für alle bestellt. Bei Karaokeveranstaltungen wird von einem verlangt, dass man mitmacht und auch singt.

Frage 2:

b) – In Brasilien sollte man mit diesem Zeichen sehr vorsichtig sein.

Frage 3:

b) und d) – Brisante politische Themen sollte man sich in der Türkei sparen. Schuhe werden in Privatwohnungen immer ausgezogen. Beim Grüßen streckt man seinem Gegenüber nur die rechte Hand hin, die linke Hand gilt als unrein. Da die Türkei auch ein islamisches Land ist, sollten Frauen darauf achten, nicht zu freizügig gekleidet herumzulaufen.

Frage 4:

b) und c) – In den USA ist das Rauchen fast überall verboten. In öffentlichen

Einrichtungen, aber ebenso in Lokalen und sogar an vielen Badestränden. Der unverhohlene Alkoholkonsum an öffentlichen Plätzen ist strafbar. Die Amerikaner schneiden mit beiden Händen das Essen, legen dann aber die linke Hand auf den Schoß und essen mit der rechten. In den Restaurants wird ein Trinkgeld von 15-20 % erwartet.

Frage 5:

a) – Bevor man eine Frau fotografiert, muss man unbedingt um Erlaubnis fragen. Die Rechte der Frauen sind in arabischen Ländern noch sehr eingeschränkt. Für Besprechungen gehen arabische Geschäftsleute lieber in Restaurants als in Büros. Alkohol ist meist nur in den touristisch erschlossenen Gebieten erhältlich.

Frage 6:

c) und d) – Man isst nur mit der rechten Hand, da die linke als unrein gilt. Die indischen Hindus essen kein Rindfleisch, die Moslems kein Schweinefleisch. Mit der indischen Grußvariante kann man nichts falsch machen. Auch in Indien sollten Frauen darauf achten, nicht zu freizügig gekleidet zu sein.

Frage 7:

a) – Eine Begrüßung per Handschlag über der Türschwelle ist in Polen tatsächlich verpönt, da man glaubt, dies bringe Unglück. In der Schweiz sollte man mit dem „Schwyzrdütsch" vorsichtig sein, da viele Schweizer denken könnten, man wolle ihre Sprache nur veräppeln. Russischen Wodka trinkt man für gewöhnlich schnell in einem Schluck runter. In Spanien ist man bei privaten Treffen zwar sehr gerne unpünktlich, keinesfalls allerdings bei geschäftlichen Treffen.

Der große Benimm-Test

Wer war Freiherr von Knigge?

Adolph Friedrich Ludwig Freiherr von Knigge, der gemeinhin als Vater des guten Benehmens gilt, wurde am 16. Oktober 1752 in Bredenbeck am Deister in der Nähe von Hannover geboren. Er war der Sohn eines verarmten Adeligen.

Knigge studierte von 1769 bis 1772 Jura in Göttingen, wo auch die Gebrüder Schlegel zu seinen Lehrern gehörten. Im Anschluss an sein Studium trat er eine Stelle als Hofjunker und Assessor in Kassel an, bevor er 1777 auf Vermittlung Goethes weimarischer Kammerherr in Hanau wurde.

Familienvater

Freiherr von Knigge heiratete 1773 in Kassel die drei Jahre ältere Hofdame Henriette von Baumbach (gest. 1808). Im Jahr 1774 wurde die gemeinsame Tochter Philippine geboren. Sie blieb das einzige Kind dieser Ehe.

Freidenker

Knigge nahm regen Anteil am gesellschaftlichen und geistigen Leben seiner Zeit und wurde schon bald zum Freidenker. Er trat den Freimaurern bei und engagierte sich von 1780 bis 1784 im Illuminatenorden.

Dieses Engagement und sein beherztes Auftreten für die Verwirklichung der Menschenrechte im Sinne der Aufklärung führten dazu, dass Freiherr Adolph von Knigge bei den Adeligen in Ungnade fiel. Er, der in schwierigen wirtschaftlichen Verhältnissen lebte, wurde daher von seinen aristokratischen Gönnern fallen gelassen und verarmte.

Aufklärer und Menschenfreund

Da er seinen Lebensunterhalt nun wie ein Bürgerlicher selbst erarbeiten musste, begann Knigge mit dem Verfassen von Schriften zur Aufklärung, von teils satirischen Romanen und von politischen Essays. Seine damals bekanntesten Werke sind *Der Roman meines Lebens* (1778), *Sechs Predigten gegen Despotismus, Dummheit, Aberglauben, Ungerechtigkeit, Untreue und Müßiggang* (1783), *Über den Umgang mit Menschen* (1788) und *Die Reise nach Braunschweig* (1792).

Knigge sympathisierte mit der Französischen Revolution und nannte sich gerne „freier Herr Knigge". Wenn man sich dessen bewusst ist, wird klar, dass Knigge mit seinem Werk *Über den Umgang mit Menschen* eben nicht ein Regelwerk zu Benehmen und Etikette schaffen wollte. Vielmehr sollte sein Werk dazu dienen, dass Menschen unterschiedlicher Stände, unterschiedlicher Herkunft und unterschiedlicher Gesinnung frei, gleichberechtigt und friedfertig miteinander umgehen können. Erst nachdem es mehrmals umgeschrieben wurde, wurde das Buch, das ihn auch heute noch in aller Munde sein lässt, zum Benimmbuch schlechthin.

Letzte Jahre

1790 konnte Knigge dann eine Tätigkeit als Oberhauptmann und Scholarch in Bremen annehmen, die ihm ein gutes Auskommen ermöglichte. Obwohl schon von Krankheit gezeichnet, engagierte er sich neben seinem Beruf als Beamter auch beim Aufbau eines Laientheaters in Bremen.
Adolph Friedrich Ludwig Freiherr von Knigge verstarb am 6. Mai 1796 in Bremen, wo er im Dom seine letzte Ruhestätte fand.

Wer war Freiherr von Knigge?

Register

Register

Register

T

U

Register